HULIANWANG+LIUTONG REDIAN
WENTI FENXI

互联网+流通 热点问题分析

郝玉柱 陈 静◎主编

知识产权出版社
全国百佳图书出版单位

图书在版编目（CIP）数据

互联网＋流通热点问题分析／郝玉柱，陈静主编．—北京：知识产权出版社，2016.4
ISBN 978－7－5130－4017－4

Ⅰ.①互⋯　Ⅱ.①郝⋯　②陈⋯　Ⅲ.①网络经济—研究　Ⅳ.①F062.5

中国版本图书馆 CIP 数据核字（2016）第 006292 号

内容提要

本书分为互联网时代的流通、大数据与物流、商业模式变革、互联网金融及附录五个专题。

内容包括互联网时代的无边界零售、竞争力影响因素，智慧化是农产品批发市场的未来，云物流和大数据对物流模式的变革、第三方物流服务质量创新、物流管理设计、物流业智慧营销，基于电子商务平台的农产品云物流、"互联网＋"战略下家电逆向物流营销模式的变革，大数据时代消费者行为变迁及对商业模式变革的影响、"互联网＋"视角下的电子商务"价值经济"，大数据下的互联网金融创新发展模式等。

责任编辑：张水华　　　　责任出版：刘译文

互联网＋流通热点问题分析

郝玉柱　陈　静　主编

出版发行：知识产权出版社 有限责任公司	网　　址：http://www.ipph.cn
社　　址：北京市海淀区西外太平庄 55 号	邮　　编：100081
责编电话：010－82000860 转 8389	责编邮箱：miss.shuihua99@163.com
发行电话：010－82000860 转 8101/8102	发行传真：010－82000893/82005070/82000270
印　　刷：三河市国英印务有限公司	经　　销：各大网上书店、新华书店及相关专业书店
开　　本：787mm×1092mm　1/16	印　　张：20
版　　次：2016 年 4 月第 1 版	印　　次：2016 年 4 月第 1 次印刷
字　　数：310 千字	定　　价：48.00 元

ISBN 978－7－5130－4017－4

出版权专有　侵权必究

如有印装质量问题，本社负责调换。

前　言

在2015年3月5日召开的十二届全国人大三次会议上，李克强总理在政府工作报告中首次提出"互联网+"行动计划。李克强在政府工作报告中提出，制定"互联网+"行动计划，推动移动互联网、云计算、大数据、物联网等与现代制造业结合，促进电子商务、工业互联网和互联网金融健康发展，引导互联网企业拓展国际市场。2015年5月13日商务部办公厅发布了《"互联网+流通"行动计划》，2015年7月1日国务院颁布了《关于积极推进"互联网+"行动的指导意见》等文件。《中国流通经济》杂志社结合刊物特色及栏目设置，及时组织并刊登了与"互联网+流通"相关的热点问题研究稿件。应广大读者的要求，现将刊登在各期的"互联网+流通"热点问题的稿件结集出版，以飨读者。

本书的内容共分为五个专题，分别是互联网时代的流通、大数据与物流、商业模式变革、互联网金融及附录。

在"互联网时代的流通"研究专题中，《互联网时代的无边界零售》一文指出，随着互联网和信息技术的快速发展，使企业基于自身核心能力整合更多资源成为可能，各种边界均被打破。在这样的形势下，零售企业必须重新思考传统边界清晰的管理思维与管理方式，打破原有边界思维，基于核心能力对有形与无形资源进行重新整合以创造新的价值，进行无边界零售管理。互联网时代，零售企业需要重新定义消费者与零售企业之间的关系，借由全渠道零售方式对接无边界消费者与无边界零售企业经营。《互联网环境下零售企业竞争力影响因素》一文强调了面对竞争环境的改变，零售企业只有抓住电子商务新契机，分析自身所处的竞争环境、与竞争对手之间的差别以及自身优势和劣势，改变竞争策略，确立竞争方向，从采购及供应管理、销售及客户服务、业务流程优化、信息化管理等方面入手构造零售企业竞争力，才能更好地在这个充满竞争与挑战的市场中立足，实现零售企业自身更快更好发展，提高我国零售企业整体竞争力。《论虚实结合的时空结构及其对流通渠道的支撑作用》一文指出，新时代背景下，虚实结合的时空结构是信息社会生产与消费的基础。物流、商流、资金流、信息流是流通渠道重要的组成部分，其中的商流和资金流主要依托信息流，与物流一起构成虚实结合时空结构中的两大流动要素。畅通、协调、稳定、有序的信息与物质交流，对满足消费者多样化需求，实现供给的最大价值，有效利用社会资源，进行适合商品的高效、准确、适时流通具有十分重要的作用。《智慧化：农产品批发市场的未来》一文认为，农产品批发市场的智慧化可从三个方面进行：一是在第三代批发市场的基础上，让市场内部各个部分、各个环节之间有机结合，使市场管理更加精准，市场运作更加高效；二是真正实现市场向前后端（即生产基地和零售商及消费者）的延伸；三是真正实现市场与市场之间的紧密合作，相互依存，协调发展。《"互联网+"时代的电子商务》一文认为，随着国家"互联网+"行动计划的实施，电子商务呈现出一些新特点，如成为各级政府高度重视的一个战略性新兴产业，在促进经济增长中作用凸显，在农村大面积推广，移动端购物呈现爆发式增长，O2O模式引导传统企业互联网化，国际影响力增强，2015年我国重点开展"电子商务发展行动计划""'互联网+流通'行动计划"，着力完善电子商务政策法规和标准体系，推动电子商务进农村、进社区、进中小城市，促进跨境电子商务，加强电子商务创新应用，完善电子商务支撑服务体系。

在"大数据与物流"研究专题中，《云物流和大数据对物流模式的变革》一文认为，大数据为企业营销提供科学、快捷、可靠的数据分析与建议，依据大数据技术发展云物流，可以高效整合物流资源，降低供应链各节点企业的物流成本，提升物流企业的增值服务水平。《云计算视角下的第三方物流服务质量创新模型》一文指出，第三方物流企业只有站在云计算服务创新管理的角度，建立其服务质量管理机制，才能从根本上提升物流服务水平，提高服务运营效率，最终实现提高服务赢利能力的目标。根据物流行业信息化建设的特点，构建物流云平台系统，要面向整体业务建设，进行统一部署，实现资源共享、按需分配的设计系统。《基于云商务系统的物流管理设计》一文认为，云商务系统资源管理不再受组织局限，突破物流资源调度局限，突破物流管理时空局限，增强物流行业的应变能力及客户亲和力，实施云商务系统的物流管理应用的关键在于管理思想上的转换、坚持科学规划以及各技术层的人才队伍建设。《大数据技术引领物流业智慧营销》一文认为，利用大数据技术，物流企业可实时向企业决策者动态报告目标市场变动情况，预测市场走势，挖掘物流价值，为抢占商机、精准定位、市场开拓、投融资、形象扩张、赢得未来做出智慧决策，科学使用大数据技术，可有效弥补人类直觉判断的不足，更好地提升物流业服务功能，推动物流业营销模式的升级改进。《物联网置入快递业的机理与方案探索》一文指出，物联网具备优化快递业运作模式的能力，能促进快递业与制造业的有机融合，改善整个社会的物流运作效率，同时有助于提升快递行业整体形象，提高客户满意度和居民安全感，提升城市品位，物联网置入快递业需要大型自动化分拣中心、取派件中心网络、快递箱网络、信息平台四个方面的支撑，物联网置入快递业方案的实施可以渐进方式展开，先选择城市试点，再逐步全面铺开。《移动商务环境下我国民营快递企业的服务拓展》一文认为，移动商务作为新一代电子商务发展的主要形式，表现出及时性、精准性、个性化等特征，民营快递企业提升竞争优势需要提升服务质量，加强服务意识，在APP应用程序、微信平台、二维码等方面开拓相关服务。《基于电子商务平台的农产品云物流发展》一文，以云平台为界，认为电子商务领域的农产品云物流由虚拟资源和实体资源构成，从功能角度看，则由信息平台和管理平台构成。农产品云物流有利于降低农产品损耗率，满足消费者多样化需求，创建新型就业平台。推进农产品云物流发展，应加快农产品信息系统建设，加大政府支持力度，培养现代化物流人才，加速物流专业化进程。《电商环境下农产品物流理论架构、检验与发展策略》一文，通过构建电子商务环境下农产品物流理论框架，并借助浙江丽水226家企业数据对农产品物流发展水平进行模糊综合评价发现，电商环境下农产品物流由电子商务应用、信息化管理、物流信息技术、物流功能等四个因素构面构成，是一个多维理论框架，电商环境下推动丽水农产品物流发展，需要从完善农产品电子供应链网络结构、加强农产品物流信息化建设、构建农产品物流可追溯管理机制、合理分离农产品物流和商流、提高农产品物流组织化与专业化水平等方面着手进行。《"互联网+"战略下家电逆向物流营销模式的变革》一文认为，"互联网+"战略下新媒体的涌现和发展必将搭起逆向物流产业与虚拟经济间的桥梁，并对"互联网+"这一新生态及其战略进行了诠释，分析了家电逆向供应链的特点，分析了"互联网+"战略下的互联网媒体对逆向物流营销模式的影响，最后运用"互联网+"战略下新媒体的营销利器——网络营销理论和方法，针对消费者这一回收主体，为废旧家电回收处理商设计了具有普适性的收集策略。

在"商业模式变革"研究专题中，《大数据时代消费者行为变迁及对商业模式变革的影响》一文，具体阐述了大数据的概念，认为大数据指的是所涉及资料规模巨大，通过目前主流软件工具，无法在合理时间内筛选、管理、整理成为能够更为有效帮助企业经营决策的数据，商业模式基于环境的变化、科技的变化以及消费者行为的变化而发生变化，大数据时代数据的广泛应用和传播，必将促使消费者行为发生变化，进而对商业模式提出新的要求，商业模式只有通过变革才能在激烈的竞争中获得生存。《大数据技术在精准化营销中的应用》一文认为，大数据的Key–value弱化了数据间的关联关系，建立追溯性索引的弥补机制是必要的；Hashmap索引能够通过（key, value）映射关系对精准化营销产生重要影响；精准化营销可以拉动客户价值的提升，创新因子与限定因子的辩证关系对保持网络生态系统平衡起着关键作用。《网络经济与我国加工贸易转型升级》一文指出，我国加工贸易转型升级进入攻坚阶段，应充分利用现代网络经济对传统产业进行彻底改造，推进产、学、研、校、政、企战略合作。《"互联网+"下创业虚拟孵化的晕圈效应和叠圈效应》一文，在构建"互联网+"下创业虚拟孵化体系的基础上，针对"互联网+"对创业虚拟孵化产生的"弊"与"利"进行研究，提出了晕圈效应与叠圈效应，为传统孵化器升级以及虚拟孵化体系构建提供了可参考范式。《"互联网+"视角下的电子商务"价值经济"研究》一文认为，与传统工业经济的技术提升带动产业发展不同，互联网更多的是以应用和模式创新的方式来推动经济发展，就其生产性服务而言，其对传统制造业的提升和创新活动也是通过对消费市场的挖掘来实现的，这导致互联网经济更加关注消费市场、关注消费者的满足程度，突出了互联网时代"买方市场"的市场格局特征。

在"互联网金融"研究专题中，《竞争与变革：互联网金融对传统银行业的冲击》一文认为，互联网金融从资产端、负债端和支付端对传统银行业形成冲击，加速了金融脱媒和金融业的市场化发展，但并未改变金融的本质，商业银行必须实行自我变革，加快赢利模式的转型和重塑，未来或出现互联网金融与传统银行业的深度融合。《互联网金融背景下商业银行物流体系演进路径》一文指出，商业银行只要做好顶层设计，实施平台战略，着力建设现代化的物流体系，将其打造成商业银行"线上+线下"服务的重要基础设施，并发展成为接触客户、感知客户的重要渠道，以及实现网点转型、主动服务客户的重要途径，就能形成物流、资金流、信息流"三流合一"的核心竞争力，引领互联网金融发展。《大数据下的互联网金融创新发展模式》认为，大数据是金融的核心资产，通过从海量的数据中快速获取有价值的信息以支持商业决策，进一步推动金融业发展；大数据促进互联网金融模式的不断创新，使互联网金融企业实现精准营销、规避风险、优化经营绩效、提高运营效率；利用大数据技术可逐步解决金融格局演变、信用评估、风险防控、信息安全等一系列难题。《互联网普惠金融发展趋向：一种制度性创业视角》一文指出，互联网金融在我国迅速发展，是对我国传统金融体制的一种制度性创新，需要获得组织的合法性，并确立新的组织制度。《移动支付推动普惠金融发展的应用分析与政策建议》一文提出，目前我国普惠金融工作面临的最大难题是如何满足广大欠发达农村地区的金融服务需求，移动支付的发展为破解这一难题提供了机遇，为此，应支持移动支付应用创新，带动移动金融业务快速发展；优化完善相关政策制度，鼓励移动支付在普惠金融方面的应用；加强金融消费权益保护，确保移动金融服务规范发展。《P2P物流金融借贷平台及其融资模式创新》一文，基于供应链金融及互联网金融背景，创新性地提出了以物流企业为运营主体、融合P2P网络融资功能的第三方物流信息平台，将物流企业独特优势融入供应链金融服务，实现物流、信息流、资金流高效集成，为供应链发展提供了系统全面的解决方案。《大数据下的云会计特征及应用》一文认为，大数据下会计数据的特殊性主要体现在会计数据的空间分离、安全性、及时获取性、相关性等方面；大数据下云模型可以解决云会计核算中的不确定性和模糊性问题；大数据下的云会计应用应加强云会计计算平台建设，完善云会计计算的功能与服务，建立云会计下会计信息安全风险评估机制，确保云会计数据的安全。

在"附录"中，收录了与"互联网＋流通"联系紧密的政策——《国务院关于积极推进"互联网＋"行动的指导意见》《商务部"互联网＋流通"行动计划》，供广大读者参考。

目 录

互联网时代的流通

互联网时代的无边界零售 ……………………………… 齐永智 张梦霞 3
互联网环境下零售企业竞争力影响因素
　　——基于价值链理论 ……………………………… 黄益方 孙永波 15
论虚实结合的时空结构及其对流通渠道的支撑作用 ………… 高旭涛 31
智慧化：农产品批发市场的未来 …………………………… 马增俊 42
"互联网+"时代的电子商务 ………………………………… 聂林海 48

大数据与物流

云物流和大数据对物流模式的变革 ………………………… 梁红波 61
云计算视角下的第三方物流服务质量创新模型 …………… 丰佳栋 69
基于云商务系统的物流管理设计 ……………………… 湛玉婕 耿 波 80
大数据技术引领物流业智慧营销 …………………………… 梁红波 87
物联网置入快递业的机理与方案探索 ……………………… 倪玲霖 96
移动商务环境下我国民营快递企业的服务拓展 …………… 朱湘晖 105
基于电子商务平台的农产品云物流发展 …………………… 王娟娟 114
电商环境下农产品物流理论架构、检验与发展策略
　　………………………………………………… 赵志田 杨坚争 126

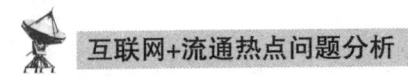

"互联网+"战略下家电逆向物流营销模式的变革 ………… 刘永清 138

商业模式变革

大数据时代消费者行为变迁及对商业模式变革的影响 ……… 李　富 151
大数据技术在精准化营销中的应用 ……………………… 王　东 160
网络经济与我国加工贸易转型升级 ………………………… 方　轮 168
"互联网+"下创业虚拟孵化的晕圈效应和叠圈效应 ……… 吕　波 181
"互联网+"视角下的电子商务"价值经济"研究 ………… 李成钢 190

互联网金融

竞争与变革：互联网金融对传统银行业的冲击 …………… 王　静 203
互联网金融背景下商业银行物流体系演进路径 …… 徐　艺　谢尔曼 212
大数据下的互联网金融创新发展模式 ……………………… 杜永红 224
互联网普惠金融发展趋向
　　——一种制度性创业视角 ………………… 徐二明　谢广营 235
移动支付推动普惠金融发展的应用分析与政策建议 ……… 焦瑾璞 252
P2P物流金融借贷平台及其融资模式创新 ………………… 于　博 259
大数据下的云会计特征及应用 …………………… 樊燕萍　曹　薇 272

附　录

国务院关于积极推进"互联网+"行动的指导意见 …………………… 285
商务部"互联网+流通"行动计划 …………………………………… 305

互联网时代的流通

互联网时代的无边界零售[1]

齐永智　张梦霞[2]

摘　要：随着互联网和信息技术的快速发展，使企业基于自身核心能力整合更多资源成为可能，各种边界均被打破。在这样的形势下，零售企业必须重新思考传统边界清晰的管理思维与管理方式，打破原有边界思维，基于核心能力对有形与无形资源进行重新整合以创造新的价值，进行无边界零售管理。互联网时代，零售企业需要重新定义消费者与零售企业之间的关系，进一步认识无边界的消费者个体需求、消费者与消费者的关系、消费者与企业的关系，认识企业所在产业链各环节之间的无边界、产业链与外部之间的无边界以及零售企业自身内部管理职能的无边界、操作的无边界、经营策略的无边界等，打破传统上垂直职能、水平职能、外部职能三种边界清晰的职能管理方式；采用虚拟创新、虚拟销售、虚拟服务等无边界操作方法创造更大价值；打破产品边界、时间边界、空间边界等边界清晰的传统经营方式，借由全渠道零售方式对接无边界消费者与无边界零售企业经营。

关键词：无边界零售；无边界消费者；无边界管理；全渠道零售

---

[1] 本文系国家自然科学基金面上项目"基于价值嵌入的清洁技术创新活动平台效应溢出研究"（项目编号：71472090）、教育部人文社会科学研究青年基金项目"技术联盟组织间知识转移测度研究"（项目编号：11YJC630279）的部分研究成果。

[2] 作者简介：齐永智（1980—），男，山西省太原市人，山西财经大学工商管理学院教师，首都经济贸易大学工商管理学院博士生，主要研究方向为营销渠道管理与营销服务管理。张梦霞（1962—），女，北京市人，对外经济贸易大学国际经济贸易学院教授，博士生导师，主要研究方向为消费者行为学与服务营销。

一、引言

近年来，零售企业业绩不断下滑，尽管其中有很多宏观环境的因素，但在快速发展的以移动互联网为代表的互联网时代，零售企业必须重新对传统边界清晰的管理思维与管理方式进行思考。有关企业边界的研究最早集中于经济学领域，科斯（Coase）最早提出了交易成本与组织成本决定论，之后威廉姆森（Williamson）提出了资产专用边界理论。后来，边界理论研究逐渐转入管理学领域，钱德勒（Chandler）提出了效率边界理论，提斯（Teese）提出了能力适用边界理论，罗恩·阿尔什克纳斯（Ashkenas）[1]提出了企业的四种边界，即垂直边界、水平边界、外部边界和地理边界，李海舰等[2]认为企业既有边界又无边界。欧阳文和等[3]明确指出，生产企业和流通零售企业是有本质差异的，零售流通企业具备资产的通用性和技术的稳定性，可以突破威廉姆森提出的"复制和有选择性控制不可能"命题的局限，并通过实证证明了零售企业规模的无边界。此外，无边界并不仅仅作为一种规模边界的定义，而且可以作为一种组织管理的理念，早期由通用电气首席执行官（CEO）杰克·韦尔奇于1989年提出并取得了良好的企业绩效。

无边界管理是指，企业通过打破各种有形和无形的障碍，使信息、技术、资源、创意等在企业内部以及企业内部与外部之间能够合理流动，重新组合，从而创造新的价值。随着虚拟经济的来临，所有行业都面临"去重量化"，都需要重新定义并打破原有的边界思维，借由无边界管理创造新的价值，从而逐渐形成了海尔集团张瑞敏提出的"企业无边界，管理无领导，供应链无尺度"的目标。无边界零售管理的本质是对有形和无形的资源进行重新整合以创造新的价值。无边界思维源于互联网技术对资源、能力、信息、沟通方式、成本的改变，互联网和信息技术的快速发展使得企业基于自身核心能力整合更多资源成为可能，各种边界均被打破，零售企业传统的边界清晰的经营哲学与理念遭遇到了前所未有的困境。零售企业进一步重新认识无边界的消费者个体需求、消费者与消费者关系、消费者与企业关系，认识企业所在产业链各环节之间的无边界、产业链与外部之间的无边界以及零售企业自身内部管理职能的无边界、操作的无边界、经营策略的无边界等，并构建无边界零售管理模型，对闭店潮背景下零售企业的未来发展具有非常重要的意义。

二、无边界消费者

在互联网时代，企业不再能够仅凭借产品以及资源来对自身进行定义，而是要从消费者需求角度来对自身进行重新定义，基于消费者需求重新建立企业边界、产业边界、市场边界具有非常重要的意义。过去引发零售企业经营模式变化的链条表现为：技术变化—生产企业变化—零售企业变化—消费者变化；而现在更多地表现为：技术变化—消费者变化—零售企业变化—生产企业变化。从某种意义上讲，消费者变化是整个零售企业变革的逻辑起点，互联网技术变化导致的消费者无边界化将引发零售企业重新定义自身及其所在产业的边界。

1. 消费者个体以及消费者相互之间的无边界

在互联网时代，消费者个体以及消费者相互之间的边界完全被模糊化。传统的消费者其消费边界是相对清晰的，消费者通过有限的渠道接触信息，在规定的时间、规定的地点通过有限的渠道购买产品并享受服务，通过有限的渠道与其他消费者交流，通过有限的渠道表达自己对企业产品的满意或者抱怨。而在移动互联网时代，消费者消费边界拓展，购物时间、购物地点变得碎片化，购物需求也变得碎片化、差异化、多元化、个性化，消费者可以通过足够多的渠道接触企业或产品信息，可以随时随地购买产品，可以通过多种渠道享受产品服务，可以通过各种媒介与其他消费者互动交流。如果说传统零售企业的目标顾客定位更多基于线下物理商圈的话，互联网时代的目标顾客则更多是通过网络打碎又重新聚合的不同互联网商圈顾客。

对消费者而言，零售的本质是购物、娱乐与社交。在未来零售中，娱乐与社交的占比将越来越大，消费者越来越相信朋友和各种社交圈友的意见和推荐，喜欢与其他好友进行交流沟通，并共同分享购物的喜悦和发现。过去商家通过垄断交易信息、误导式促销等信息不对称手段盈利的模式，将逐渐被越来越透明的信息对称所打破。麦克卢汉提出，人类社会会经历三个阶段：部落化—解部落化—再部落化。互联网技术特别是移动互联网技术让消费者实现了史无前例的部落化和社区化，消费者开始变得更加愿意与其他消费者建立关联，消费者之间连接的数量更大，联系得更紧密也更容易，信息交流得更多维也更充分，最终形成了一个个"物以类聚，人以群分"的消费部落或消费社交群。零售企业要进行成功营销，必须取得消费部落或社交群的支持。此外，大数据还使得每个消费者和消费社交群成为零售产业链的链主。

2. 消费者与零售企业之间的无边界

消费者与零售企业融合的程度决定了零售企业未来竞争力的强弱，未来零售企业运作的主要战略是，通过消费者参与零售管理来实现价值共创。以往零售企业需要的更多的是顾客，产品卖出后销售就基本结束了，付款的才被视为顾客，不付款的往往不会作为服务对象，且组织结构是线性的、单向的，从产品研发到最终推向市场都是不可逆的，最后市场能否接受产品往往很难控制。而互联网时代，消费者开始泛化，有些不付款的消费者也要被视为服务对象。消费者开始深度参与上游业务，在产品尚未上市之前，消费者就已经开始在某种程度上了解产品，甚至决定购买了。零售企业传统的客户关系管理开始被逐渐淘汰，简单的单向喇叭式问候与促销信息推荐，基本的年龄、性别、地域等消费者模糊画像已经变得远远不够了，取而代之的是零售企业采用数字客户关系管理，即通过全渠道信息整合与重构，将客户数据还原为"一个完整的人"，并基于360度数字客户肖像进行精准营销并与之深度互动。[4]

传统观念认为，生产者赚钱，消费者花钱。经济学家比尔·奎恩（Bill Quain）提出了生产消费者（Prosumer）的概念。他指出，生产消费者不从产品出发，而从消费出发，投入时间去同其他消费者分享购物经验，通过推荐其他消费者消费、组织其他消费者消费，改变其他消费者的购物观念、购物习惯与购物行为，最终能够在花钱的同时也能够赚钱。在互联网时代，消费者之间的聚合更加方便，沟通更加便利，消费者既是消费者，又是具备某种上游企业业务功能的能够组织其他消费者消费并创造价值的个体。因而，零售企业应充分利用生产消费者的力量来实现自己的产品销售。

三、无边界零售产业链

1. 零售产业链内部的无边界

零售产业链内部应充分利用互联网技术，共同打造产业链整体竞争优势，加快产业链内部商品所有权流、信息流、资金流、物流、顾客流、促销流、订单流的高流动性。传统的零售产业链是串联的，各环节的设计、制造、销售、服务等是割裂的；而今天却是并联的，消费者、生产企业、零售渠道企业、售后服务企业都能参与到产业链每一环节的业务中。现有零售企业转型的理论和实践主要集中于供应链整合视角，目的在于打破过去三者边界清晰的利益此消彼长的博弈关系，从而建立共赢关系。李飞[5]以沃尔玛和宝洁供应链的整合为例指出，零售企业应当优化零售产业链，与上游企业共享信息，降低三方特别是零售商和厂商两方的费用成本，回归到零售主营业务的盈利模式之上。王国顺等[6]在关于零售企业转型的研究中指出，应从降低三者费用出发，优化三者在产业链中的关系，从而达到共赢。从实践来看，用户参与供应链前端的设计和体验变得越来越普遍和重要，无论是渐进式的创新还是突破性的创新，如果没有用户的参与，都不具有实质意义。用户的深度参与使得产品更接近终端需求，更加定制化与个性化，过去大规模存货式的设计生产销售方式开始逐渐被淘汰。

此外，随着互联网的快速发展，各行各业都开始出现脱媒化（Disintermediation）倾向。这里的脱媒化是指，在之前交易中居重要地位的中间人的作用被逐渐削弱，上游和下游可以直接进行沟通交易。零售脱媒化是指，零售终端的上游企业与终端消费开始跳过零售终端直接进行沟通和交易。一切信息与价值开始变得透明化，整个渠道商业生态开始重塑，零售终端的价值弱化，物理商圈半径被完全打破，取而代之的是互联网商圈，零售终端拼陈列、拼环境、拼促销、拼装饰等都将不再成为其核心竞争力，依靠信息不对称以及主打产品功能的方式已经落后。零售终端经营的传统边界完全被打破，零售企业必须重新界定自己在产业链中的定位，零售企业应作为运营商和服务商而生存。运营商主要是指，零售企业应运营消费者，从过去简单的终端维护转向实体店、网店及移动网店的内容策划、实时评价、在线客户、精准推广等。而服务商是指，零售企业应在产品同质化的情况下，为上下游客户同时提供深度服务，增加在产业链中的黏性与不可替代性。

2. 零售企业产业链外延的无边界

传统企业不仅与产业链中的其他成员泾渭分明，与其他外部成员，如竞争者、政府、社区、公众等，更是边界清晰。这样，就形成了封闭的企

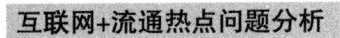

业和封闭的产业链,从而使得企业与产业链上下游以及产业链外部往往通过信息不对称进行自利的交易与合作,最终难以实现多方利益的最大化。产业链成员战略计划的制订都是相对独立和封闭的,与外部资源之间的互补利用、信息分享、相互协同都比较差。

在无边界思维中,零售企业应当具备与产业链成员及产业链外部成员价值共创的理念,采取众包、众筹、外包等方式整合各种优势资源为其所用,或者基于顾客需求与所有外部组织和成员形成合作共赢的各种跨组织形式,如战略联盟、虚拟企业、网络组织、企业集团等,甚至可以根据不同的需要形成不同类型的跨国界组织形式,通过零售企业与外围组织打破边界,充分融合,成为一个基于终端需求创造价值的动态系统,成为在网络化基础上强调速度、弹性、整合创新并且能够适应环境快速变化的组织。[7]

四、零售企业的无边界管理

无边界企业与无边界管理理念已经成为企业创新驱动、转型发展的必然选择。在互联网时代,对无边界零售企业而言,其边界更多的应该是思维边界与能力边界,而非传统上的制度边界与物质边界。本文构建的零售企业无边界管理模型如图 1 所示。零售企业无边界管理包括零售企业管理职能无边界、零售企业操作无边界、零售企业经营无边界三个部分,无边

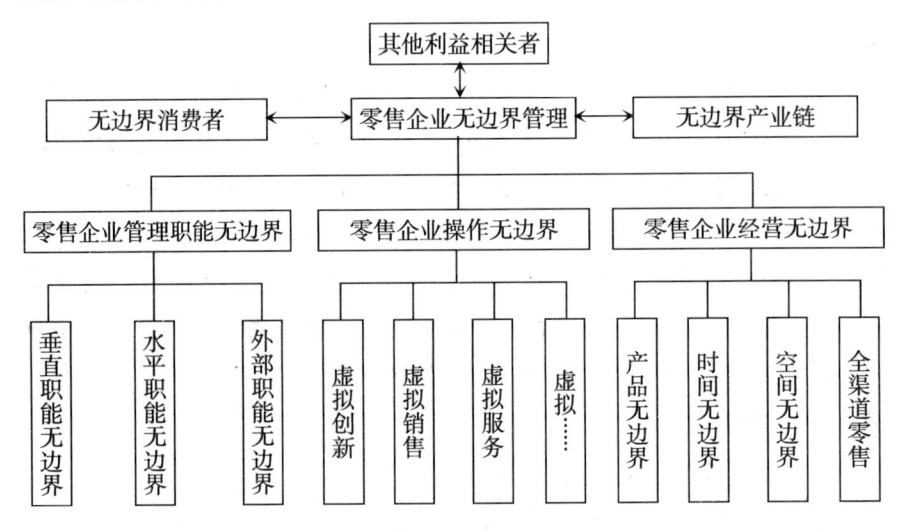

图 1 零售企业无边界管理模型

界消费者是零售企业无边界管理的起点,无边界产业链内外部以及其他利益相关者的资源和能力都是零售企业无边界管理实现价值共创的重要内容。无边界零售不会改变企业原有的本质与核心能力,其本质内涵是通过对旧有资源进行重新组合与界定而产生一种新的价值。

1. 零售企业的管理职能无边界

(1) 零售企业内部垂直职能的无边界

传统零售企业的垂直职能边界是以金字塔式的组织结构形成的,是职权划分比较严格的等级制度,不同层级内部机构均界定了严格的职责与权利。上级决策通过层层分解推进到下级,这样的管理方式信息传递滞后,效率低下,可逆性差。面对快速变化的终端需求,无边界零售管理需要突破这种僵化的定位,各层级职能之间需要相互渗透与融合。一方面,零售企业的组织结构要以扁平化的组织结构代替金字塔式的组织结构,这样可以增加零售企业对终端需求的把握与反馈,变得更加具有柔性与弹性,并且能够充分缩短响应时间;另一方面,零售组织内部以自组织运行体系代替行政命令式管理,[8]形成开放式、自组织、自演进的职能管理体系。内部组织结构扁平化以后,应变为一个个小的经营单位,形成自我导向、自我激励、自我约束、自我发展的小单元。过去是公司给员工开工资,以后应根据每个单位创造的市场价值决定其薪酬,即"客户开工资",所有员工的收入都与客户挂钩。只有与客户深入沟通与互动,让客户充分参与企业的前端管理与体验,才能创造出更多的客户价值。

(2) 零售企业水平职能的无边界

传统零售企业的水平边界是组织内部各职能部门依照自身界定的职能行事,结果导致企业内部信息、资源、创意、技术等无法在部门间自由流动与充分共享,而且经常会与其他部门产生各种冲突和矛盾,最终严重影响其整体绩效和市场反应能力。水平职能的无边界化,需要打破部门之间的边界,打破过去各部门以自我业务为中心沟通不畅的领地观念,形成各部门信息共享、以客户为中心的连续流程。此外,不仅要打破部门间的边界,还要打破员工之间的边界。也就是说,要打破每个员工仅仅关心分内工作的局面,一方面形成类似细胞式生产(CellProduction)的组织管理方式,在零售企业内部形成若干个职能小细胞,每个小细胞都是一个团队,都对最终客户需求负责,小细胞中相近职能的员工之间能够形成替代协作的团队关系;另一方面,引导员工更多关注终端客户需求,不再完全按照上级指示被动工作,而是按照市场需求完成自己的工作,努力发挥自己的创造力,积极与他人形成协作关系。

(3) 零售企业外部职能的无边界

零售企业仅仅打破内部的垂直与水平职能边界是远远不够的,还应通过虚拟经营打破与外部的职能边界。虚拟经营源于虚拟企业(Virtual Enterprise)的概念,最早由美国肯尼斯·普锐斯提出。虚拟经营是经由外包或战略联盟的形式,把组织外部优势资源纳入其控制和使用范围,而不是实际拥有这些资源。零售企业虚拟经营是指,企业以市场为导向,仅保留自身最具核心能力的部门,以合同或信用的形式整合外部优势资源建立动态联盟,完成吸引客流、采购、设计、陈列、品类管理、库存、信息管理等其他非核心能力的零售业务职能,以提高自身整体竞争力的一种资源配置经营模式,具体可采取众包、外包等形式,资金可采取众筹的形式。零售企业虚拟经营本质上是一种借势策略,通过虚拟经营可以突破企业有形的界限,弱化组织结构与有形资源,以协作共赢方式整合企业内外部资源,从而提升企业竞争力。这样做,一方面有利于企业对自身优势资源与核心业务的深度整合,形成核心竞争力;另一方面,可充分降低零售企业各种经营成本和运作风险。

2. 零售企业的操作无边界

(1) 虚拟创新

传统零售企业创新活动的所有环节都由自己完成,属于封闭式创新,现代零售企业借助互联网的力量,创新过程的每一个环节都可以实现虚拟化,比如创新团队构建虚拟化、零售过程设计虚拟化、结果评价虚拟化等。虚拟创新可以在消费者与消费者的互动中产生,也可以在消费者与零售企业的互动中产生。[9]过去,受时空约束,消费者很难聚合,近年来互联网技术的出现使得消费者能够以较低的成本形成各种互动群体,而消费者互动是创新力非常重要的驱动因素。徐岚[10]的研究表明,消费者创造力已经拓展到了开始与企业共创产品与价值。零售企业可以通过构建具有激励机制的虚拟创新社区,使消费者之间在此互动,企业与消费者在此互动,通过筛选、评价、再完善等环节,在互动中筛选各种零售经营的创新思路与策略。比如,通过众包(Crowdsourcing)的方式,将消费者社群中的意见加以集中,再交给消费者去进行评估、再设计、预订以及定价等。

(2) 虚拟销售

虚拟销售应当包括两个方面:一是销售组织与人员的虚拟化。零售企业通过设计合理的销售激励制度,充分利用生产消费者的力量,促使消费者组织消费者,消费者推荐消费者,消费者与消费者在基于产品而形成的各种群与圈子中充分交流与互动,从而大幅压缩传统销售组织,实现销售组织的虚拟化与无边界扩展。二是销售过程与形式的虚拟化。传统的零售主要是店铺式销售,而随着互联网技术对消费者生活方式与购买行为的改变,可以利用各种信息技术和多媒体技术在互联网空间中虚拟再现销售过程的各个阶段。这一方面可以通过个人计算机(PC)网店和移动网店进行展示并销售;另一方面,可以充分利用各种技术对网店的布置和商品的陈列实现虚拟的情境式陈列。当然,实体店也可以采用虚拟数字货架陈列商品,比如顺丰嘿店的数字货架商品陈列。

(3) 虚拟服务

零售企业的虚拟服务指的是,零售企业借助互联网等信息技术,对实体店各部门、各人员、各信息等所有资源进行网上虚拟整合,从而为消费者提供更加一致、更具个性化的服务。零售企业应打破过去垂直和横向系统的,以行政、部门、地域等分割的信息界限,通过对企业后台组织结构的虚拟化整合、功能的虚拟化整合以及服务的虚拟化整合,建立一个跨边界的虚拟资源共享立体空间服务环境,形成高质量的泛在服务模式(Ubiquitous Service),即零售企业的服务能力能够从消费者需求角度出发,使消费者无论何时、何地、以何种自己喜欢的沟通方式都能实现与零售企业的无缝交流互动并享受服务。当然,在提供泛在服务的同时,零售企业也要基于后台大数据进一步提供个性化的精准服务。

3. 零售企业的经营无边界

(1) 产品无边界

产品的无边界是指,要打破过去产品与服务的边界以及产品销售的边界。一方面,零售企业应当看到,任何消费者对任何一个产品的购买都是为了解决其自身的问题,产品只是一个形式而已,因此,更为重要的是要透过产品购买行为去捕捉消费者深层次的需求以及需求链,产品不仅仅是有形的产品,服务也不仅仅是付费的服务,零售企业基于需求链提供相关非付费附加产品或服务,将成为增加顾客黏性的有力手段;另一方面,实体店虚拟化、虚拟网店实体化、线上线下深度融合将成为趋势。例如,一些阿迪达斯零售店在店内设置智能屏幕并将新款鞋展示于虚拟数字墙上,韩国乐购(Tesco)在地铁里面安装数字货架,还有一些线上零售企业在线下设立体验店或提货点。无边界零售企业应该能够使消费者在购买产品的各个阶段,如信息寻找、店铺选择、下单、支付、购买、收货等阶段,无缝穿越于零售企业的不同渠道之中,打破过去零售企业产品销售各阶段的边界。

(2)时间无边界

当消费者变得越来越没有整块时间逛零售实体店和网店,购物时间从定期购物转变为全天 24 小时购物,从偶尔购物转变为随时购物,从整块时间购物转变为碎片时间购物,[11]购物决策时间越来越短的时候,过去的零售时间必须做出改变,谁能更多占用消费者的时间,谁就能获得足够多的竞争优势。零售企业建立碎片化思维,利用大数据收集、聚合、还原消费者碎片时间内的数据,与每个消费者进行个性化互动销售,将成为争夺碎片时间的重要方向。此外,移动互联网的快速发展使得信息流动变得更加智能和实时,让商家能够在合适的时间将合适的信息传递给合适的消费者并与之互动。移动终端是随时的、私有的、真实的、互动的,零售企业借助大数据进行以用户需求为核心的移动入口争夺、流量争夺、社交营销争夺,将成为未来争夺客户时间的重要手段,移动网店将成为零售企业延伸时间货架的重要形式。

(3)空间无边界

从空间上来看,消费者购物地点开始呈现出碎片化趋势。如今的消费者希望能够随时在任何地点、任何渠道通过更多方式实现无缝购物,消费者不再满足或者忠诚于单一渠道,希望购物的空间货架能够无限延伸,希望进入全渠道。零售空间战略的核心取决于零售企业的选址能力,对零售企业而言,顾客在哪里,零售店就应该开设在哪里。传统的零售选址策略基于物理商圈,商圈就是流量和消费者的聚集点。而互联网时代,消费者开始大量地从物理商圈转变为 PC 互联网商圈、移动互联网商圈及社交商圈,每个知名的社交网站都聚集了大规模的消费群体,比如一些零售商借助微博、微信等社交网络与顾客进行交流,最终实现了销量的提升。随着商圈的转变与演化，零售企业的空间战略也要随之转变，特别是要关注移动互联网商圈和社交商圈，未来零售业将变得更加娱乐化和社交化。

（4）全渠道零售：无边界消费者与无边界零售经营的契合选择

无边界经营的核心是创造价值，而全渠道零售（Omni-channel Retailing）可以实现消费者价值的最大化，是无边界消费者与无边界零售企业经营的契合与选择。随着互联网的快速发展，消费主权时代来临，消费者拥有越来越大的权力，甚至拥有对商品的最终定制权和定价权。市场态势转变为消费者给零售商做决定，而不是零售商给消费者做决定。消费者变得不再仅仅忠诚于单一渠道，而是交错出现在线下实体店、PC网店、移动网店、社交商店等不同的渠道中，同时希望不论何时、不论何地、不论以何种方式，都能在购物过程中的寻找、选择、下单、支付、收货、使用等各个阶段，无缝穿越于不同的渠道并获得一致而连贯的购物体验。[12]全渠道零售其实就是零售企业要整合所有有形渠道（线下实体店、PC网店、移动网店、社交商店等）与无形渠道（传统媒体、社交媒体等），围绕消费者进行整合营销。全渠道的根源在于消费者的无边界变化，其最终目的是让消费者感觉不到零售渠道壁垒的存在，在全渠道零售购买过程中获得最大的消费体验价值。全渠道零售的核心并不是要追求单一渠道的最优或最强，而是要实现零售企业多条渠道的高度协同与融合，打破企业渠道边界。全渠道零售将成为零售企业连接基于地理位置的本地消费者的有效途径，同时也能够让零售企业高效整合后台供应链，基于不同渠道还原每个消费者的全渠道数字肖像图，并与消费者深度互动，实现精准营销。

五、结论

第一，无边界管理思维和方式成为未来零售企业创新驱动与转型发展的必然选择，无边界管理的目的是实现基于核心能力对各种有形与无形资源的重新组合，最终创造新的价值，在移动互联网快速发展的今天，传统边界清晰的管理思维逐渐显现出较大的局限性。

第二，传统消费者个体消费时间、空间、需求、信息沟通等被重新定义；消费者之间出现再部落化和社区化，消费主权时代来临；消费者与零售企业的关系更加融合，数字客户关系管理逐渐取代传统客户关系管理，生产消费者开始出现。

第三，产业链内部成员之间一体化整合优化成为趋势，用户深度参与成为零售企业创新的推动力。产业链内部开始出现脱媒化趋势，零售企业的角色被重新定义为运营商和服务商；产业链外延无限拓展，基于消费者需求形成各种跨组织形式成为趋势，价值共创理念成为必要选择。

第四，零售企业应打破传统垂直职能、水平职能、外部职能三种边界清晰的职能管理方式；零售企业应采用虚拟创新、虚拟销售、虚拟服务等无边界操作方法以创造更大的价值；零售经营要打破产品边界、时间边界、空间边界等边界清晰的传统经营方式，借由全渠道零售方式对接无边界消费者与无边界零售企业经营。

参考文献：

[1]、[7]罗恩·阿什克纳斯. 无边界组织[M]. 姜文波，等译. 北京：机械工业出版社，2005：145－150.

[2]李海舰，原磊. 论无边界企业[J]. 中国工业经济，2005（4）：94－102.

[3]欧阳文和，高政利，李坚飞. 零售企业规模无边界的理论与实证分析——以沃尔玛为例[J]. 中国工业经济，2006（4）：108－115.

[4]、[12]齐永智，张梦霞. 全渠道零售：演化、过程与实施[J]. 中国流通经济，2014（12）：115－121.

[5]李飞. 中国零售业发展的八大矛盾及解决思路[J]. 北京工商大学学报（社会科学版），2011（1）：1－6.

[6]王国顺，黄金. 零售企业盈利模式与价值链优化[J]. 北京工商大学学报（社会科学版），2012（3）：7－12.

[8]李海舰，陈小勇. 企业无边界发展研究——基于案例的视角[J]. 中国工业经济，2011（6）：89－98.

[9]王莉，任浩. 虚拟创新社区中消费者互动和群体创造力——知识共享的中介作用研究[J]. 科学学研究，2013（5）：702－710.

[10]徐岚. 顾客为什么参与创造？——消费者参与创造的动机研究[J]. 心理学报，2007，39（2）：343－354.

[11]颜艳春. 第三次零售革命[M]. 北京：机械工业出版社，2014：178－181.

互联网环境下零售企业竞争力影响因素[1]

——基于价值链理论

黄益方　孙永波[2]

摘　要：随着全球经济的不断发展，我国进入了互联网快速发展的时代。互联网环境下，电子商务的运用不仅影响企业的基本活动，企业的其他活动如基础设施完善、技术开发、人力资源管理等也都涉及电子商务的发挥与运用。互联网环境下，为满足顾客变化多样的消费需求，零售企业价值链上的一系列活动不可能由单一企业独自完成，而是要由许多企业或组织共同合作完成，每个企业负责完成自己具有竞争优势的环节，共同为企业创造增值，提高企业整体竞争力，为企业带来利润。面对竞争环境的改变，零售企业只有抓住电子商务新契机，分析自身所处的竞争环境、与竞争对手之间的差别以及自身优势和劣势，改变竞争策略，确立竞争方向，从采购及供应管理、销售及客户服务、业务流程优化、信息化管理等方面入手构造零售企业竞争力，才能更好地在这个充满竞争与挑战的市场

---

[1] 本文系北京市教委人文社科重点项目"北京零售企业竞争力提升关键问题研究"（项目编号：SZ201410011004）、北京市属高等学校高层次人才引进与培养计划项目（The Importation and Development of High-Caliber Talents Project of Beijing Municipal Institutions）、长城学者培养计划资助项目"北京零售企业提升竞争力的理论与实践研究"（项目编号：CIT&TCD20140307）、科研基地建设—科技创新平台—国家社科基金配套（项目编号：PXM2014_ 014213_ 00048）及北京市自然科学基金项目"知识资本主导下的北京服务企业服务开发创新模式研究"（项目编号：9132008）的阶段性研究成果。

[2] 作者简介：黄益方（1974—），男，浙江省杭州市人，副研究员，中央财经大学信息学院博士研究生，主要研究方向为经济信息管理。孙永波（1970—），男，黑龙江省肇州县人，管理学博士，北京工商大学商学院教授，主要研究方向为服务企业运营管理。

中立足，实现零售企业自身更快更好发展，提高我国零售企业整体竞争力。

关键词：互联网；零售企业；竞争力；影响因素；价值链

一、引言

改革开放以来，特别是我国加入世界贸易组织（WTO）以来，我国零售企业发展进入了一个新的阶段。在此阶段，我国对外开放力度逐步加大，使得一大批跨国零售企业纷纷进入我国零售市场并迅速发展壮大，导致我国零售企业竞争环境产生了巨大的变化。现如今，随着互联网时代的到来以及电子商务的广泛运用，为更好地适应当今市场发展格局，零售企业发展的模式也变得多种多样，如大型百货商场、连锁店、专卖店、零售企业网上商城等。其中，大型零售企业已经基本朝着集团化、规模化、连锁化方向发展，并利用互联网环境下出现的新渠道——电子商务平台，为我国零售企业蓬勃发展注入新的动力，提供一个更为广阔的竞争领域。

尽管我国传统零售企业在过去发展过程中已经积累了一定的竞争优势，其内部经营管理水平已经趋于完善，但在整个零售业市场上，与跨国外资企业相比，我国零售企业整体竞争水平仍然存在不小的差距。为更好地在这个充满竞争和挑战的市场立足，我国零售企业必须全面认识和分析自己，抓住电子商务这个新契机，分析互联网环境下影响我国零售企业竞争力的主要因素，探讨出一些新技术、新策略，以提高我国零售企业整体竞争水平。

二、我国零售企业所处竞争环境分析

为促进我国零售企业更快更好发展，我们要努力认识自身所处的竞争环境、与竞争对手之间的差别以及自身的优势和劣势等。因此，我们根据波特五力模型来分析零售企业所处的竞争环境，即行业内竞争威胁、供应商及购买者的威胁、潜在新进入者的威胁以及替代产品和替代服务的威胁（具体见图1）。

1. 行业内竞争威胁

近几年，零售行业竞争日趋激烈，自20世纪90年代开始，不仅一批

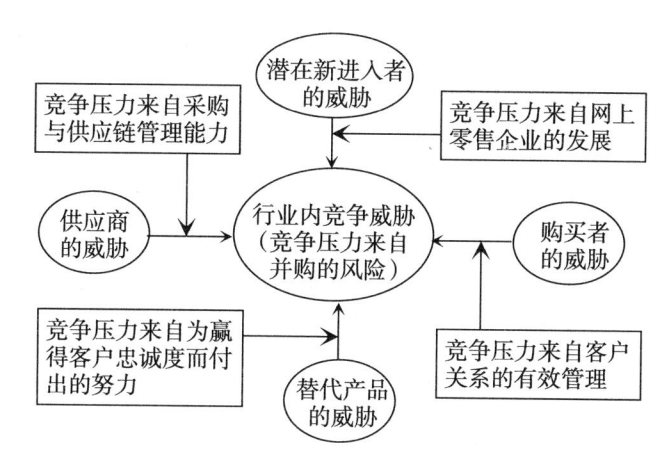

图 1 利用波特五力模型分析零售企业竞争环境

国内零售企业如国美电器、苏宁电器、华润万家、联华超市等迅速发展并成长起来,一些跨国外资零售企业如法国家乐福、美国沃尔玛、德国麦德龙等也纷纷迈入中国零售市场,竞争日益激烈,甚至达到了惨烈的状态。随着行业内竞争的日益激烈,零售市场上开始出现并购热潮,如2006年乐购和家乐福连续收购了乐客多的7家门店,美国百思买集团收购了江苏五星电器,沃尔玛收购了好又多,国美收购了永乐等,尽管这些并购热潮大幅提升了我国零售企业集中的速度,但由于大部分零售企业的经营战略、经营模式、经营品种、销售及服务方式等趋于一致,从而加剧了我国零售企业竞争的程度。

因此,为在竞争中立于不败之地,大型零售企业必须知己知彼,不断开拓创新,满足消费者不断变化的消费需求,以在竞争中脱颖而出。

以沃尔玛为例,它在行业竞争中面对竞争对手时,除依靠其自身品牌在消费者心中的认可度外,还充分运用互联网资源信息共享,快速应对和处理各种订单,不仅提高了订单的处理速度,还节约了成本,提高了效率。此外,沃尔玛还改变其传统销售模式,以最初的购物广场打开了中国市场的大门,尽管这种销售模式提供了自主性强、选择性高的购物环境,但相比家乐福采取的"大卖场"购物模式,吸引顾客的能力较弱。"大卖场"购物模式凭借其物美价廉的特点,受到了消费者的一致青睐。因此,沃尔玛在仔细分析竞争对手销售模式后,开始逐步引入适合自身发展的销售方式，如卖场促销、一站式购物、会员店等，逐渐为企业实现赢利。[1]

2. 潜在新进入者的威胁

众所周知，我国加入世界贸易组织后，不再限制外资零售企业在我国市场上增开店铺，结果大量外资零售企业涌入我国零售市场，通过并购、合作等形式，加速了我国零售企业的整合与重组。特别是随着互联网时代的高速发展与全球经济水平的快速提高，我国零售市场无论从国家政策，还是从技术要求等方面，其进入壁垒都变得越来越低，让企业难以防御和预测。这些潜在进入者往往以非传统的方式进入，并凭借更低廉的价格、更优质的产品、更全面的服务迅速抢占市场，以争夺竞争对手手中的客户。

目前，在互联网时代，竞争较为激烈的要数中国电商之间的竞争，其中较为典型的是以苏宁和国美为首的电商之间的竞争。它们之间的竞争始于电子商务的出现，即"网上商城"。苏宁、国美正是利用电子商务带来的契机，对客户的消费心理进行了深入分析。考虑到顾客购物首先还是会以价格作为重要衡量标准，而且无论从商品的价格，还是从购买商品所付出的出行成本考虑，它们都会选择网上购物来满足其消费需求。这是因为，一方面网上产品的价格确实较实体店低，同时还可省去到实体店与销售员讨价还价的麻烦；另一方面，网上购物可节约时间成本，在家即能完成购物，无论在精力还是体力方面，都能让消费者满意。

苏宁和国美正是抓住了消费者的这一心理，纷纷在网上打出了"物美价廉"的口号，以低于实体门店的价格抢占商机，争夺客户，占领市场。为应对这些潜在的新进入者，大型实体零售企业也会开拓自己的网上商城，并在商城开展一些打折促销活动，以维持自己在市场上的竞争力。

3. 替代产品的威胁

从经济学的角度理解，所谓替代产品就是两种商品在性质或作用上具有相同或类似的构成。一般来讲，其中一种商品价格的变化会引起另外一种商品需求数量上相同的变化。再看我国零售业市场，大型百货、家电企业所提供的商品，都是一些日常生活的必需品，对于这类商品，即使其价格在某段时间内具有一定的提升，也不会影响该商品的销售数量。因为这类商品是消费者生活所必需的，他们不会因价格微涨而放弃，只不过会不断比较，选择一个价格相对较低且质量相当的产品。因此，零售企业在面对替代产品威胁时，仍然应把价格作为首要考虑因素，消费者在面对价格相当的产品时，肯定会选择价格更为低廉的产品，即商家要有"薄利多销"的营销理念，并做好产品售后服务，以赢得顾客满意，获取好的业绩，实现较高的赢利。

4. 购买者的威胁

自20世纪90年代开始，我国在企业管理实践中不断引入西方经营管理思想，即顾客至上的经营理念。随着该管理理念的广泛传播与运用，我国零售企业也逐步意识到了顾客在企业发展壮大过程中所发挥的重要作用，明确了"顾客就是上帝"的企业经营方针。同时企业实践表明，顾客确实是所有竞争因素中最易变动，同时也最难把握的一个重要因素，其原因如下：

一方面，由于我国零售企业所提供的产品趋于相同，产品差异性不大，消费者能够根据自己的喜好，对市场上的变化做出快速反应。同时，由于产品转换成本较低，客户对商品的忠诚度不高，缺乏对某一特定产品、特定企业从始至终的喜爱。这些因素都将促使顾客转向企业竞争对手以及行业内潜在的新进入者，以新的替代品来满足顾客的购买需求。另一方面，随着生活水平的不断提高，客户的消费理念也在发生变化。他们的购买需求不再仅仅局限于一个实物的满足，而是实物与服务的融合，即呈现出一种个性化、多元化的消费行为。因此，优质、全面的服务也是企业优于竞争对手的一个重要方面，要以较好的服务赢得较高的顾客满意度，要通过不断满足顾客需求来提升自身竞争力。

以全球最大的零售企业沃尔玛为例，它的经营原则极其简单，即"顾客第一、永远让顾客满意"。企业要吸引和留住顾客，最关键的就是要明确顾客需求，把顾客需求作为一切经营活动首要的考虑因素，以提供让顾客满意的产品。因此，为更加准确地了解顾客需求，沃尔玛建立了有效客户反馈系统（ECR），即以顾客导向为核心的零售商、分销商、供应商的紧密合作，通过快速产品引进、快速门店分类、快速促销、快速补充四大要素的紧密配合，满足消费者不断变化的购买需求，提高顾客满意度，把握住顾客这个宝贵资源，将是企业立于不败之地的重要法宝（具体如图2所示）。因此，顾客的一次购买行为已经不再是一个单一的行为，它是供应商、物流配送商、零售商之间的紧密合作。零售企业通过收集顾客购买产品后的反馈意见,来更好地把握顾客日后的购买需求。这种将顾客感受作为首要考虑因素的人性化服务,有利于提高顾客对企业的品牌认可度与忠诚度,为沃尔玛获取竞争优势。

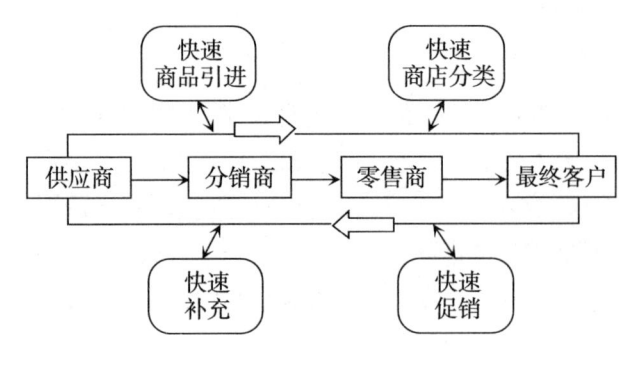

图2 有效客户反馈系统

5. 供应商的威胁

我们知道,供应商为零售企业提供产品,在我国的零售市场上,本该是本土企业的经营,为何现如今被外资零售企业占据了相当大的市场份额呢?其原因就在于,我国零售企业没有正确认识供应商在零售市场竞争中所起的不可忽视的作用。这具体表现在如下几个方面:

第一,供应商管理缺乏先进的信息技术。随着企业规模的不断扩大,单一的供应商肯定无法满足其货源需求,而随着供应商数量的增多,零售企业要做到对每一个供应商进行管理和监控,并与企业的供应链、零售链结合,共享信息资源。这样,供应商可以更为准确地把握商品需求量、补货及库存情况,以更好地降低物流配送成本,合理安排产品的生产及送货。

第二,未进行专业化的分工与合作。随着零售企业规模越来越大,已经没有精力独立完成从原材料投入、生产到最终获取、销售的整个过程了,为提高企业运作效率,零售企业应专门负责自身的优势产品和服务,将其他的交给具有优势的供应商、物流企业来完成。如果零售企业为节约外雇配送成本,所有的产品供应及配送均由自己独立完成,那么零售企业终究会败在"事必躬亲"上。

第三,没有与供应商更好地配合。只有与供应商保持融洽的合作关系，双方才能彼此真正融入，形成一个共同的利益整体，实现互利共赢。通过以上分析，再由家乐福和沃尔玛的鲜明对比可知，家乐福一直以较快的速度进行规模扩张，但在与供应商的合作中，始终压低成本以获取自身利润，而没有将供应商融入自身的发展经营，没有形成良好的合作关系。这样一来，今后随着家乐福规模的不断发展壮大，其与供应商不融洽的竞争关系势必会对家乐福自身发展产生影响。而沃尔玛选择了与家乐福截然不同的扩张模式并与供应商进行紧密合作，实现互利共赢，通过物流配送及减少中间环节来控制成本，降低价格，赢得竞争优势，迅速占领市场，导致家乐福扩张的速度受到限制，门店数量越来越少。

因此，要明确供应商在零售企业竞争中所扮演的重要角色，零售企业要通过与供应商更好地结合，在两者间建立快速反应系统。沃尔玛利用先进的电子信息技术，将顾客需求准确地反馈给供应商，使供应商更加清楚顾客的购买需求，从而提供更为准确、更具人性化的优质产品，不仅赢得了顾客满意，还控制了库存成本，这一优势使得沃尔玛的扩张速度越来越快，开设的门店数量越来越多，成为中国零售市场上的领头羊。

三、我国零售企业竞争力现状分析

改革开放以来，随着外资零售企业纷纷打入我国市场，我国零售企业发展受阻。尽管加入世界贸易组织后，我国零售企业依靠其雄厚坚实的经济实力与管理经验，发展速度较以前有明显提高，但由于缺乏先进的生产技术、科学的管理方法，导致我国零售企业整体竞争水平较低，产业集中不起来，没有合理而有效地进行资源配置。同时，随着互联网时代的到来，我国零售企业未能较好地把握电子商务带来的契机，未深入挖掘电子商务给我国零售企业带来的竞争力。因此，与外资零售企业相比，我国零售企业在行业内发展状况不佳，导致这种状况的原因主要包括以下几个方面：

1. 管理能力低下

由于我国传统零售企业一直沿用过去的管理方法，未与时俱进，对外资企业先进的管理理念和科学的管理方法尚处于模仿学习阶段，没有将其管理思想真正转化到我国零售企业管理实践中来，使得我国零售企业与外资零售企业相比，发展水平一直处在落后阶段。同时，我国零售企业对先进人才的培养与引进严重缺乏，导致我国掌握先进管理理念与科学管理方法的管理人才少之又少。因此，由于缺乏现代化管理与先进人才的支持，我国零售企业管理水平低下，难以与时俱进，创新更无从谈起，很难适应当今市场竞争激烈的新形势。

2. 信息化水平落后

随着互联网时代的到来，企业发展对信息的需求越来越高。电子商务平台以及各种运作系统，如供应链管理系统（SCM）、管理信息系统（ERP）、门店管理系统（SOS）、业务管理系统（BMS）、自动补货系统等的有效运营，都要借助信息技术来进行操作和运转。因此，我国零售企业应将大量资金投入到企业信息技术发展领域，以获取竞争优势。否则，缺乏信息化的经营管理流程，势必会影响企业整体运营效率，导致成本增加，价格上升，在零售市场竞争中处于不利地位。

3. 营销能力较低

与外资零售企业相比，我国零售企业营销水平较为落后，营销手段较为单一，主要依靠打折促销、赠品促销等方式，而没有从企业品牌形象出发制定营销战略，使得传统营销战略只停留在价格层次，没有学习沃尔玛从自身品牌文化出发，倡导"天天平价"的经营口号。如果能做到这一点，即使在价格策略、促销策略都失效的情况下，企业一样可以依赖品牌深入人心，获取竞争优势。像我国河南郑州的亚细亚百货、美国的凯马特公司、日本的八佰伴集团等，导致它们最终都走上破产倒闭道路的，究其根源，几乎都是因为营销能力较低。我国零售企业要在激烈的竞争中立于不败之地，就应在营销技术方面加大力度开拓创新，综合运用价格营销、品牌营销、广告促销、陈列促销、服务促销等手段，不断缩小与外资零售企业在营销能力上的差距，提高自身竞争力。

4. 欠缺"顾客是上帝"的经营理念

随着人民生活水平的提高，其消费需求也随之发生改变，不再局限于对价格的衡量，还有服务、便利等其他方面因素的考虑。因此，企业必须把握客户需求的变化，并快速做出回应，生产提供让顾客满意的产品和服务，加大力度提高和完善产品的价格、品种、样式以及售后服务等。同时，学习外资先进的信息管理技术，建立客户反馈系统，第一时间收集顾客反馈意见，不断完善产品和服务，提高顾客满意度。

企业只有将"顾客就是上帝"的理念贯穿于整个生产经营活动，才能在竞争中准确把握顾客需求，通过满足顾客需求来吸引和留住顾客，提高顾客对企业的忠诚度，与顾客保持长期稳定的合作关系，使企业在激烈的竞争中处于领先地位，以增强自身的竞争力。

四、互联网环境下零售企业价值链模型构建

通过上文对我国零售企业竞争力现状的分析，我们知道，要想在当前激烈的竞争中站稳脚跟，必须深入挖掘企业自身竞争优势。为保持这种竞争优势，我们必须不断提高企业竞争力，因为竞争力是企业保持持久竞争优势的动力和源泉，而具备竞争力又是企业经营管理过程中实现价值增值的基础。本文正是基于这个角度，从价值链模型出发分析零售企业各部分活动的价值增值环节，探索零售企业竞争力影响因素，从而更好地提高零售企业竞争力。

企业价值链由一系列价值活动构成，这些价值活动是构成企业竞争优势的基础和源泉。通过分析价值链上的各项活动，找出各环节间的关系以及关系的变动，有利于更好地提高企业经营效率，降低运营成本，进而影响企业的竞争优势和成本控制。所谓构造企业的价值链模型，即对企业研发、生产、供货、交货、配送、营销等一系列活动进行设计、安排与集合，将各个活动联系在一起，共同为企业创造价值，形成企业的价值链。

由于我国正处在互联网快速发展的时代，为更有针对性地提高零售企业竞争力，获取持久竞争优势，我们重点分析互联网时代下零售企业的价值链模型。随着电子商务的广泛运用，传统零售企业经营模式遭到淘汰，企业经营理念、生产调控、销售服务等各个方面都发生了较大的变革，这种变革主要表现在以下几个方面：

一是市场开放、信息共享。随着电子商务的广泛运用，我国零售企业市场不再单一面向国内消费者，因为通过电子商务平台，产品可以毫无限制、毫无障碍地跨越国界进行销售，零售企业市场大大向外延伸，企业与供应商之间、企业与顾客之间、企业与其他组织之间的联系越来越密切。这些组织间的信息交流更加通畅，实现了全天候、多渠道的双向沟通，减少了信息不对称的影响。通过信息共享，不仅减少了信息收集成本，还提

高了整个零售市场运作的效率，为企业价值增值提供了有利条件。[2]

二是价格低廉、顾客满意。在互联网高速发展的时代，企业运作效率不断提高，零售企业与顾客之间不再需要通过中间环节，便可完成销售，企业省去了支付给中间环节所产生的成本与周转管理费用，进而在保证产品质量的前提下，以较低的价格卖给顾客。同时，企业通过与顾客在网上进行直接交流，可以更为准确地把握客户的购买需求和购买意见，有利于企业生产提供符合顾客需求的产品和服务，提高顾客满意度。

三是系统优化、准确便捷。随着电子商务平台的发展壮大，可利用信息技术建立高效快捷的系统，如自动补货系统、供应链管理系统、客户关系管理系统等。这些系统的运用，不仅提高了企业整体运营效率，还大大节省了企业运营成本。例如，自动补货系统既节省了库存管理成本，又提高了供应链系统运作效率。企业通过这些系统为自身创造竞争优势，提高竞争力。[3]

综上所述，电子商务的出现使传统的生产、供应、销售等流程发生了较大的变革，我们必须把握这种变革背后的契机，重构零售企业价值链模型。其与传统价值链的不同之处主要体现在以下几个环节：

一是采购环节。采购环节最大的变化是将采购流程由之前的辅助活动转移到了企业的基本活动之中。由于电子商务的实施，使得零售企业与供应商、顾客之间集合成了一条完整的价值链。通过电子商务平台直接与顾客进行交流，将收集到的产品需求量与顾客需求准确地反馈给供应商，从而提供让顾客更为满意的产品和服务。

二是营销环节。以电子商务平台进行营销给企业打开了一个新的市场，通过与顾客之间的直接交流与互动，能有效把握并留住顾客，使企业与顾客之间建立良好的合作关系。这种直接、双向、快捷的营销方式为企业开拓了许多分销渠道，提供了更多商业机会。

三是物流配送环节。在电子商务出现之前，传统零售企业基本都是自己完成产品供货、发货、补货、仓储等配送活动的。而企业开展电子商务后，之前的一系列配送活动基本都交由第三方物流企业完成。这一变化极大地提高了企业物流配送的速度，使企业有更多精力去进行商品生产和销售活动，大大提高了企业经营管理的效率，使之在当今互联网时代激烈的市场竞争中能够获得良好的发展。

四是售后服务环节。电子商务的加入，使企业与顾客间的关系越来越密切。顾客可以通过网上商城快速、直接地了解该企业所提供的产品和服务，还可在货款支付后直接了解产品订单的物流递送信息，从而为顾客提供方便、快捷的购物经历。同时，企业通过电子商务平台收集顾客购买过程中的各种意见，做好产品售后反馈，把握消费者购买需求，以提供让顾客满意的服务。

这些环节的改变都是因为网络技术的快速发展使得价值链各环节、各组织不再依赖实物来连接，而是更多依靠信息共享平台。[4]

通过上述分析，我们构造出互联网环境下零售企业价值链模型（见图3）。

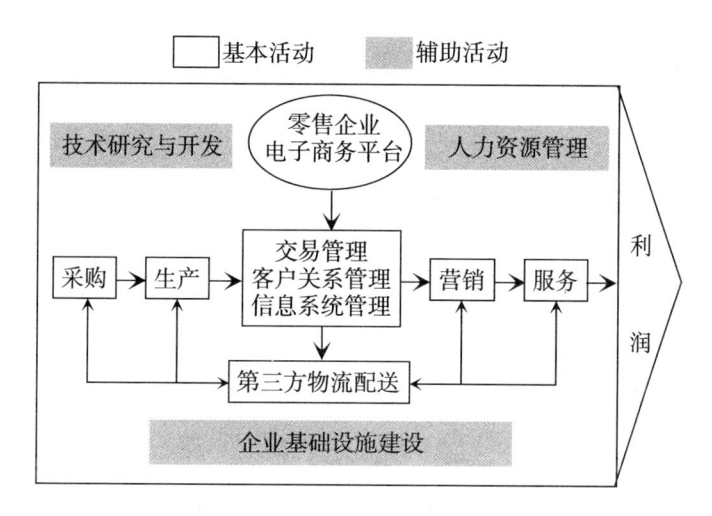

图3 互联网环境下零售企业的价值链模型

由图3可知，电子商务的运用不仅对上述企业的基本活动产生了影响，其他活动如企业基础设施完善、技术开发、人力资源管理等也都涉及了电子商务的发挥与运用。[5]由该价值链可以看出，为满足顾客变化多样的消费需求，价值链上的一系列活动不可能由单一企业独自完成，而是要由许多企业或组织共同合作完成，每个企业负责完成自己具有竞争优势的环节，共同为企业创造价值，提高企业整体竞争力，为企业带来利润。

五、互联网环境下零售企业竞争力影响因素分析——基于价值链模型

构造出互联网模式下的零售企业价值链模型后,根据其价值链活动的价值增值环节,我们发现以下几个方面能力是影响零售企业竞争力的主要因素。

1. 采购与供应管理能力

在经济全球化背景下,网络信息技术在企业中被广泛应用。零售企业传统的复杂采购流程发生了彻底改变,一种新型、高效、便捷、融入电子商务的采购流程正在为大部分企业采用。在互联网快速发展的今天,我国零售企业必须适应时代潮流,改变原有传统采购模式,接纳新的技术,只有如此才能更好地适应当前互联网环境对采购流程的要求,应对与竞争对手之间的激烈竞争。

通过分析零售企业采购流程,我们不难发现,零售企业的目标是采购符合广大消费者需求、品种广泛、销量较高的商品。为实现这个采购目标,零售企业采购活动首先要控制采购和搜寻成本,其次要控制存货管理成本,不能盲目采购,最后要采购能让消费者满意的有价值的商品。不仅要满足消费者的购买需求,还要被广大消费者接受和认可,因而商品的成本不宜过高。因此,在采购与供应管理方面,影响零售企业竞争力的因素主要体现在以下方面:[6]

(1) 电子采购

互联网环境下,电子采购是采购发展的必然趋势。特别是电子商务广泛推广后,电子采购方式的运用能够提高零售企业在采购方面的竞争力,获取竞争优势。通过电子采购,供应商和采购商的选择更为自主,选择范围更为广泛。企业可网上查阅供货商基本信息,比较各供应商产品价格及以往采购历史,选择符合要求的最佳供应商。同时,电子采购还能缩短采购流程,节约采购时间,提高采购效率,降低企业采购管理方面的费用开支,更好地控制采购成本。

(2) 存货管理

众所周知,零售企业存货管理水平的高低直接决定了零售企业资金利用率的高低、流程运作效率的高低以及企业生产成本的高低,这些因素都将影响零售企业竞争力。零售企业商品流通速度较快,必须有较为充分的

商品库存作保障，但库存量并不是越多越好，库存成本的高低也会对零售企业竞争力造成影响。因此，当前环境下，我们要充分利用信息技术带来的契机，既可通过电子商务平台将企业的采购、库存及销售结合在一起，共享信息资源，使每个组织都可及时了解商品销售、库存、采购情况等，还可搭建自动补货和零库存系统，通过电子商务平台跟踪销售信息，及时补货和供应，以实现存货价值的最大化以及存货成本的最小化，更好地提高零售企业存货管理水平。

2. 销售与客户服务能力

电子商务平台的运作改变了传统零售企业与顾客之间的关系，现在的零售企业可以准确把握客户多样化、个性化的需求，提高顾客满意度。此外，还可利用互联网技术创新多种营销技术和手段，拓宽企业销售渠道，使各个分销渠道共同合作，互利共赢，提高零售企业整体竞争力。因此，在销售与客户服务方面，影响零售企业竞争力的因素主要体现在以下方面：

（1）客户关系管理

客户关系管理系统的建立与信息网络技术的运用，使零售企业可在顾客购物时，第一时间搜集到顾客的各种信息，包括个人基本信息、购物需求信息等，进而锁定目标客户，对目标客户进行重点管理和分析，从而有效地定位产品，有针对性地采取营销方案，不仅满足顾客的购买需求，提高客户满意度，而且有利于降低销售成本。因此，通过客户关系管理系统，一方面能够与客户建立良好的合作关系，保持顾客对企业的忠诚度；另一方面可发现客户流失情况，及时处理客户意见，完善销售流程，从而提供更好的服务，增强竞争力。[7]

（2）营销模式

在互联网环境下，出现了一种更为有效的新型销售模式——网上零售。[8]网上零售企业之所以能快速发展，究其原因，一是网上零售企业不像传统零售企业那样需要租赁门店，省去了一系列的租赁费用、雇工费用、管理费用等，较好地控制了零售企业的运营成本；二是网上零售为顾客提供了更为广泛的选择，顾客可以很容易地进行网上搜寻，比较不同网站的价格，从而选择物美价廉的商品，即使顾客能够满意地购买到自己需要的商品，也为顾客节约了时间成本；三是网上零售企业一般设有售后评价系统，零售企业可根据该系统收集到的顾客反馈意见，不断改进产品和服务，从而提高顾客满意度，更好地吸引和留住顾客。

因此，随着互联网信息技术的广泛运用，网上零售也快速发展起来，能更好地应对当今激烈的市场竞争。零售企业通过建立自己的网上商城，以较低的价格向顾客提供价值较高的商品，受到了越来越多消费者的认可和青睐，有效提升了零售企业竞争力。

3. 业务流程优化能力

面对互联网时代零售企业竞争环境的改变，零售企业需要运用先进的信息技术，建立适应当前市场需求、能够快速反应的业务流程系统，以增强零售企业当前环境下的竞争力。在业务流程优化方面，影响零售企业竞争力的因素主要包括：

（1）流程的有效控制

互联网时代，为了在激烈的竞争中站稳脚跟，零售企业与对手的竞争不再仅仅局限于商品自身以及价格、质量等因素，从长远看，企业间比拼的是运用信息技术的能力，是能否建立高效的运作系统来有效地控制企业流程。为实现零售企业的高效有序运营，必须配套建立各种业务系统，如销售信息系统、货源供应系统、订单处理系统、物流配送系统、自动补货系统、客户反馈系统等，各系统相互配合，实现零售企业内外部流程优化，为提升零售企业竞争力打下坚实基础。

（2）非核心业务外包

随着零售企业的不断发展壮大，众多业务不可能全部由企业独立完成。零售企业应采用先进的信息技术，将一些非核心业务外包，而自己则腾出更多精力专注于核心业务的发展。例如，在互联网环境下，零售企业的一部分采购、销售业务需要通过电子商务来完成。这些环节中的物流配送业务，可借助第三方物流企业配合完成，这样不仅提高了企业的运营效率，还充分利用了各组织自身的竞争优势，共同为提升零售企业竞争力做出贡献。

4. 信息化管理能力

互联网环境下，信息化管理的好坏直接影响零售企业的竞争力水平，对上述三方面影响因素的分析，都少不了信息技术的有效运用。因此，信息技术是影响零售企业竞争力形成的一个重要因素。信息技术的有效发挥使企业共享信息资源，将零售企业资金流、实物流、信息流集合统一起来，一方面降低了企业运营成本，另一方面提高了企业整体运作效率。以良好的信息化管理为基础搭建电子商务运营平台，可将零售企业各部分业务活动与信息管理系统较好地结合起来，使之成为一个信息资源共享、信息传递畅通、流程精简高效的商业组织，使竞争力较之前得以显著提高。[9]

综上所述，我们根据互联网环境下零售企业的价值链模型，构造出零售企业竞争力体系，进而分析影响零售企业竞争力的主要因素（见图4）。

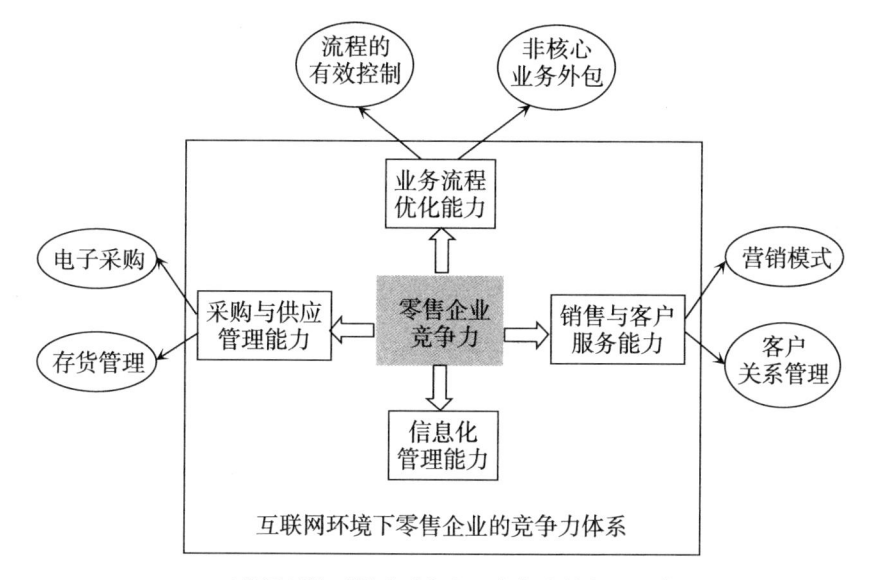

互联网环境下影响零售企业竞争力的主要因素

图4　互联网环境下零售企业竞争力影响因素分析

六、结论及展望

互联网技术的快速发展对零售企业竞争环境产生了极大的影响。本文通过介绍互联网技术迅猛发展给我国零售企业竞争环境带来的巨大变化，分析我国零售企业竞争力现状，运用价值链理论构造出了互联网环境下的零售企业价值链模型，主要从采购及供应管理、销售及客户服务、业务流程优化、信息化管理等几大方面研究了互联网环境下零售企业竞争力的影响因素。当然，本文研究还存在诸多不足，希望今后有更多学者关注这个

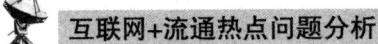

领域，从更新的视角来研究互联网环境下如何提高零售企业竞争力水平，并通过实证分析进行深入研究，逐步完善有关零售企业竞争力的理论研究框架，这对引导我国零售企业在互联网环境下的快速发展，提高我国零售企业整体竞争力水平都具有重大指导意义。

参考文献：

[1]丁涛. 沃尔玛在中国市场的扩张：模式、进程及战略演变[J]. 中国零售研究，2011（1）：52-58.

[2]黄斐. 传统零售企业的电子商务维新[J]. 企业管理，2014（1）：109-120.

[3]骆莹雁. 电子商务环境下零售企业的研究及思考[J]. 中国商贸，2014（4）：81-82.

[4]钱祖煜，邓涛. 价值链优势环节整合提升中小企业核心竞争力[J]. 沿海企业与科技，2010（3）：55-59.

[5]李作战. 基于价值链优势环节整合的核心竞争力实现模式探讨[J]. 科技管理与研究，2008（12）：292-295.

[6] DAVILA, T. EPSTEIN, M. AND SHELTON, R.. Making innovation work: How to Manage it, Measure it and Profit from it [M]. NJ: Whar？ton School Pub, 2005: 29-58.

[7] ADRIAN PAYNE & PENNIES FROWN. A Strategic Framework for Customer Relationship [J]. Management Journal of Marketing, 2005, 69（October）: 167-176.

[8] A. OSTERWALDER, Y. PINGEUR AND C. L. TUCCI. Clarifying Business Models: Origins, Present, and Future of the Concept [J]. Communications of AIS, 2005, 15（7）: 23-28.

[9]郝欢，陈哲. 提高连锁零售企业的信息化[J]. 中国商情，2012（1）：153-157.

论虚实结合的时空结构及其对流通渠道的支撑作用[1]

高旭涛[2]

摘　要：在真实的时空环境中，虚拟信息与物理实体之间并不是相互排斥的。不同情境下，虚拟时空与物理时空之间有着不同程度的融合。流动空间是实体空间与虚拟空间的相互影响与融合，既非纯粹的实体空间，也非完全的虚拟空间，并随动态过程的累积而不断接近真实世界，是亦此亦彼的真实空间，可看作一种虚实结合的时空结构。新时代背景下，这种虚实结合的时空结构是信息社会生产与消费的基础。流通渠道的流动特征非常明显，物流、商流、资金流、信息流是流通渠道重要的组成部分，其中的商流和资金流主要依托信息流，与物流一起构成虚实结合时空结构中的两大流动要素。畅通、协调、稳定、有序的信息与物质交流，对满足消费者多样化需求，实现供给的最大价值，有效利用社会资源，进行适合商品的高效、准确、适时流通具有十分重要的作用。而虚实融合能够有效促进商品流通，有利于保障信息与物质交流的顺畅和无缝对接，确保流通渠道高效运行，支持供需间交易顺利达成。在虚实融合的时空结构下，各环节有效信息都能在多方共享的虚拟时空中得以体现，在支持实物流通过程顺利进行的同时，形成固化且不受人为因素干扰的监督机制，发展出良性秩序，而实物流通则将自身信息化并反映于系统中，在信息指导下高效运行，最终实现二者的高效融合。

关键词：流动空间；虚实结合；时空结构；流通

---

[1] 本文系国家自然科学基金"基于交通/物流时间价值的经济时空关系研究"（项目编号：41171113）的部分研究成果。

[2] 作者简介：高旭涛（1980—），男，山东省威海市人，北京交通大学经济管理学院博士生，主要研究方向为运输经济。

一、引言

近年来，国际国内宏观经济形势持续低迷，增速放缓，而互联网经济以及一些信息化与传统行业融合的领域却表现活跃。《中国互联网络发展状况统计报告》显示，截至 2013 年 12 月，中国网民规模已经超过 6 亿人，中国网站数量近 400 万个。庞大的用户群体与良好的基础设施为互联网经济的发展奠定了坚实的基础。

中国电子商务研究中心发布的《2014 年（上）中国电子商务市场数据监测报告》显示，截至 2014 年 6 月，全国电子商务交易额达到 5.85 万亿元，同比增长 34.5%。2014 年 6 月，阿里巴巴集团提交给美国证券交易委员会（SEC）更新后的招股说明书显示，2014 财年阿里巴巴平台上完成的商品成交总额约 1.68 万亿元，相比 2013 财年大幅提升了 55.8%，活跃买家人数达到了 2.55 亿，仅 2014 年第一季度就增加了 2300 万。另一电商巨头腾讯 2013 年的财报显示，微信及国际版微信 WeChat 的合并月活跃账户 2013 年年底达到了 3.55 亿个。而腾讯 2013 年总营业收入达到 604.4 亿元，年增长 37.7%。同时，利用互联网直接与用户沟通并与制造工厂合作的小米公司 2013 年共售出手机 1870 万部，增长了 160%；含税收入 316 亿元，增长了 150%。自 2010 年创建以来，小米公司的发展异常迅速，其最新一轮融资估值达到 100 亿美元，超过了微软收购诺基亚手机业务的价格。

类似案例还有很多，这里不再一一列举，它们的表现如此突出，以至掀起了一场运用互联网思维创业和改造传统经济的风潮。当然，仍然有不少人继续固守着传统，还无法很快接受这样的趋势。比如，2012 年王健林、马云就电商能否取代实体零售而设立的赌注一亿元的赌局，以及后来雷军、董明珠针对不同商业模式发展前景而做出的赌注 10 亿元的赌局。当然，这样的赌局可能娱乐的成分更多一些，无论赌局输赢如何，两种经济模式都不应当是只存其一的结果。实际上，随着互联网影响的逐步扩大，它们已经在相互渗透甚至开始合作了。

我们真正感兴趣的是，为什么会出现这样的两种模式，并产生"针锋相对"的争论。这并不仅仅是关于两个企业两种不同商业模式的争论，而正像马云所说的那样，是新经济对消费、生产乃至生活方式的变革。信息通信本身已经成长为庞大的产业，而作为一种技术手段，它又在改变着各行各业的面貌，提高了社会自动化、智能化程度，提升了经济运行的效率，在更大范围内缓解了供求普遍存在却无法有效完成市场出清的矛盾等。要更清楚地认识这个问题，可能不得不从信息化与互联网究竟给我们带来了什么样的本质改变来进行思考。本文试图从时间和空间的视角出发来理解这一现象。流动空间（Space of Flow）的概念是美国城市与社会学家曼纽尔·卡斯特（Manuel Castells）于20世纪八九十年代提出并逐步完善起来的，他较早从时间和空间的角度来认识信息社会的方方面面，本文将予以简要介绍，进而再结合荣朝和提出的时空分析方法，形成在虚实结合的时空结构框架内认识问题的思路，并对上述问题背后的逻辑进行分析和梳理。

二、流动空间与虚实结合的时空结构

自20世纪八九十年代以来，随着个人电脑、互联网等信息通信技术的日渐成熟，以之为基础构建起来的信息社会的特征就越来越显著起来。许多学者很早就注意到了信息技术对经济社会发展的巨大影响，并从多方面展开了研究。在社会学、地理学、建筑学等领域的一些相关研究中，陆续出现了后工业时代空间组织以及信息化对空间影响等方面的诸多新内容，如地理的终结、经济活动在空间上的集聚与分散、全球化、时空压缩等。曼纽尔·卡斯特就是其中具有突出贡献的学者之一，他提出的流动空间理论同样产生了较大的影响。

曼纽尔·卡斯特[1]将流动空间定义为，通过流动而运作的共享时间之社会实践的物质组织。其中，共享时间之社会实践指的是，空间把在同一时间里并存的实践集合起来；而流动指的是，在社会经济、政治与象征结构中，社会行动者所占有的物理上分离的位置之间那些有目的、重复、可程式化的交换与互动序列。他认为，我们的社会是围绕着流动而建立起来的，包括资本流动、信息流动、技术流动、组织性互动的流动等。流动不仅是社会组织中的一个要素，而且是支配我们经济、政治与象征生活过程的表现。

曼纽尔·卡斯特[2]进一步阐明，流动空间包括以下三个层次的内容：第一个层次是包括微电子设备、计算机、通信系统等的电子交换回路构成的流动空间的物质支持，而这种物质支持正是一种空间形式；流动空间第

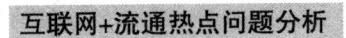

二个层次的支持是节点和枢纽，它们是形成网络的地域性基础；第三个层次的支持是占支配地位的管理精英的空间组织。曼纽尔·卡斯特认为，社会行动者中管理精英的利益和实践要求形成不平衡的空间组织，这是流动空间获得支持的另外一个层面。

由此，不难了解到以下几点：首先，流动是一个动态的概念，因此流动空间区别于以往静态和固定的形式，而表现为一个过程；其次，流动空间连接起来构成了一个庞大的网络，节点和枢纽是这个网络的构成部分，其地方性特点在网络中得以体现；最后，流动空间一方面需要以物质形式和实体空间为载体，另一方面又以信息技术为主导力量创造出与之相对的虚拟空间，而这种虚拟性表现出了超越现实地域的特性，在更广阔的范围内形成流动。[3]流动空间是实体空间与虚拟空间的相互影响与融合，[4]既非纯粹的实体空间，也非完全的虚拟空间，并随着动态过程的累积而不断接近真实世界。从这个意义上来看，与索亚（Edward W. Soja）❶第三空间理论的描述非常接近，是亦此亦彼的真实空间，[5-6]可以视为一种虚实结合的时空结构。

荣朝和[7]提出，经济时空结构是社会经济活动在内外因素影响或约束下形成的相对稳定的时间和空间密度、层次、秩序、关系以及功能的内在形态。决定城市生活时空关系与时空结构的基础是所有相关主体与具体位置的时间距离或可达性，把时间和空间因素引入到经济分析中，并将之视为基础性和框架性要素，对解释现实问题非常有意义。这里所讲的时间和空间概念更多是从物理实体角度考虑的。本文认为，在此基础上还应重视信息虚拟维度，这一维度随着信息技术的发展已经逐步形成了自身鲜明的特点，越来越显现出不弱于物理时空层面的重要性。这样，时空结构中自然就包括了虚拟维度的时间与空间含义。在这一信息维度上，决定时空结构与时空关系的时间距离和可达性的意义发生了重要变化，虚拟时空中各处的时间几乎成了同时，而地理上的距离似乎也失去了它的统治性地位，通过信息通信途径的联系可视为虚拟的或者说信息的可达性，与物理时空可达性相结合便产生了物理同步、物理异步、虚拟同步和虚拟异步[8]等不同的关系塑造结果，而这正是信息化社会时空结构与时空关系的现实。

---

❶ 也译作苏贾或索杰等。

经济学理论需要更为有力地解释现实世界的观点已经基本达成了共识，而实际情况却不容乐观，这一问题在信息化时代表现得更为突出。在经济学家尚未思考后现代（如果说现代性是工业化的另外一种说法，那么后现代就是后工业化或信息化的另外一种说法）问题时，后现代主义思想家就已经思考了近百年，而后现代现象是相通的。姜奇平[9]在援引布瓦索《信息空间》一书观点的基础上进一步指出，新古典经济学背后所依据的时间和空间概念，仅仅相当于19世纪60年代物理学的时空概念，因此已经严重过时，而依据这种时空概念所做出的经济学推论，对信息时代而言是不可靠的。完全接受这样的观点，对我们来讲可能还不太容易，但对于部分事实我们却不得不承认。时间和空间是经济社会发展的基础，时空关系或时空结构是社会经济研究非常重要的一项内容。[10]因此，围绕流动空间概念及相关论述进行简单回顾，形成认识问题的基础非常有必要。目前来看，采用把时间和空间放到一起考虑的统一时空观是自然而合适的，此外根据以上讨论，还需要再增加虚拟时空维度，因此可以认为，虚实结合的时空结构是新时代背景下的时空特点，生产与消费都在此基础上展开。

三、市场均衡的时空结构条件

过去很长一段时间内，主流经济学都将市场中交易的达成视为自然而然的事情，只是由价格机制调节着市场出清与均衡的状态。价格机制神奇而强大的作用不容否定，哈耶克在论证其自由主义市场理论时，就直接地表现出了他对此的推崇。不同的是，他认为合理经济秩序的建立需要依靠分散个人的决策，因为与权威机构的集中计划相比，分散个人才真正掌握并理解从而能够利用好所需的知识，其中非常典型的就是有关特定时间和地点的知识或信息。[11]竞争的个人在此基础上的决策相互影响，从而使商品的稀缺信息通过价格机制在市场上传递。可以说，时空阻隔状态下，分散的个人知识是哈耶克理论的起点。

价格机制作用的背后伴随着交易达成的努力，供求双方或多方之间不可能了解所需的足够信息，需要有一个搜寻的过程，就像斯蒂格勒[12]在《信息经济学》一文中所指出的那样。当然，这里所搜寻的信息主要是指价格，其目的是从离散的多个市场中寻找最低的价格。而搜寻是有成本的，这就决定了搜寻次数的有限性，离散的价格因此得以存在。当搜寻成本足够大时,就会出现交易区域化的动机,[13]进而形成离散的市场,也即搜寻过程面临的时空阻隔是造成搜寻成本变化的重要因素。实际上,我们能够发现,在经济学语境下,时空的异质性是我们企图更加贴近现实地分析问题时所无法回避的,包括很早以前,而且不能说后来的斯蒂格利茨、克鲁格曼等经济学家就没有从中受到过启发,只不过他们没有过多强调这样的基础罢了。

尽管对哈耶克、斯蒂格勒等经济学家而言,信息时代的现状也许是难以想象的,但他们以及其他学者关于信息的认识对于我们理解信息时代的经济现象是大有裨益的,这也正是虚实结合时空结构中非常重要的维度(虚拟维度中除包括信息的内容外,可能还包含精神、意志或者其他虚拟维度,对于这些内容,本文暂不考虑)。首先,经济主体的活动一刻也不能离开各种信息而存在,经济系统的正常运行建立在信息的基础之上,有的经济学家如卡森就完全把经济系统视为一个信息系统;其次,信息本身的获取、传递、处理等就是一种价值创造活动;最后,信息引导与之相关的活动,形成一致而有序的机制,这在信息社会虚实统一的时空观基础上表现得更加明显。

因此,归结起来,信息时代市场均衡的时空结构条件包括物理(现实)时空因素的限制与信息维度虚拟时空的扩展和延伸作用(如图1所示)。其中,时空的限制主要包括时空网络中的节点地域性、当地信息的嵌入性、时空规模的有限性等,信息延伸主要包括由信息引导的网络中的流动性、经信息抽象与标准化后的抽离性及其边界的无限性等方面,而要保证需求与供给之间通道和连接方式的通畅、便捷、有效,离不开虚拟与现实时空的深度融合。

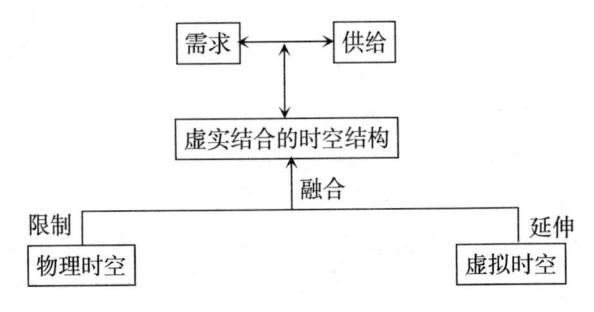

图1 市场的时空结构条件示意图

四、时空限制与延伸因素分析

1. 时空的限制作用

时空限制因素主要指时间和空间方面的有限性,可从消费端、供给端以及两端之间的流通渠道等几个方面来进行分析。

(1) 需求与供给的时空限制特征。无论个人或企业消费者都处在现实时空的某些节点上,这些节点的地域特色(包括自然和社会习俗等方面)会对消费需求产生直接或间接的影响。比如,寒冷地区的人对棉衣有着特殊的需求;在中国的八月十五这天,人们会消费大量的月饼等。在时空规模的有限性方面,由于消费者要到达特定区域才能对某些商品进行消费,而根据当时的条件能够达到的区域范围总是会有时间或空间尺度限制的。比如,某地大多数的消费者还无法实现立刻就能前往另一城市享受当地美食的愿望。

供给方所处的时空环境同样会对其服务或产品产生影响。除了一些利用当地自然资源与条件生产的地方特产外,还有一些产品或服务也会具有浓厚的当地特色。例如,美国生产的汽车风格偏粗犷,而日本生产的同类产品则要精细得多。厂商提供的产品或服务所能达到的市场范围也是有限的,只有少数商品能够到世界市场上销售,即便如此,这些商品也总是集中在那些主要城市,而不可能覆盖到全球的每一个角落。其他大多数商品的销售范围一般都是面向一个局部的市场,比如本国、本地区甚至是一个商场等。

(2) 流通渠道的时空限制特征。供给与需求本身所受到的时空限制决定了它们之间交易达成的现实要求,产品或服务从供给端转移到消费端,就要依靠实际的流通条件,无论其是通过货物的移动还是人的移动。供需双方既可在市场中面对面地完成交易,也可通过一些分销环节间接地达成交易。这些市场、分销渠道以及所涉及的人和物的流动,一定也是局限于某一时空范围的。为降低流通过程中的成本,一些专门经营流通业务的主体出现了,如果它们对当地环境非常了解,那么在建立供需间流通渠道时可能就会更加切合实际,更能使人和货物的移动很好地实现供需间的匹配。大型公司在建立流通网络方面拥有更多可以利用的资源,因此可以在更为广阔的时空范围内进行,但受时空成本限制,再庞大的网络也不可能做到面面俱到，而总是会受到实际时空范围的限制。

2. 时空的延伸作用

时空延伸因素主要是针对以信息为基础的虚拟时空在时间和空间方面的相对无边界性来说的。相对于有限的物理时空，在其他条件不变的情况下，信息虚拟时空可以达到的范围要大得多。比如，只要具备信息基础设施和网络条件，人们足不出户就可以了解到家门之外乃至全世界的信息，也可近乎实时地与地球另一端的人取得联系。

（1）需求与供给的时空延伸。网络经济的发展将现实中相当一部分的交易搬到了网上，形成了网络虚拟市场空间。消费者在商家开设的网络商店中浏览产品目录及相关介绍信息，就像在现实世界中逛街购物一样。网络虚拟市场打破了物理时空的界限，使实际距离遥远的供求双方能够通过网络瞬时达成商务合约。虚拟信息网络大大降低了现实时空中的搜寻成本，为供需双方创造出了更多相遇的机会，这不仅使之前不可能发生的交易变成了可能，而且在其庞大的平台之上集聚起了海量的信息与知识资源，这种新的形式也为一些创新内容的出现提供了条件，形成了许多新类型的产品市场。

（2）流通渠道的时空延伸。第一，传统商店和商场规模有限，而基于互联网的电子商务网店借助几乎没有边界的网络虚拟空间，大大突破了这种现实时空的局限。从商品种类看，大型传统商场的商品种类即使再齐全，能够达到几万种就已经非常不错了，而电商平台的品种可以达到几亿种甚至更多。亚马逊公司自创立之初就一直在朝着"万货商店"的目标努力，并相信网上销售的产品门类无上限。从所服务的客户看，亚马逊这样的网络零售商通过占领电脑和智能手机的浏览器和客户端，与更多的新客户发生了联系，其数量远远超过了那些传统企业。从销售额看，其差距也异常悬殊。例如，天猫商城仅2013年"双十一"当天就创造了350亿元的成交额，大概相当于天津市27家传统百货商场2013年全年销售额的两倍。

第二，信息通信技术扩展了实体流通渠道网络的形式。随着条形码、射频识别（RFID）、全球定位系统（GPS）、高速通信网络等技术的应用，商品的信息实现了远程可视化，客户可以在实物流动的同时，直接在电脑或其他移动终端上进行监控和干预。传统流通渠道实际上被扩展成了实物流通与实时信息交互并行的虚实结合的新型流通渠道形式。

第三，加速了供应链上下游各环节的合作与连接，并通过企业资源计划系统（ERP）、客户关系管理系统（CRM）等使这种关系变得更加紧密和标准化。

五、虚实融合促进商品流通

在真实的时空环境中，虚拟信息与物理实体一直都存在，并且从来都不是相互排斥的，只不过信息技术的迅速发展以一种标准化工具的形式引起了一场信息革命，使各行各业开始了信息化的重塑。正如安东尼·吉登斯[14]将时钟和日历在全世界范围内的标准化作为导致时空分离的原因一样，信息化所创造的虚拟时空也同样取得了其独立性，与物理时空实现了分离。

一方面，这种分离促进了社会的进步，这在很多方面都有所表现。例如，利用信息通信和处理技术，企业可以迅速掌握市场动态，并借助计算机分析数据及时做出反应；通过远程视频，医生可以协助医疗机构为一些病人完成手术等。这对物理时空的限制形成了很大的补充；另一方面，信息异化现象同时也在加强，信息虚拟时空使人们脱离现实时空，与真实的存在形成了对立。例如，人们利用社交网络工具部分代替了实际有益的社交活动，庞大的电子商务网络购物交易量给实体物流带来了爆仓等巨大压力。

实际上，虚拟时空也不会完全脱离物理时空而存在，因为信息虚拟时空首先就建立在信息基础设施网络之上。再者，它所连接的也是身处真实世界之中的人。在不同的情境下，虚拟时空与物理时空之间有着不同程度的融合。正如前文所述，供给与需求之间交易的达成需要支撑条件，在连接供给与需求的流通渠道中，这一问题更先到来且更为显著，为实现高效、准确、可靠的信息交流与物质流通，对虚拟时空与物理时空之间融合的要求就会更加严格。

跨国连锁零售企业沃尔玛长期占据着《福布斯》财富世界500强企业排行榜前列的位置，强大的供应链管理能力是其成功的关键因素之一。沃尔玛很早就认识到了信息技术的作用，非常重视信息系统建设，并利用信息系统与供应商合作形成了一套非常有效的补货体系。供应商与沃尔玛共享销售与库存数据，从而能够合理控制库存并安排商品生产与供货，最大化地降低了成本。沃尔玛将出售商品的种类、数量、时间、位置、库存乃至消费者偏好等情况，在信息系统这个虚拟时空中实现了透明化，同时与物流中心分拣、包装、运输等实体操作流程相互配合，达到了很好的协调，使之在与竞争对手的较量中最终取得了决定性优势。随着电子商务的蓬勃发展，面对以亚马逊为代表的电子商务企业的新的挑战，沃尔玛也开始重视互联网销售渠道建设，希望通过虚拟网络的拓展，弥补传统渠道的不足。

在我国颇具影响力的渠道商苏宁电器，拥有由1600多家实体店铺构成的庞大网络，在电子商务的巨大影响下，也开始调整转型，提出了"云商"的概念，将经营品类从电器扩展到了图书、百货、虚拟产品等全品类，并依托信息系统的支撑，构建起了面向内部员工的管理云、面向供应商的供应云以及面向消费者的消费云，形成了线上与线下并行融合的局面。

我们还可以看到，淘宝网店、京东商城等电商，或者借助第三方，或者通过自建，正在努力加强自身的实体物流能力，以保证客户订单的顺利执行。以平台模式为特点的淘宝网，在意识到目前分散的第三方物流无法高效支撑线上业务之后，开始创建"菜鸟网络"，欲构建中国智能骨干网，并结合开放的社会化仓储设施网络，打造与电商网络的"天网"相呼应的"地网"系统，促使二者融合发展。可以说，无论是传统渠道向电商延伸还是反过来，都体现出了二者融合的迫切要求和一致趋势。

六、结束语

流通渠道的流动特征非常明显，物流、商流、资金流、信息流是其重要组成部分，而商流和资金流主要也是依托信息流，与物流一起构成虚拟与物理虚实结合时空结构中的两大流动要素，要保证二者的畅通、协调、稳定和有序。

适合商品的高效、准确、适时流通，是满足消费者多样化需求、实现供给最大价值、有效利用社会资源的重要方式和保证，而这离不开顺畅的信息与物质交流以及它们之间的无缝对接。各环节有效信息都能在多方共享的虚拟时空中得以体现，不但可以支持实物流通过程的顺利进行，还可形成固化且不受人为因素干扰的监督机制，发展出良性秩序。实物流通则通过将自身信息化，并反映到系统中，在信息指导下高效运行，实现二者的高效融合。

参考文献：

[1]曼纽尔·卡斯特. 网络社会的崛起（信息时代三部曲第一卷）[M]. 夏铸九，

等译. 北京: 商务印书馆, 2001: 505 – 506.

[2] 曼纽尔·卡斯特. 流动空间[J]. 王志弘, 译. 国外城市规划, 2006, 21 (5): 69 – 87.

[3] 黄少华. 论网络空间的社会特性[J]. 兰州大学学报, 2003 (3): 62 – 69.

[4] 郑伯红, 朱顺娟. 现代世界城市网络形成于流动空间[J]. 中外建筑, 2008 (3): 105 – 107.

[5] 王圣云. 空间理论解读: 基于人文地理学的透视[J]. 人文地理, 2011 (1): 15 – 18.

[6] 陆扬. 析索亚"第三空间"理论[J]. 天津社会科学, 2005 (2): 32 – 37.

[7] 荣朝和. 铁路/轨道交通在新型城镇化及大都市时空形态优化中的作用[J]. 北京交通大学学报(社会科学版), 2014 (2): 20 – 28.

[8] 柴彦威, 赵莹. 时间地理学研究最新进展[J]. 地理科学, 2009 (4): 593 – 600.

[9] 姜奇平. 后现代经济: 网络时代的个性化和多元化[M]. 北京: 中信出版社, 2009: 227 – 228.

[10] 荣朝和. 交通—物流时间价值及其在经济时空分析中的作用[J]. 经济研究, 2011 (8): 133 – 146.

[11] HAYEK F. A.. The Use of Knowledge in Society [J]. The American Economic Review, 1945, 35 (4): 519 – 530.

[12]、[13] STIGLER G. J.. The Economics of Information [J]. The Journal of Political Economy, 1961, 69 (3): 213 – 225.

[14] 安东尼·吉登斯. 现代性的后果[M]. 南京: 译林出版社, 2011: 155.

智慧化：农产品批发市场的未来

马增俊[1]

摘　要：农产品批发市场的发展方向是智慧化，即在管理升级的同时，与人类思维模式有机结合，促使效率提升，使硬件设施和软件之间有机地结合起来。发展智慧农批，应与国家形势、政策形势和企业发展形势衔接起来，与智慧农业、智慧城市融合发展、相互促进。当前可从三个方面进行：一是在第三代批发市场的基础上，让市场内部各个部分、各个环节之间有机结合，使市场管理更加精准，市场运作更加高效；二是真正实现市场向前后端（即生产基地和零售商及消费者）的延伸；三是真正实现市场与市场之间的紧密合作，相互依存，协调发展。

关键词：智慧化；农产品批发市场；智慧农业；智慧城市；电子商务

当前一些地方已经提出了发展"智慧批发市场""智慧农贸市场"以及"批发业智慧化升级"等概念（见表1），其内容基本上是指电子结算、信息发布、前端产地追溯、后端消费者追溯，以及在市场放置智能WiFi等。现在我们也提出要发展"智慧农产品批发市场"，但内容却有所不同。

---

[1] 作者简介：马增俊（1964—），男，山东省潍坊市人，全国城市农贸中心联合会会长，世界批发市场联合会理事会理事、亚太地区工作组主席，全国农产品购销标准化技术委员会副主任委员，中国食品科学技术学会食品物流技术分会副理事长，商务部市场运行调控专家，国家标准委员会全国农产品流通标准体系建设协调小组专家组专家，高级经济师，主要研究方向为农产品流通体系、农产品批发市场发展及食品安全等。

表1 我国农产品批发市场智慧化探索典型案例

2013年5月 首家智慧化批发市场	2014年4月 智慧农贸市场	2014年12月 批发业"智慧化"升级
江苏亚联水果批发市场 ·无需现金，刷卡结账 ·购物清单可做维权凭据 ·水果有问题可凭号溯源	杭州10家农贸市场 ·电子联网化智能监管 ·菜品电子溯源系统 ·气味监测防空气污染 ·民众可订阅当天菜价信息	郑州百货批发业升级 ·手机APP推送信息 ·经营场馆铺设智能WiFi ·云端综合化服务平台

一、发展智慧农产品批发市场的必然性

1. 第三代批发市场发展催生智慧农批萌芽

2006年，笔者提出了"第三代批发市场"的概念，其中包括七项内容：与城市和谐发展；以保证农产品质量为核心竞争力；打造品牌；系统化管理；废弃物再利用，发展循环经济；与批发商建立合作伙伴关系；成为国际贸易平台。如今，不少市场在各自不同的方面达到了第三代批发市场的水平，有的是在食品安全方面，有的是在系统化管理方面，有的是在硬件设施方面，有的是在产品品质方面，有的是在打造品牌方面，有的是在国际贸易方面，等等，都已经取得一定成果，但只是在某一个方面，而不是整体发展。如果把各个方面有机地衔接在一起，自然就是向智慧化方向发展。我认为，第三代批发市场发展到现在，通过将一些成功的经验有机结合，就开始朝向智慧农产品批发市场方向发展。

2. 智慧城市、智慧农业发展的推动

当前国家提出发展智慧农业和建设智慧城市。智慧城市的提出是因为出现了"物联网"。智慧城市包括很多内容：信息技术等先进手段的应用、整合城市里的运营系统，也包括居民生活、城市服务、商业活动等，所有方面结合在一起，这就叫智慧城市。当前，很多城市已经得到相关的政策扶持和资金扶持。此外，在发展智慧农业方面，不同部委也给予乡镇资金支持其进行通信技术应用、物联网建设等。这些虽然与智慧农业关系不是很大，却有助于向智慧农业发展。国家把电子商务作为重点提升到智慧农业和智慧城市层面的时候，资金扶持的力度加大一定会引导企业朝这个方

向发展。有些企业获得资金扶持，就会做这方面的事情，而有些企业本身就已经在做，也会去申请资金扶持，那么不管是哪类企业，都会促进其向前发展。农产品批发市场作为沟通前端农业生产和后端消费的主渠道，如果不往智慧化方向发展，那自然就会落后，有可能将出现电子商务公司、高端配送中心代替农产品批发市场的情况。因此，农产品批发市场也应该向智慧化方向发展，真正与国家形势、政策形势和企业发展形势衔接起来。智慧农产品批发市场与智慧农业、智慧城市关系参见图1。

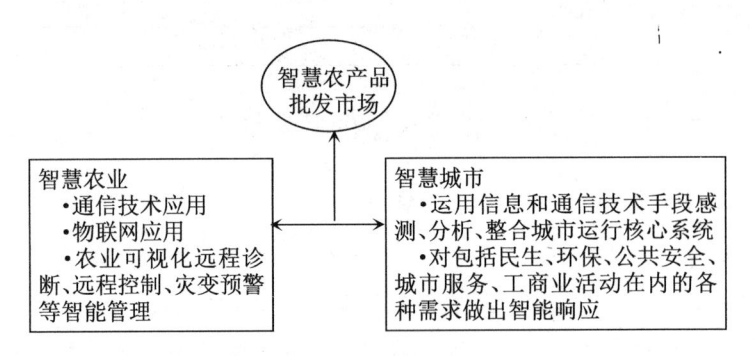

图1 智慧农产品批发市场与智慧农业、智慧城市关系示意图

3. 外部经济环境高速发展的影响

（1）电子商务发展非常迅速

尽管做农产品电子商务盈利的很少甚至没有，但是并没有阻碍电子商务前进的步伐。当前，有纯粹的电子商务公司做农产品电子商务，也有超市、农产品批发市场甚至配送环节在做。这种趋势发展很快，迫使农产品批发市场必须与其对应，所以电子商务对农批行业的影响是非常值得思考的。

（2）我国现有的区域经济发展

东盟自贸区、上海自贸区、中韩自贸区等的建设，以及各大港口放开，对经济发展促进非常大，对于农产品流通、进出口流通都产生了很大的影响。那么农产品批发市场如何应用这些外部环境，如何扩展市场的交易范围，如何让线上线下不同的异地市场更好地衔接，如何有效运营，这些外部环境决定了农产品批发市场必须往智慧型方向发展。

二、如何发展智慧农产品批发市场

智慧农产品批发市场发展，可以从以下三个方面来进行。

1. 市场内部的发展

前面讲到的第三代批发市场，与智慧农产品批发市场的概念是不一样的。第三代批发市场是市场整体提升以后的定位，智慧农产品批发市场则是在第三代批发市场的基础上让市场之间有机地结合。

（1）市场管理更加精准

过去市场管理讲求的是系统工程，就是用傻瓜相机的模式，采取"人指挥人"的管理方式。而智慧农产品批发市场则首先是形成一个良好的系统，把各个方面都管理起来。国外农产品批发市场的管理越来越深入，流程越来越优化，而我国的批发市场管理还是粗放型的，有些管理思想很好，但落实不好。如果把思想加入管理中，将管理精细化，那么商品管理、人员管理、流通管理等都可以得到加强，这就不仅仅是一般所说的思想进步，而是用心用脑来进行管理了。

其次是配送的分等定级。国家出了很多标准，但是经营者、批发市场、经销商不用，农贸市场里卖菜的商贩也不用，他们把西红柿分成三堆，一个是最贵的，一个是中档的，一个是最便宜的，这就是他们最实用的标准化。为什么我们的标准化就用不上？就是因为管理方式粗放。此外，采购商如何分等定级，也涉及配送分等定级、满足不同消费群体的问题。

（2）市场运作更加高效

一是硬件、软件高效运作。现在有的农产品批发市场硬件设施很好，但软件不行，而有的市场软件好，硬件设施又不行。将两者合而为一的状态就是成功的模式。比如，批发市场有门禁系统，市场内还有结算系统、信息发布系统、食品安全控制系统、废弃物处理系统等。如果能够通过门禁系统知道进场的一车菜装的是什么，同时预测出将来产生多少废弃物，那么车辆从进门开始，就能够测算出后面每一个环节的工作量和工作内容，并把它提前落实到位，这就是智慧化，通过硬件与软件的结合，把各个方面有机地结合在一起。所以我认为，智慧农产品批发市场是指在管理上升级的同时，与人类思维模式有机结合，促使效率提升，把硬件设施、软件之间有机结合起来。

二是市场管理者和经销商一体化的有机结合。全国城市农贸中心联合会在2006年专门研究过"批发商和批发市场到底是什么关系"的课题。当时有很多企业老总给过建议，对此我仍然记忆犹新。所以我在第三代批发市场的理念中就提出来，市场和批发商合而为一、有机结合的时候是最佳状态。现在智慧农产品批发市场则演变成为一体化的有机结合，也就是农产品批发市场和经销商如何更有机地结合。目前国外是有限竞争，因为经销商较少，而且与市场之间仍然是管理者和被管理者、提供服务的关系，并没有真正地为对方着想，国内的一些农产品批发市场则真正做到了。比如，西安欣绿批发市场就是经销商形成了公司管理层，建立了市场，市场管理者和经销商的关系非常密切，基本上是经济共同体。未来批发市场能够真正站稳脚跟，具有核心竞争力是关键。

三是线上线下的国际贸易。大家都在做电子商务，可是没有将线上线下融合在一起。现在线上不挣钱，作为一个企业，如何让电子商务变成企业的赢利模式，如何避免电子商务与现实市场剥离，实现有机结合，才真正是农产品批发市场需要研究的。批发市场不能仅仅只研究电子商务，而要研究线上线下怎样融合，真正变成智慧农产品批发市场的一部分内容。

2. 市场前后端的延伸

市场不能仅仅站在市场自身的角度，而应该实现前后端的延伸。前端是生产基地，后端是零售商及消费者。当前批发市场、经销商与前端联系已经很紧，是服务型的，如果能做成功能型的就大不一样了。此外，为了同后端建立稳定的关系，把后端市场和后端消费者作为研究的主要内容和工作的主要目标，市场的地位就稳定了。不仅仅是实体的贸易，而是用服务、调研及线上和线下的互动结合在一起，农产品流通的主渠道地位就不会变。

3. 市场与市场之间的紧密合作

目前集团化的企业，主要有深圳农产品、哈达、雨润、宏安、新发地等等，现在应研究如何让集团化的市场真正发挥集团整体效应。集团化如何真正使市场之间相互依存、相互有机地结合，这是个非常大的课题。其中的深层意义也有很多，如何让大集团和现有的独立市场之间协调发展，从而使农产品批发行业共同发展，这是需要研究的。如地区联盟、物流共享、货源共享、信息互通、贸易合作等等，都是需要认真研究的内容。

今后，全国城市农贸中心联合会将在智慧农批、第三代批发市场、集散地市场以及城市销地市场等方面进行试点，与企业共同探索各种成功模式，真正使中国的农产品批发市场成为世界学习的榜样。

"互联网+"时代的电子商务

聂林海[1]

摘 要：2015年是电子商务发展的关键一年，也是令人期待的一年。随着国家"互联网+"行动计划的实施，电子商务再次处在中国经济转型期备受关注的"风口"。其呈现出一些新特点，如成为各级政府高度重视的一个战略性新兴产业，在促进经济增长中作用凸显，在农村大面积推广，移动端购物呈现爆发性增长，O2O模式引导传统企业互联网化，国际影响力增强。2015年我国将重点开展"电子商务发展行动计划""'互联网+流通'行动计划"，着力完善电子商务政策法规和标准体系，推动电子商务进农村、进社区、进中小城市，促进跨境电子商务，加强电子商务创新应用，完善电子商务支撑服务体系。

关键词：电子商务；互联网+；跨境；移动端购物

2015年是电子商务发展的关键一年，也是令人期待的一年。随着国家"互联网+"行动计划的实施，电子商务再次处在中国经济转型期备受关注的"风口"。

2014年，在世界和中国经济增长都面临巨大调整的压力下，我国电子商务继续保持高速增长，成为各行业中引人注目的焦点。2014年，中国电子商务交易额达到13.4万亿元，同比增长28.8%，10年间增长了10倍。其中，网络零售交易额接近2.8万亿元，同比增长49.7%，增速较社会消费品零售总额高37.7个百分点，相当于社会消费品零售总额的10.6%，连续第二年成为全球最大的网络零售市场。截至2014年12月，我国网民

---

[1] 作者简介：聂林海（1964—），男，湖南省衡阳市人，中华人民共和国商务部电子商务与信息化司副司长，主要研究方向为电子商务。

规模达 6.49 亿，互联网普及率达到 47.9%；网络购物用户规模达到 3.61 亿；网上支付用户规模达到 3.04 亿。无论从规模还是增速来看，我国的电子商务发展令世界瞩目。

当前，我国经济发展进入新常态，生产消费模式深刻变化，市场供求格局深度调整，以开放、共享、协同、智能为特征的互联网等现代信息技术快速发展。电子商务作为信息技术与商业活动结合的产物，经过十多年的发展，已经融入国民经济各个部门，对传统的商业模式、商业流程和思维习惯带来了变革性的影响。电子商务从商品交易领域拓展到物流配送领域和互联网金融领域，从商品供应链拓展到产业供应链。社会经济资源得到重新整合细分，由规模经济向信息经济、互联网经济、分享经济发展。电子商务涉及的经济活动已逐步在社会各部门高度融合，形成了一体化发展模式，成为国民经济中最有活力的一个经济领域。

近年来，我国电子商务在各行业中的应用不断取得新突破，网络零售、跨境电子商务、在线生活服务、互联网金融等日新月异，"互联网＋传统业态"成为各行业发展一个新的"标签"，"大众创业、万众创新"蔚然成风，电子商务成为扩大消费的新亮点，成为带动就业的新载体，也成为促进经济转型升级的新引擎、推动经济增长的新动力。

一、我国电子商务发展新特点

1. 电子商务成为各级政府高度重视的一个战略性新兴产业

党中央、国务院对发展电子商务高度重视。十八届三中全会通过的《中共中央关于全面深化改革若干重大问题的决定》提出，"放开电子商务等服务业领域外资准入限制""加快电子商务等新议题谈判，形成面向全球的高标准自由贸易区网络"。习近平总书记就互联网和信息化问题发表了一系列重要论述，实地考察了浙江、新疆、河南等地的电子商务企业或园区。李克强总理多次强调，电子商务已经成为大众创业的一个重要渠道，可以形成中国经济发展的"新发动机"，对激发中国经济的活力功不可没。汪洋副总理指出，信息技术革命带来的整个经济社会的变革不亚于蒸汽机和电的发明，只要抓住信息技术革命的机遇，很多事情可以实现跨越式发展，要把发展电子商务作为一件大事来抓，抢占未来竞争的战略制高点。

新一届政府出台了一系列政策文件，鼓励支持电子商务发展。2013年8月，国务院印发《关于促进信息消费扩大内需的若干意见》（国发〔2013〕32号），提出"拓宽电子商务发展空间""推动中小企业普及应用电子商务""建设跨境电子商务通关服务平台和外贸交易平台，鼓励电子商务'走出去'"。2014年5月，国务院办公厅印发《关于支持外贸稳定增长的若干意见》（国办发〔2014〕19号），提出"创新和完善多种贸易平台，加快电子商务等贸易平台建设""出台跨境电子商务贸易便利化措施，鼓励企业在海外设立'海外仓'"。2014年7月，国务院印发《关于加快发展生产性服务业促进产业结构调整升级的指导意见》（国发〔2014〕26号），提出"深化大中型企业电子商务应用""建立健全促进电子商务发展的工作保障机制""支持面向跨境贸易的多语种电子商务平台建设、服务创新和应用推广"。2014年10月，国务院办公厅印发《关于促进内贸流通健康发展的若干意见》（国办发〔2014〕51号），提出"规范促进电子商务发展，进一步拓展网络消费领域，促进线上线下融合发展"。2015年4月1日召开的国务院常务会议，专门研究了电子商务创新发展的议题，确定了加快发展电子商务的措施，以培育经济发展新动力。

2013年12月，全国人民代表大会常务委员会正式启动《电子商务法》立法。2014年实施的新的《消费者权益保护法》增加了网络购物的有关内容。相关部门正在对《食品安全法》《产品质量法》《合同法》《广告法》等与电子商务相关的法律进行修订。

国务院有关部门、地方政府也制定出台了一系列电子商务相关的政策、法规和标准，从不同领域积极推进电子商务发展。2015年3月12日，国务院批准设立"中国（杭州）跨境电子商务综合试验区"。商务部制定出台了《网络零售第三方平台交易规则制定程序规定》。开展了电子商务进农村、电子商务与物流快递协同发展等试点。会同国家发展和改革委员会等8个部门继续开展国家电子商务示范城市创建工作，进一步健全电子商务示范体系，2014年在第一批22个示范城市的基础上，又评选出第二批30个电子商务示范城市。2014年年底，商务部启动第二批国家电子商务示范基地创建工作，进一步推动示范基地吸引企业集聚，发挥辐射带动效应，推动产业转型升级。同时，商务部还开展了电子商务示范企业创建工作，通过发现、总结和推广典型案例，鼓励推动电子商务创新应用。商务部积极推动电子商务国际交流合作,在中韩、中日韩、中澳等自由贸易协定(Free Trade Agreement,FTA)谈判中专门设立了电子商务议题。商务部会同有关部门,在全国开展了互联网领域侵权假冒专项治理,查处案件11000多起,查获进出境侵权商品22万多件。

各地方结合本地产业特点和资源禀赋,在推动传统企业转型、促进新型服务业、发展跨境电子商务等方面积极探索,取得了可喜成绩。

2. 电子商务在促进经济增长中作用凸显

电子商务的快速增长,扩大了国内需求,有力地推动了信息消费。2014年,全国信息消费达到2.8万亿元,同比增长18%;与电子商务密切相关的互联网行业收入增长50%。各地方抢抓机遇、整合资源、搭建平台,电子商务快速发展成为经济增长的重要推动力和促进产业转型升级的重要力量。上海、大连、宁波、青岛等城市积极发展商家对商家(B2B)电子商务,推动行业电子商务平台建设。浙江省把发展以互联网为核心的信息经济作为重中之重,加快发展电子商务、软件、信息产品制造等产业。2014年浙江省电子商务交易额突破两万亿元,增长25%。四川省加快推进现代服务业改革发展,服务业增加值突破一万亿元,电子商务交易额增长40%。

3. 电子商务在农村大面积推广

随着电子商务渠道下沉,农村和农产品电子商务发展迅猛。电子商务成为拉动农村消费、引导农业生产、保障和促进农民增收的有效手段。目前,全国各类涉农网站达3万多家,其中电子商务网站3000多家。国内大型电商都开始积极拓展农村市场,京东在全国乡镇刷墙广告超万幅,阿里巴巴提出了"千县万村"计划,拟在3~5年投资100亿元,建立1000个县级运营中心和10万个村级服务站。商务部建设开通了全国农产品商务信息公共服务平台,通过与大型农产品批发市场、连锁超市合作,实现农产品网上购销的常态化对接。2014年,商务部、财政部联合启动了"电子商务进农村"项目,以农村流通现代化为目标,通过电子商务示范县建设,着力解决电子商务进农村过程中的突出矛盾和问题,引领电子商务在农村更大范围推广和应用。

与农村、农产品密切相关的生鲜电商发展迅速,形成了以淘宝、天猫、京东等为代表的平台类生鲜电商,以顺丰优选、我买网、本来生活等为代表的垂直生鲜电商。生鲜电商在商家对客户（B2C）模式的基础上,发展衍生出农场直供（F2C）、消费者定制（C2B）、订单农业（C2F）、线上线下融合（O2O）等新模式。

4. 移动端购物呈现爆发性增长

2014年,移动端购物增长特别引人注目。据研究机构统计,2014年我国网络零售市场中,移动端购物规模接近9000亿元,年增长率达234.3%,远高于网上零售额的整体增速。2014年中国移动端购物交易额已占到全国网上零售交易额的32%,较2013年占比增长19%。2014年"双十一"购物节中,全天移动端交易额达到243亿元,占比达42.6%,是2013年的4.5倍。移动端购物在"80后"和"90后"年轻人中非常普遍且频繁。

2014年,中国手机支付的交易规模达到了9.06万亿元,这是继2013年之后的第二次爆发式增长。2015年春节,"抢红包"涉及微信、微博、手机QQ和支付宝用户达到6.83亿人,仅微信用户就已覆盖了180多个国家和地区。2015年,随着相关产业链的大力协同以及部分厂商的持续投入,中国移动支付将仍然保持快速增长势头。

电子商务企业在移动领域进行了积极探索。阿里巴巴开展了"云+端"战略；京东联手腾讯,以手机客户端、微信购物、手机QQ购物、微店等全面布局移动端购物；当当网推出"无线三宝"；1号店在移动端积极开展与应用商店及大型流量渠道的合作；唯品会将特卖模式推广到移动端；苏宁易购、国美在线、蘑菇街、美丽说、口袋购物、明星衣橱、买卖宝等也纷纷发力移动端,形成了群雄争霸的市场竞争态势。

5. O2O模式引导传统企业互联网化

2014年,电子商务O2O模式发展迅速,作为线下商品与服务的直接提供方,传统企业在这一模式中起着至关重要的作用。一方面是传统企业主动利用互联网开展商业活动；另一方面是由大型互联网企业主导,为拓展其业务范围、增强O2O实力而联结传统企业被动触网。在这一发展趋势下,传统企业在内部运营、市场推广、服务和产品销售方面,越来越多地与互联网深度融合。

传统零售业态中，百货业纷纷试水 O2O。大润发超市上线"飞牛网"全品类 B2C 平台，计划在两年内将其全国 269 家门店全部建设成为飞牛网的线下据点。苏宁上线"苏宁 V 购"，利用苏宁易购网站和手机客户端预约导购服务，为消费者提供私人定制的导购服务。王府井百货在北京试点微信购物，消费者可以在实体门店通过微信支付平台进行商品货款支付，也可以关注王府井百货微信平台进行付款后到门店取货。在生产商中，中国石化与腾讯控股结盟，在业务推广、移动支付、地图导航、大资料应用等领域探索开展合作。格力官方网上商城投入试运营，由珠海总部直接负责，服务由各地销售公司执行。

经过快速发展，我国的 O2O 渗透率大幅提高。根据中国互联网络信息中心的调查，武汉的休闲预定 O2O 用户渗透率达到 35.9%；深圳的机票预订 O2O 用户渗透率达到 23%；北京的网上叫车预订 O2O 用户渗透率达到 19.4%；广州的团购餐饮 O2O 用户渗透率为 30.2%；上海的网上预订旅游度假产品 O2O 用户渗透率达到 14.3%。

餐饮、休闲类的 O2O 发展，在团购基础上向精细化拓展，已进入相对成熟阶段。与此同时，医疗和家政 O2O 的发展也已经起步。随着互联网与经济活动的全面结合、对传统商业模式的影响和改革进一步深化，传统企业与互联网企业的分界将越来越模糊，互联网将成为企业日常经营中不可分割的部分。

6. 中国电子商务国际影响力增强

2014 年，亚太经济合作组织（Asia-Pacific Economic Cooperation，APEC）第二十二次领导人非正式会议在北京举行，由中国提出的《亚太经合组织跨境电子商务创新和发展倡议》获得各经济体一致通过，成为 APEC 中国年成果之一。2014 年，我国"双十一"网络购物节交易额突破 571 亿元，成为世界上单日销售额最多的网络购物节，覆盖的国家和地区达到 217 个。2014 年，京东、阿里巴巴两家中国电子商务企业先后登陆美国资本市场，不仅是企业自身发展过程中的重要节点，也是美国资本市场的标志性事件，对中国 B2C、C2C 网络零售领域甚至整个世界的电子商务市场来说，都具有深远的影响。

二、我国电子商务发展中存在的问题

电子商务作为一种新的商业模式和经济形态，在快速发展的同时，也暴露出一些矛盾和问题：

1. 相关法律法规不健全

虽然近年来我国已经出台了一些政策法规，但对电子商务产生的一些新型市场主体和市场要素还缺乏法律规范。由于电子商务跨地区经营、身份相对隐蔽等特点，使得一些违规违法行为的判定和行政管辖权变得模糊。网店通过虚假交易获得好评的行为，难以按现行规定进行准确界定。对于基于平台交易产生的海量数据归属、使用以及信息安全等问题，还缺乏明确界定。[1]

2. 支撑保障体系尚不完善

在信息基础设施方面，网络技术、网络管理、网络速度、网络安全等都还存在一定差距。在物流配送方面，覆盖区域、物流成本、服务水平以及配送时间等仍不能满足消费者需求。在金融支付方面，金融电子化水平有待提高，跨区域、跨银行网上支付、结算等需要进一步完善。在安全保障方面，电子商务对资金安全、信息安全、商业秘密保护等方面提出了更高的要求。

3. 社会信用体系有待进一步完善

在经济转型过程中，我国的社会化信用体系尚不健全，交易行为缺乏必要的自律和完善的社会监督。电子商务领域的信用管理和应用还较为滞后，缺少客观、中立的第三方评级机构，信用信息未能有效整合。

4. 跨境电子商务瓶颈亟待突破

现有政策的完整性、有效性在跨境电子商务条件下受到冲击，监管模式和相关政策亟待创新、完善。现行的通关、商检、出口、退税等方面的机制还不能适应跨境电子商务便捷的需要，亟待改革创新；由于物流成本等制约，跨境电子商务的退换货面临较多的困难，消费者权益保护机制有待完善。商务部高度重视发展电子商务，下一步，将继续从完善政策法规环境、加强促进应用、规范市场秩序、开展国际交流和规则制定等方面，积极推动我国电子商务发展。

三、2015年电子商务发展的主要任务

2015年,商务部将重点开展"电子商务发展行动计划""'互联网+流通'行动计划"等工作。

1. 完善电子商务政策法规和标准体系

加强对电子商务发展的规划指导,针对电子商务发展面临的瓶颈问题,研究制定出台相关政策。积极推进电子商务立法及相关法律法规的修订。加强电子商务标准的顶层设计,发挥行业组织、企业、专家的作用,研究制定电子商务基础性关键标准,推进标准规范的宣传贯彻和应用,探索建立有利于电子商务发展的法制环境和管理体系。

2. 推进重点领域应用

(1) 推动电子商务进农村,挖掘农村网络消费潜力。继续推进电子商务进农村综合示范,形成一批农村电子商务示范县,总结经验并向全国推广。全面推广农村商务信息服务,利用信息化手段和电子商务推动解决农产品"买难""卖难"问题。

(2) 鼓励电子商务进社区,拓展服务性网络消费范围。促进城市社区电子商务应用,发展以社区生活服务业为核心的电子商务服务交易,推动电子商务和线下生活服务市场结合,鼓励整合现有便民服务设施开展电子商务配套服务,促进便民消费。

(3) 支持电子商务进中小城市,提升网络消费便利性。研究制定关于加快推进中小城市电子商务健康发展的政策文件,鼓励中小城市结合地区优势产业和资源禀赋,发展具有地方特色的电子商务。

(4) 促进跨境电子商务,推动企业利用电子商务拓展海外市场。加快建立适应跨境电子商务的监管服务体系,完善跨境电子商务政策环境。鼓励电子商务企业"走出去",推动建立境外支撑服务体系。同时要开展跨境电子商务综合试点,着力在交易、支付、物流、通关、退税、结汇等环节技术标准、业务流程、管理模式和信息化建设等方面先行先试,通过制度创新、管理创新、服务创新和协同发展,解决跨境电子商务发展中的深层次矛盾和体制性难题,打造电子商务完整的产业链和生态链,逐步形成一套适应、引领全球跨境电子商务发展的管理制度和规则,为推动全国跨

境电子商务发展提供可复制、可推广的经验。

3. 加强示范引导，推动电子商务创新应用

继续推进电子商务示范城市、示范基地、示范企业创建，鼓励推动创新应用，培育有利于电子商务发展的生态系统。总结推广典型案例，发挥示范引领作用，带动上下游产业链协同发展。推动地区间经验交流，促进各地电子商务均衡发展。

4. 完善电子商务支撑服务体系

（1）提升传统流通基础设施网络服务能力。协调有关部门完善电子商务基础设施，包括有线宽带和移动网络覆盖、物流配送网络、售后服务体系、冷链物流基础设施等。

（2）推进电子商务与物流快递协同发展。继续深入开展电子商务与物流快递协同发展试点，积极落实相关政策措施，探索推进体制机制创新，突破制约电子商务发展的瓶颈障碍。

（3）加强电子商务统计信用体系建设。完善电子商务统计指标体系，科学引导行业发展。推动开展商务领域大数据应用试点。加快电子商务信用基础数据库建设，建立健全部门信息共享机制，推动建立面向第三方信用服务机构的信用信息采集、共享与使用机制。[2]

（4）加强电子商务人才培养。创新电子商务人才培养机制，鼓励校、企及社会组织合作办学，促进高校毕业生就业创业。推进国家电子商务专业人才知识更新工程，支持有条件的地方建设电子商务人才继续教育基地。

（5）规范网络交易市场秩序。大力打击网络侵权售假行为，继续开展专项整治。发展电子商务可信交易，保障公共服务，加强个人信息在电子商务领域应用的隐私保护，引导建立良性竞争的电子商务市场环境。

（6）积极参与国际规则制定。积极推动和参与国际电子商务规则体系建设，加强电子商务的多双边交流与合作，增强我国在电子商务领域的国际话语权，为企业开展电子商务营造良好的外部环境。落实《亚太经合组织跨境电子商务创新和发展倡议》，推进自由贸易协定电子商务议题谈判，发挥"金砖"国家、上海合作组织等电子商务交流合作机制的作用，推动区域电子商务合作。

参考文献：

[1]李晋奇. 中国电子商务将迎来加速发展的重要战略机遇期[J]. 对外经贸实务，2014（12）：4-8.

[2]聂林海. 我国电子商务发展趋势及工作举措[J]. 天津商务职业学院学报，2014（3）：5-8.

大数据与物流

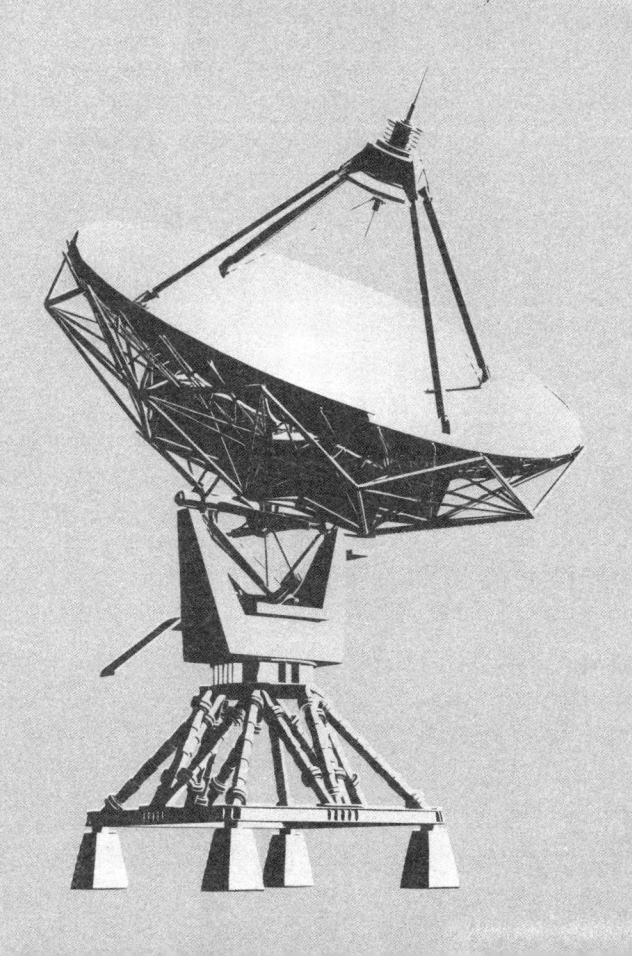

云物流和大数据对物流模式的变革[1]

梁红波[2]

摘　要：大数据为企业营销提供科学的、快捷的、可靠的数据分析与建议，依据大数据技术发展云物流，可以高效整合物流资源、降低供应链各节点企业的物流成本、提升物流企业的增值服务水平。在云物流和大数据引领下，一些新型物流模式如物流企业联盟、虚拟无水港、供应链物流一体化等被推广应用。在这个过程中，物流企业在云物流环境下发生着变革、转型和升级。

关键词：云物流；大数据；物流模式

目前云物流已成为现代物流发展的主要方向，它是以供应链上的上下游企业为基础，以移动互联网运营商、工业链和物流链为依托，通过企业共同使用的大数据技术和云计算程序处理、调度和指挥各类物流资源（铁路、公路车辆、港口海运、航空运输机、中央仓库等），将货物从供货商运送至客户的系统。云物流能大大降低制造业、物流业、零售业的成本，提高企业的利润，制造商、批发商、零售商三方通过云物流相互协作，信息共享，降低物流成本。通过建设云物流系统，可形成互利共赢的工业集群，改善企业的生态环境，提升工业群体的竞争力。

---

[1] 本文受2013年中央财政支持的国家级物流管理实训基地建设项目（项目编号：41133124195）、2014年河南省软科学研究计划项目"内陆无水港一体化联动发展模式研究"（项目编号：142400410638）的资助。

[2] 作者简介：梁红波（1971—），女，河南省南乐县人，濮阳职业技术学院副教授，高级经济师，主要研究方向为市场营销、物流管理。

一、云物流和大数据的内涵

云物流是指基于云计算应用模式的物流平台服务。在云平台上，所有的物流公司、代理服务商、设备制造商、行业协会、管理机构、行业媒体、法律机构等都集中整合成资源池，各种资源相互展示和互动，按需交流，达成意向，从而降低成本，提高效率。

大数据是一个体量巨大、数据类别巨多的数据集，并且这样的数据集无法用传统数据库工具对其内容进行抓取、管理和处理，它可以实时为企业撷取、管理、处理、整理数据，生成企业所需的数据资料。大数据在近几年之所以被越来越多的企业重视，是因为我们已经有较成熟的技术进行存储和有效的数据分析，其产生的洞察力可推动生产力发展。大数据具有4大特点：一是数据体量巨大，相当于我们宇宙天体数的3倍；二是数据类型繁多，如视频、图片、文本信息、网络日志、地理位置信息，等等；三是数据知识的聚合能够产生大量的价值，虽然价值密度相对较低，但商业价值很高；四是数据处理速度快，遵循"1秒定律"，企业可以实时从各种类型的数据中快速获得高价值的信息资料，这与传统的数据挖掘技术有着本质的不同。在第三次工业革命中，大数据被喻为与蒸汽、电力、石油一样重要自然资源和战略材料，企业都会有目的地搜集、处理、分析、索引数据，是企业在市场竞争中抢占先机、优化相关业务的关键，能为企业产生不可预估的价值。

云物流平台利用大数据和通信网络技术，提供物流信息、技术、设备等资源共享服务的信息平台，依靠大数据处理能力、标准的作业流程、灵活的业务覆盖、精确的环节控制、智能的决策支持及深入的信息共享来完成物流行业各环节所需要的信息化要求，面向社会用户提供信息服务、管理服务、技术服务和交易服务。实施云物流和大数据可以满足日益增长的物流需求、缓解紧张的物流资源并减少物流资源浪费；能满足客户高附加值、一体化物流服务需求；通过先进的管理理念和信息技术，能够整合物流资源、创新物流服务模式、提升物流服务水平。

二、云物流和大数据提升物流效率的机理分析

云物流和大数据提升物流效率的主要表现是：运用大数据技术在物流

云物流和大数据对物流模式的变革

公共信息平台收集、处理客户的订单，抓取、分析客户需求信息，提交物流管理平台去调度和整合各类物流资源，以最快捷的速度交付货物，云物流联合大数据充分体现了高效协同物流资源、降低物流成本、绿色环保节能、信息安全保障、竞争力提升等方面的创新优势。各物流企业在云物流环境下整合资源，优势互补、团结协作，能够创建智慧物流和生态物流的环境。[1]大数据为云物流汇聚了海量信息、订单全、生命周期可视、业务紧密衔接且可追溯，业务活动按实时需求调整，促成多方交易，智能分析企业物流成本及预估订单收入，实现企业精细化管理，为客户提供个性化的整体物流解决方案。云物流联合大数据具体运行模式如图1所示。

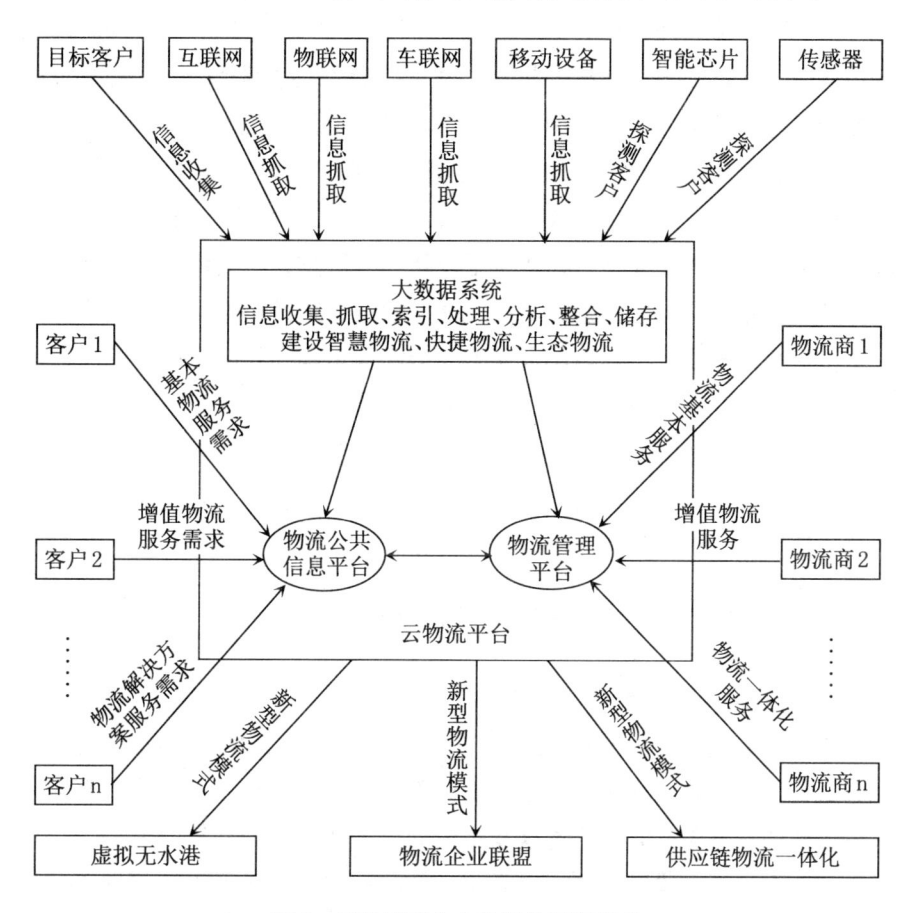

图1 云物流联合大数据的运行模式

云物流联合大数据具体步骤：第一步大数据系统，这是在端前跟客户相联系与沟通，通过电子商务、呼叫中心、社交网络、传感器等方式，探

· 63 ·

测客户，收集和提取数据；然后进行数据分析，获得实时洞察，建立大数据仓库，开展高级分析和定制化的分析，为企业提供深入洞察，对数据信息整合与治理，提供完整的数据生命周期管控，建设智慧物流、快捷物流、生态物流；第二步运行物流公共信息平台，该平台一方面通过数据接口端向客户市场开放，另一方面通过数据接口端接收大数据信息。大数据为客户提供了海量物流服务信息，包括各类物流装备资源信息、物流人力资源信息、物流方案设计能力和资源信息、物流公共服务信息和政策资源信息、物流保险信息、物流金融信息等，这些信息汇聚成虚拟的物流资源和能力，形成云物流公共信息平台上的虚拟资源云，供客户搜索、查询。第三步运行物流管理平台，它是物流商信息共享、协同工作、资源整合、流程再造、商业智能和决策分析为一体的综合性的物流服务平台，[2]主要任务是通过射频识别技术（RFID）、全球卫星定位系统（GPS）、传感器、车辆运输过程管理（TMS）、车辆运输业务管理（PMS）、车辆综合运营管理（DIMS）、汽车物联网（TUGE）等技术，准确、快捷地处理客户订单，调度和指挥各类物流资源，规划物流线路和物流方式，提供物流一体化解决方案，缩短物流流程，完成最后一公里配送，以最快捷的速度按客户要求交付货物，实现云物流平台对资源的智能化识别和管控。所有的物流商在这个平台上聚集，如仓储公司、运输公司、第三方物流企业、第四方物流企业、货代公司、物流方案咨询商、银行以及保险公司等，向客户提供订单服务、运输服务、仓储服务、信息服务、金融服务、咨询服务、代理一关三检、保险服务等全方位的物流服务。

三、云物流联合大数据创新物流模式

1. 物流企业联盟模式，又称物流超市模式

物流企业联盟是物流商实施的一种联盟战略，也称物流超市，可为生产企业、商贸企业与物流专线企业提供直接对接的一个平台，能积聚众多各种各样的物流服务商，通过这些物流商的加盟，整合专线物流资源，让实际的物流供需更紧密联系在一起。[3]物流超市引入超市的经营理念。超市是商品品种齐全，物流超市是线路齐全；超市是服务规范，物流超市是员工统一着装、统一客服、统一打单收银；超市是不售假货，物流超市是当天发车，不炒货源，不卖货源；超市是信息化程度高，物流超市是全方

位使用电脑和网络,快速准确地对各种信息进行分类汇总、统计分析。这与量贩超市有不少相同点,在物流超市内客户寻求物流服务时,就像逛超市可以货比三家,了解物流行情、货运价格和货运报价,还提供现场调度以及咨询服务,能够满足客户不断增加的个性化和多元化需求。

物流超市实施"五一"营销模式:统一品牌、统一标准、统一服务质量、统一企业形象、统一价格体系,可以把专线物流做精做深,真正优化物流供应链环节。物流超市借助 SAAS 技术,建立云物流服务的平台,摒弃传统信息化软件下企业内独立运作模式,使物流供应链上的各个参与方都可以按照预定的权限和流程在云物流服务平台上完成相关物流环节的工作,信息流无缝连接,既保持了相对独立,又可以分工协作,实现企业内的跨部门、跨区域协作和企业间的协作,衔接物流供应链上各个环节,突破业务的时间和空间限制,使传统物流企业发生质的提升。物流超市实施的标准化、规范化管理,改变了部分企业管理混乱的局面,减少了物流企业之间的恶性竞争,逐步实现其产业优化升级,推动现代物流在我国的进程。

从 2009 年第一家物流超市开业到现在,我国共有 270 多家不同品牌的物流超市,为客户提供全国无盲点"一站式"的服务,而且价格公道,仅在专线市场价基础上加收 2% 的管理费。例如,上海至广州 3 日到达的专线,某知名物流中间商向生产企业的报价为 700 元/吨,而实际支付给物流专线企业的价格仅 400 元/吨,中间的巨额利润被物流中间商获得,物流专线企业获得利润不足 5%。如果生产企业选择物流超市后,物流超市的报价为 580 元,这样每吨为客户节省了 120 元,物流专线企业所获得利润比以前增加了 4 倍。客户选择物流超市后,可降低 20%~30% 的物流成本,还依然享受与以往相同的高效便捷的物流服务;物流企业加盟物流超市后摆脱物流中间商的束缚与盘剥,获利大大增加;[4] 同时物流公司把与客户沟通、数据整合分析、订单上传等非增值模块职能外包给物流超市,减少了物流企业的员工数量,大大降低了物流企业的管理费用,相对于物流超市来说,这些非增值操作变成了物流超市盈利手段,实现物流超市、物流企业、客户三方共赢。

2. 供应链物流一体化模式

供应链物流一体化主要是指云制造、云销售和云物流实施一体化。云制造是借鉴了云计算思想引发的一个概念,以云物流为平台对制造资源和制造能力进行集成共享与协同调度,支持制造业在广泛的网络资源环境下，为产品提供高附加值、低成本和全球化制造的服务。云制造和云物流一体化最典型的两种模式是以龙头企业为链主的云物流和众包。[5]以龙头企业为链主的云物流如武汉二汽集团汽车零部件的云物流，以武汉二汽集团为链主的云物流平台整合了全国29个省市的2200多家汽车零部件供应商和生产商，年采购二汽所需的汽车零部件的交易额达到120亿元，云物流平台上的企业运营成本下降了40%左右，达到了互利共赢的发展目标。在二汽汽车零部件云物流平台上既有大型企业的私有云，也有为中小型企业服务的公有云，云存储、云计算技术和大数据的广泛应用，表现着越来越明显的推动企业发展的作用。通过云物流平台建设，使我国汽车制造业实现了集群化、智能化发展，代表了我国优化经济结构、转变发展方式的发展方向。

众包模式主要是以大物流企业为主，锁定一个产业链巨头的供应链链主企业，沿供应链向上向下延伸，为他们提供的是多维度的供应链综合服务。服务类别主要有物流、报关、保税、供应链金融、流通加工等多项增值服务，如怡亚通、江苏新宁。阿里巴巴马云投资的一达通更是整合了外贸电商供应链综合服务平台的价值，一达通的主营业务实行按单收费的模式，每次进出口交易只收1000元的代理费，这正好能与阿里巴巴海量的中小企业客户有机结合。一达通利用自身AA类海关资质，形成快速、优质的报关资料，完成报关报检工作，并出口到香港（根据规模大小，可以一批也可以分批出口），再从香港以速递方式分送给海外买家；外汇货款由平台境外公司先统一支付给一达通，再由一达通办理结汇手续后分别以人民币形式支付给国内各个供应商账户。在这种方式中企业既有正规的报关数据，又避免违规风险，还能得到出口退税款。

2013年中国电子商务市场交易规模9.9万亿元，同比增长21.3%，预计未来几年增速将放缓，2017年电子商务市场规模将达21.6万亿元。2013年中国网购用户达3.02亿人，2007—2013年，中国网络零售交易额（以B2C、C2C为主）的年均增速在70%以上，是同期社会消费品零售总额年均增速的6倍以上。[6]庞大的消费增量和有限的物流资源相矛盾，导致顾客网购的商品在物流过程中出现损坏、延迟供应、丢失、不能上门安装、调试等情况，物流成了制约电子商务发展的瓶颈。为解决这些问题，电商们逐渐实施云销售和云物流一体化发展，即把网络销售和云物流相结合。电商与物流企业合建物流体系，电商借力物流商的实力，弥补其物流方面的短板，为将来市场扩张打下基础。[7]2013年11月，易迅与顺丰合作解决"最后一公里"配送的问题，如果易迅自建物流不能达到而顺丰可以覆盖的区域，所有的订单配送都将交由顺丰完成。这样，支持易迅网货到付款的城市将从此前15个省市自治区97个地级市，扩充到全国所有省市自治区的300多个地级市，交由顺丰配送的订单有80%~90%可以实现次日达，其余配送距离在1000公里以上的地区可实现隔日达。易迅与顺丰达成战略合作之后，在保证客户体验的前提下，可抢夺二三线甚至更边远地区的客户，有助于易迅在维系高标准"快"物流的口碑上，进一步拓展全国化的区域布局，实现加速成长。云销售和云物流一体化是一个双赢的局面，一方面有利于发挥传统物流行业拥有的渠道覆盖优势，这是互联网转型和大数据战略的关键点；另一方面有利于电商渠道开发，解决"最后一公里"配送的问题，有利于开拓三四五线城市市场，起到资源疏导作用。

3. 虚拟无水港模式

虚拟无水港模式主要内涵是：在A海港与B无水港中间建立一个虚拟的C港，A、B港以C港为平台，在政策、空间、电子口岸三方面一体化。虚拟的C港核心技术包括大数据技术、网络信息技术、卫星定位（GPS）技术、地理信息系统（GIS）、移动通信技术（GPRS）和无线射频技术（RFID）等。在虚拟无水港C平台上，沿海港口A和无水港B的港口功能都向C延伸，虚拟无水港C除了没有现实的港口、船舶、码头、仓库、堆场外，其他的港口功能都具备，通过大数据、网络信息技术、GPS、GIS、GPRS和RFID，客户可以开展在线订舱、口岸服务、货物追踪活动，同时为客户提供物流、金融、保险、酒店、货代等增值服务。虚拟无水港C首先体现的是海港A与无水港B政策一体化和共享通用，可使双港的各物流要素相互协调统一，进行畅通、快速、高效的流动；其次，虚拟无水港C体现了沿海港口A和无水港B的空间融合，无水港与联动海港一般都有良好的交通设施和优越的交通条件，包括四通八达的公路、铁路、航空、水运，这就形成两港空间联动网络；最后，虚拟无水港C实现了电子口岸一体化，无水港电子口岸功能在C平台与海港电子口岸实施无缝对接，对外部信息资源如税务、外汇、银行、企业、代理公司、铁路部门、船公司、货主及物流公司进行电子联网，建立无水港信息服务综合平台，与海港物流综合服务平台实现对接，实现双港信息共享和系统集成。

建立这一模式的目的是破解无水港难以持续发展的难题，解决无水港运行中主体单一、物流基础设施不完善、物流信息水平低、物流服务能力薄弱、与区域经济发展不协调、承载量跟不上集装箱增长速度以及发展的相关体制机制不健全等瓶颈问题，挖掘无水港"黄金水道"的发展潜力，营造优良的外部环境，提高无水港物流效益和质量，实现以无水港为龙头带动区域经济可持续发展的目的。

四、启示

创新是物流企业适应环境的变化、保持旺盛发展势头的主要动力。物流企业只有持续不断地进行创新才能更好地满足顾客需求、提升自身竞争力。云物流和大数据环境下的物流企业联盟、供应链物流一体化、虚拟无水港的物流模式在我国是一个新生事物，企业可以进行在线贸易、在线数据传输、货物跟踪、在线报关、在线货物操作等贸易活动，提供了新型的国内国际贸易交易方式，减少了物流服务的操作环节，降低了物流成本，提升物流服务企业的核心竞争力。这三种模式以大数据和物流技术为基础，实施物流信息化、自动化、智能化和集成化，发展"虚拟物流链控制中心"和"高度整合的大物流"，把物流产业打造成技术密集型的智能物流、快捷物流和生态物流，拉近中国物流企业与国际物流企业的距离，提升中国物流企业在国际贸易中的地位。

参考文献：

[1] 毕桠. 云物流下基于协同库存和覆盖的选址—分配问题研究[D]. 武汉：武汉理工大学，2012：40.

[2] 王琦峰，吕红波，江瑜. 云物流体系结构与应用模式研究[J]. 电信科学，2012（3）：127.

[3] 王须峦. 物流超市的新构想[J]. 物流技术与应用，2011（10）：59.

[4] 李兴国，丁晗. 云物流环境下新型终端配送模式：物流超市研究[J]. 物流科技，2013（5）：52.

[5] 赵秉正. 加快云物流建设促产业集群发展[EB/OL]. 中国物流与采购网，2013年8月16日.

[6] 佚名. 2013年中国电子商务市场交易规模9.9万亿元[EB/OL]. http://www.chinaidr.com/news/2014-03/18976.html.

[7] 童木. 易迅与顺丰达成全面战略合作[EB/OL]. http://tech.qq.com/a/20131128/010508.htm.

云计算视角下的第三方物流服务质量创新模型[1]

丰佳栋[2]

摘　要：第三方物流是以物流服务为核心的现代服务业，在目前国内电子商务和信息技术的推动下，无论是在促进企业联盟的形成中，还是在针对用户的有效服务中都占据了重要地位。第三方物流企业只有站在云计算服务创新管理的角度，建立其服务质量管理机制，才能从根本上提升物流服务水平，提高服务运营效率，最终实现提高服务盈利能力的目标。根据物流行业信息化建设的特点，构建物流云平台系统，要面向整体业务建设，采用统一部署，实现资源共享、按需分配的设计系统。

关键词：第三方物流业；云计算；服务创新；服务质量；顾客满意

20世纪80年代中期，第三方物流（Third Party Logistics，3PL）在欧美等发达国家发展起来，被称为契约物流或物流联盟，第三方物流是物流业中的一个新兴分支，在发展中需要运用新技术、新思维不断创新服务，而云计算模式作为信息技术的新发展，可以推动第三方物流进行行业规划调整，改变该行业资源浪费严重的情况，提高物流经济的贡献率，使其不断发展成为重要服务产业。在第三方物流行业中运用云计算管理概念，带来的不仅是技术进步，也是商业模式重整。

---

[1] 本文系2013年国家社会科学基金资助项目"公立医院服务补救机制的建立与完善"（项目编号：13XGL020）的部分成果。
[2] 作者简介：丰佳栋（1970—），女，内蒙古自治区集宁市人，内蒙古财经大学工商管理学院教授，主要研究方向为服务管理。

一、第三方物流服务质量的创新

第三方物流是在现代物流（logistics）的概念上形成的，专家认为第三方物流就是指为物流供需双方提供部分或全部物流服务的企业。[1]可以看出，第三方物流属于服务业，主要是服务于工商企业和个人用户的，其服务质量是顾客满意的核心和管理重点。在顾客要求不断提高的情形下，第三方物流服务质量的提升离不开服务创新。

1. 第三方物流服务

对于服务，芬兰服务营销学家格鲁洛斯（Gronroos）[2]定义为：服务是在顾客与员工、商品、有形资源和服务系统之间发生的、以无形的形式解决顾客问题的一个或一系列活动。著名学者瑞根（Regan）[3]也指出了服务最重要的无形性特征，将服务限定为提供满足的不可感知活动。第三方物流企业是为生产企业完成物流服务的中间运营商，能够为生产企业实现利润传递的最后环节，形成的是如图1所示的第三方物流的服务链。

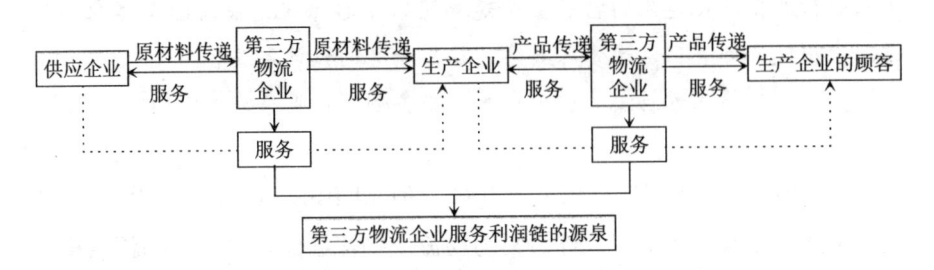

图1 第三方物流服务传递利润链

随着市场格局、商业环境的变化和企业自身发展的不断完善，顾客对第三方物流提出更高的要求，第三方物流的服务内容和方式在纵向深度和横向广度等方面都将不断地发生变化。[4]

2. 服务创新的概念和类型

（1）服务创新（Innovations of the Service）。服务创新研究的创始人是熊彼特（Schumpeter），[5]他首次提出"创新"是利用不同要素的组合来降低成本、增加利润的过程，对创新的概念进行了拓展，将其延伸至产品的创新来源、组织形式的创新变化和开辟创新市场等。加德瑞、塞尔和温斯顿（Gadrey、Gallouj & Weinstein）[6]界定的服务创新，集成了人力资源、技术和组织能力，目的是为特定的顾客提供新的解决方案。这样，服务创新通常是指在服务运作流程中，服务组织为了形成核心竞争优势，应用新思维和新技术来改进和变革服务产品过程模式，为顾客提供服务增值，提高服务质量和顾客满意度。服务创新具有独创性。

（2）第三方物流服务创新的类型。根据第三方物流服务的服务方式，结合服务创新理论，形成了第三方物流创新类型（如图2所示）。

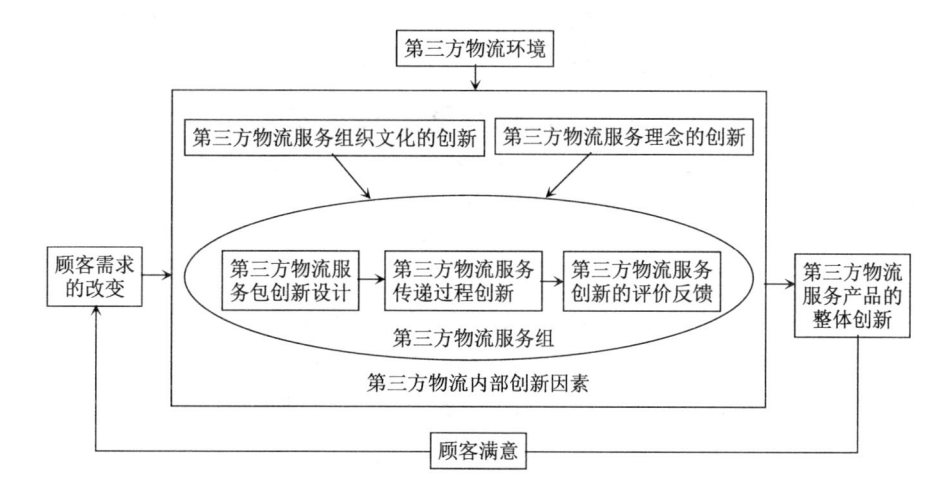

图2 第三方物流服务创新的类型

①第三方物流服务包创新。服务包创新是新的服务概念和服务思维的运用。在服务的过程中，由于第三方物流外部技术和社会环境因素的变化，会形成一些新需求，同时，在内部管理不断完善的过程中也会形成新方法。因此，第三方物流会将这些服务理念进一步运用到服务中，对服务产品包的功能和形式等进行目标性的设计，并积极引入市场。

②第三方物流服务传递流程创新。传递流程创新也是一种产品创新，这是由于服务的特性决定了服务生产使用过程的同时性，而第三方物流服务的核心就是实现物品在空间时间上的转移，因此，传递过程集中了大量的人力、物力和财力，并直接形成其服务质量。这样，第三方物流服务传递过程创新的模式也要针对这一特点，通过注重服务全流程的重新设计，使其在过程中每一点的创新都具有价值，以提高顾客满意度。

③组织创新。组织创新是在服务组织内有意识地引入相对新的和对组织发展有益的设想、过程、产品和工艺。[7]因此，在服务经济发展中形成

的组织创新的主要因素包括技术创新因素、市场驱动力和组织外部的创新思维等,在第三方物流组织创新的过程中,要注意与服务传递过程创新相结合,才能进一步发挥作用。

④顾客市场创新。顾客资源是一种重要的、不易被复制的市场资源,它对第三方物流具有重要的价值,所以要通过市场创新顾客资源的内涵。[8]顾客市场创新度指不同组织所进行的服务市场创新活动的"新鲜程度"。根据该创新程度,可将顾客市场的创新度划分为首创、改创和仿创三种主要类型。[9]通过有效的服务宣传,可以使第三方物流顾客更好地认识到服务模式更新的必要性,并愿意使用新的服务方式。比如,网上物流跟踪业务,不仅提高了商家的服务水平和效率,也促进了居民对于第三方物流业发展的关注,成为其发展的原动力。

3. 第三方物流的服务质量模型

服务的无形性和过程性等特征,在服务质量测度中一直难以体现。格鲁洛斯(Gronroos)[10]认为服务质量是一个主观概念,第一次较为完整地提出了感知服务质量,提出它取决于顾客对服务质量的期望同其实际感知的服务水平的对比,较为完整地体现了服务的几个特征。在第三方物流服务过程中,不但要传递产品,也要传递服务,并在此基础上形成服务质量。因此,第三方物流服务质量就是要达到顾客满意,就要根据感知服务质量模型,[11]创新第三方物流的服务质量,具体如图3所示。

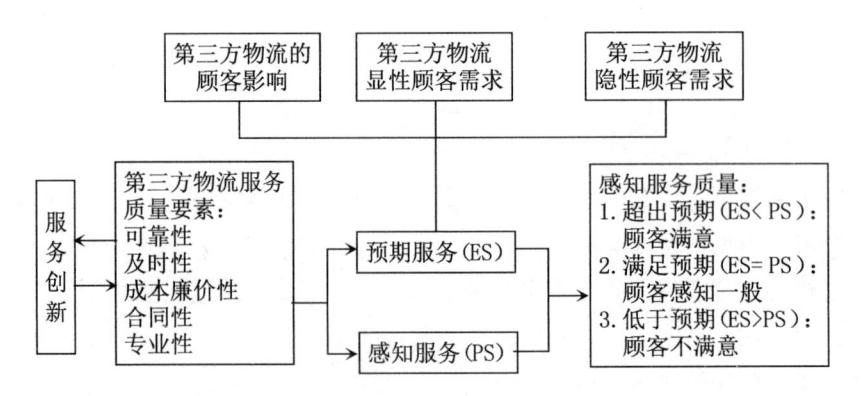

图3 第三方物流服务质量模型及创新

从国内外研究成果分析,由于对物流服务质量的单独研究较少,比较有代表性的是皮若特和拉斯（Perrault & Russ）[12]以时间、地点和效用为核心基础的 7Rs 理论，即要求第三方物流企业要以合适的价格在恰当的时间、准确的送货地点为顾客提供准确的产品和服务，以满足顾客的个性化需求。这样，结合服务质量模型中由顾客预期和感知的比较形成服务质量，形成了第三方物流的 5 个服务质量要素管理关键环节，即可靠性、及时性、合同性、专业性和成本廉价性，其核心就是要提高感知服务质量。因此，在管理中不但要注重完成服务，提高 5 个质量要素实现的可行性；更需要不断地进行基于这 5 个因素的创新服务，才能从深层次提高第三方物流整体服务质量。

二、基于云计算视角的第三方物流服务质量创新模型

服务创新是提高现代第三方物流服务质量的关键环节。服务创新的模式有许多种，云计算作为一种兼有技术和管理思维的新手段，也是服务创新模式中的重要方法。以下主要探讨在第三方物流中运用云计算创新服务，提高服务质量。

1. 云计算的概念及特点

所谓云计算模式，是通过第三方网络服务平台辅助，提供高信息系统性能计算和海量存储的商业计算模式，在管理中可以忽略技术基础设施、软件平台的多样性，实现自动管理，提高整个系统的可靠性、可扩展性和可配置性，实现按需服务的网络化服务能力。[13]云计算相对于以前的企业信息系统模式，采用的是一种新的、特殊的分布式计算机系统处理模式，其核心内容是把大量闲置在各企业内部系统的计算机资源通过抽象化封装，用网络连接进行集中统一管理和调度，形成一个计算资源池即"云"资源，其中的计算服务、存储服务和网络服务，以一种简化的、按需应变的方式来交付用户使用。这样，由于有效地利用了闲置资源，云数据中心的构建相对廉价，并且"云"的特点是资源可以无限扩展，也可随时获取。云计算的根本运作思路就是应用虚拟化方式形成物理分散、逻辑统一的资源池，使用专业软件实现自我维护和自动管理，为更多用户提供动态需求配置的有效服务。

云计算的特点主要有：

（1）服务运作对象超大规模化。与以往的计算机信息网络运行的思维

和模式不同，云计算中的"云"由不同地点数以亿计的电脑、移动终端组成资源池，具有相当大的处理运作能力，能够为用户提供空前的计算存储和信息服务。现有的云计算应用的网络企业中，如谷歌云已拥有超过100万台的服务器。

（2）用户虚拟化的网络访问。云计算模式使用虚拟化技术实现对内部物理资源的集中管理和控制，支持用户在任意位置借助多种不同的终端设备，通过标准应用来获取云计算服务，以实现对网络访问的功能，用户请求的资源来自于"云"，并非有形的实体。这样，既充分提高了分散的各种软硬件资源的利用率，降低了信息系统的各项能耗，又实现了系统用户和企业顾客服务便捷化。

（3）服务性质的可靠性和扩展性。云计算中运用了许多先进的信息技术，如数据多副本容错和计算节点同构可互换等内容，确保了系统服务质量的高可靠性。同时，"云"资源中电脑和服务器等设备可根据用户需求进行动态调整，释放相应的虚拟物理资源，当需求增加时，云计算通过扩充可用的资源来进行实时匹配，快速实现资源的弹性利用；如果不再需要这些资源，则进行有效释放，这就是云计算信息技术资源利用的可扩展性。

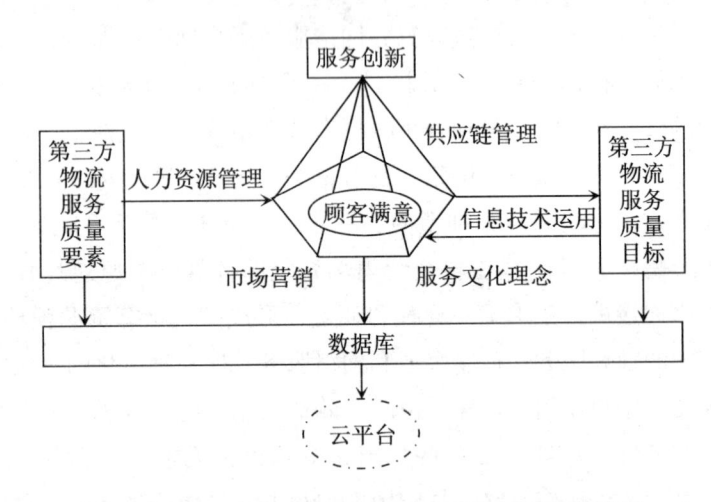

图4 基于云计算视角的第三方物流服务质量创新模型

（4）服务方式的通用性和顾客化。云计算技术的运行不针对特定的用户或应用，具有通用性。一方面，云计算为用户提供自助服务资源，用户无须通过协商交互的过程，就可以自助实现获取计算资源的功能，同一个

"云"能同时支持多个不同应用的运行,以满足多用户的需求;另一方面,云计算系统提供详细应用服务的目录和动态化的资源配置,用户可以根据企业需求,采用自助方式,灵活地选择购买和使用云计算资源的服务项目和内容。

(5) 服务的廉价性。一般来讲,云计算的服务成本和价格要低于普通的信息服务。首先,是云计算技术中采用了特殊的容错机制,使其能够应用非常廉价的设备节点构成"云",硬件资源使用成本低。其次,云计算采用了系统自动化的管理方式,进一步降低了数据管理费用。最后,云计算能够针对不同的用户服务需求类型,提供计量化的、差异化的服务,自动计量控制和优化资源配置,这种即时付出、即时使用的服务模式,降低了用户的使用成本。

2. 运用云计算手段创新第三方物流服务质量

在第三方物流服务质量管理中使用云计算手段,是一种较为有效的、能够极大提高其发展能力的服务创新。

(1) 云计算提高了第三方物流服务的可靠性。第三方物流是服务于生产企业的,生产企业服务其顾客的最终环节是第三方物流完成的,这样只有第三方物流对于生产企业提出的关于服务方式、时间和地点等要求如约完成,才能最终确保下一个环节顾客的满意度。云计算的扩展性和灵活性是根据业务规模的要求,自动进行扩展和剪裁,这种可变成本的管理模式提高了运作水平,与第三方物流传统数据中心一成不变基础设施和开发环境不同,在云资源中,规模扩展和缩小取决于第三方物流用户使用量和传输量,逐渐渗透到业务流程和顾客对服务的不断体验中。在适应顾客需求方面,借助云计算直接提供的第三方物流所需的计算力,第三方物流供应商不用担心需要的量够不够,如同在家使用水电一样,服务顾客的能力大大提高。

(2) 云计算促进了第三方物流服务的及时性。生产企业之所以将物流业务外包给第三方物流,是因为其可以为顾客提供及时性的物流服务,通过云计算将第三方物流内部的信息技术业务应用迁移到了云计算中心,由其专业的工作人员负责维护,确保了物流服务的响应性,可以更好地满足顾客的特殊要求,提高服务增加值,形成核心竞争力。

(3) 云计算形成了第三方物流服务成本的廉价性。第三方物流服务是通过规模化的物流服务降低企业的物流成本，在云计算的运用过程中，进一步减少了第三方物流固定资产设施的投资及其相关的资金支出，同时减少了数据中心工作人员维护管理的时间、精力和成本，人力成本和设备成本同时大规模降低，这样，构建第三方物流的云计算中心，比增加企业基础设施更符合成本效益，特别是起步阶段的第三方物流企业使用云计算扩张和构建底层应用，可以弥补其自身基础设施的不足，从而获得更多的发展机会。

（4）云计算明确了第三方物流服务的专业性。第三方物流的专业化体现在许多方面，比如软件、应用技术和电子商务技术等，这些都是专业第三方物流服务的基本条件，顾客也会从这些方面考量其专业化程度，形成对其专业化的评估结果。第三方物流将注意力集中在核心业务上，通过形成其业务专长获得客户和任务，其一般供应商不会过多地关心云计算技术本身，而是关注市场和顾客，特别是运用云计算模式提高顾客满意度的途径，这样第三方物流的专业化思路就更加清楚了。

（5）云计算规范了第三方物流服务的合同性。第三方物流是基于物流合同的一系列服务，"第三方"之间都是物流委托关系，这种关系通过合同的形式来体现，在合同中明确规定了每一方的权利和义务，要求双方的关系合作更加规范，这样顾客就会依照合同所规定的内容衡量服务，在服务质量的要素中形成一系列的有形指标。云计算提供商也需要通过合同来约束，希望第三方物流供应商的系统结构尽可能简单，合同是双方合作的保障，云计算的提供商必须让迁移尽可能地简单，从而更好地支持第三方物流供应商的竞争力。

因此，在现代服务业不断发展变化的外部经济环境中，第三方物流企业要站在云计算服务创新管理的角度，建立其服务质量管理机制，才能从根本上提升物流服务水平，提高服务运营效率，最终实现提高服务盈利能力的目标。根据前面论述的第三方物流云计算、服务质量及其要素和服务创新的理论，我们设计了一个基于云计算的服务质量创新模型的技术实施方案。

三、基于云计算视角的第三方物流服务质量创新模型的技术实施方案

为了实现基于云计算视角的第三方物流服务质量创新，根据物流行业

信息化建设的特点，物流云平台系统的构建面向整体业务建设，采用统一部署，使其实现资源共享、按需分配的设计系统，形成了第三方物流云计算平台设计方案最佳选择，具体技术方案的实施步骤如下：

1. 第三方物流云计算平台系统分析

这个模型从建设云计算平台的角度，对第三方物流业务流程、系统应用性能、硬件功能等数据进行采集，针对现有系统中存在的问题进行需求分析，形成以顾客满意为核心的、实现服务质量要素的五大方面，也就是云计算平台的系统需求，即达到质量管理目标。

（1）建立第三方物流业的一体化供应链管理战略。在第三方物流云计算平台的设计原则中，要以一体化的战略思想为导向。根据这个原则建设的云计算平台，可以实现系统组织层面的创新管理、现代物流企业之间的协同和社会性的统筹，培育和整合供应链客户信息，改进供应链服务体系的运作，进一步达到企业间的合作共赢，获得长远发展的机会。

（2）实现第三方物流业的人力资源管理目标。在组织内部建立有效的第三方物流云计算平台的人力资源管理系统，运用这个信息平台，积极发挥服务传递过程中人的作用，应对第三方物流服务中较强的复杂性和不可预见性，提高从业人员的专业化服务水平，更好地发挥员工的积极作用，最大限度地避免服务问题的发生。

（3）提高第三方物流业的市场营销水平。建立第三方物流云计算市场营销管理平台，在物流市场竞争强度和难度不断增加的情况下，第三方物流要运用云计算平台创新各种市场营销手段，打破原有市场营销的局限性，宣传服务特色，以灵活有效的方式积极开拓新市场，加强与顾客的沟通，充分了解、适应顾客不断变化的需求，促进物流服务的个性化发展，推动物流市场的整体发展。

（4）加强第三方物流业服务文化理念宣传。建立云计算平台服务文化理念传播平台，加强与企业内外部的有效沟通。利用云计算平台，可以引入新的管理理念，建立服务文化发展和创新质量体系，将知识管理的方式融合到物流业务管理中，通过企业文化的内化和外延，提高服务运作柔性和顾客接受程度，减少因服务失误产生的矛盾，充分发挥新服务思维的作用。

（5）整合第三方物流业的物流信息技术平台。利用云计算平台，实现对第三方物流现有信息平台的整合，不断完善企业内部物流信息技术管理，促进物流管理过程的科学化，改善顾客、工商企业和第三方物流服务商三者之间的互动关系，促进整个供应链服务运作模式升级。

2. 第三方物流云计算平台系统设计

云平台要实现第三方物流质量创新目标，就需要制定相关原则，设计系统的总体架构，描述详细功能设计。第三方物流云计算平台的功能分为以下几个部分：

（1）服务请求系统。该模块以物流业务门户系统的形式，为用户提供云计算平台服务，各类用户可以从客户端浏览器登录平台的使用接口，提交服务请求，查询所需要使用的服务。

（2）业务支持系统。该模块将提供第三方物流公司云平台日常业务的运行支持，分为客户关系管理系统、服务计费和费用结算等。

（3）服务发布系统。该模块用于支持第三方物流云平台服务的规划设计、开发研究、测试评估、上线运行等。

（4）运行支持系统。该模块用于支持第三方物流公司云平台的基本运行处理，包括硬件资源的管理、按需配置资源和动态业务部署等，同时提供数据的存储备份和系统的运行监控等服务。

（5）云计算服务系统。该模块是云平台最终向第三方物流用户提供服务的模式，通常运用基础架构即服务（IaaS）、平台即服务（PaaS）和软件即服务（SaaS）。

（6）虚拟化系统。该模块是第三方物流平台的核心部分，将各硬件资源通过虚拟化技术组建为第三方物流虚拟资源池进行统一管理，并提供给最终用户。

3. 第三方物流云计算平台系统实施

针对系统总体架构及功能，设计完成第三方物流平台的物理架构，实现相应功能配置的软件环境，进行服务器及存储的虚拟化整合，并进行业务系统的迁移，使得第三方物流云计算平台进入运行阶段。

4. 系统测试

对迁移至云计算平台中的各个第三方物流业务系统及其物理服务器性能进行评测，评估方案的效果。

参考文献：

[1]杜文. 第三方物流[M]. 北京：机械工业出版社，2004：2-8.

[2]克里斯蒂·格鲁诺斯. 服务市场营销管理[M]. 吴晓云，冯伟雄，等译. 上海：复旦大学出版社，1998：28-29.

[3]蔺雷，吴贵生. 服务创新[M]. 北京：清华大学出版社，2003：3-5.

[4]、[8]丰佳栋. 第三方物流服务补救机制的探讨[J]. 中国流通经济，2013（10）：26-28.

[5]约瑟夫·熊彼特. 经济发展理论[M]. 北京：商务印书馆，1990：68-71.

[6]GADREY J, GALLOUJ F. Weinstein New Modes of Innovation How Service Benefit Industry [J]. International Journal of Service Industry Management，1995（6）：3.

[7]李国军，王重鸣. 组织创新的研究进展[J]. 心理科学，2006（5）：1240-1242.

[9]乔欢，肖小溪. 论信息服务市场创新[J]. 情报杂志，2004（4）：79-84.

[10]GRONROOS C. Service Quality：the Six Criteria of Good Perceived Service Quality [J]. Review of Business，1988（9）：10-13.

[11]詹姆斯·A. 菲茨西蒙斯，莫娜·J. 菲茨西蒙斯. 服务管理[M]. 张金成，范秀成，译. 北京：机械工业出版社，2003：44-49.

[12]PERRAULT W D, RUSS F. Physical Distribution Service：A Negleeted Aspect of Marketing Management. [J]. MSU Business Topics，1974（22）：37-45.

[13]何留进. 云计算在数字城市建设中的应用研究[J]. 安徽理工大学学报（自然科学版），2011，31（2）：44-48.

基于云商务系统的物流管理设计[1]

湛玉婕　耿波[2]

摘　要：云商务系统通过虚拟化技术及社交化网络，重新配置了计算机网络、企业资源、物流资源，改变了经营管理流程，提高产业效能。云商务系统资源管理不再受组织局限，突破物流资源调度局限，突破物流管理时空局限，增强物流行业的应变能力及客户亲和力。基于云商务系统的物流管理应用主要包含基础设施层、平台服务层和应用层。实施云商务系统的物流管理应用的关键在于管理思想上的转换、坚持科学规划以及各技术层的人才队伍建设。

关键词：云商务系统；物流管理；系统设计；企业资源

一、云商务系统

云商务系统（Cloud Business System）以最优化的方式整合共享的、可配置的网络资源、数据库资源、服务器、系统应用和服务资源，提高了计算机网络的服务率，以便捷、按需付费的方式向用户提供计算资源，这些资源通过无人干预的方式获取和释放。

云商务系统通过虚拟化技术运行，商务作业运行时只装入一部分作业，另一部分商务运行数据存储在远程磁盘上，当需要的时候再装入主存，这样，企业运行信息管理系统时不需要有大型的终端，在一个小的存

---

[1] 本文受江苏省哲学社会科学课题"江苏旅游移动电子商务发展研究"（项目编号：2013SJD630059）的资助。

[2] 作者简介：湛玉婕（1982—），女，江苏省徐州市人，徐州工业职业技术学院教师，主要研究方向为电子商务、企业物流管理。耿波（1968—），女，江苏省徐州市人，徐州工业职业技术学院副教授，主要研究方向为物流管理、系统工程。

贮空间就能运行一个庞大的商务系统，即商务运行时所有的终端都具备一个庞大的资源池供终端用户调取使用。根据业务管理和资源的需要，云技术可以动态地配置资源，有效地提高系统水平伸缩性，提高资源的利用效率，降低资源浪费。[1]

在庞杂的商务应用中，很多事物是非结构化或半结构化的，实时的大型数据集分析对上千甚至万台数据终端提供资源支持和响应。云系统的大数据处理可以协助发现可重复的商务事物模式，提高物流管理的智能化。[2]

二、物流管理系统实施云商务模式后的变革

1. 突破物流时空局限

受产业链运营效率影响，物流行业是强调时效性的行业，同时物流行业本身具备地域分散、资源流动性强、时间协同要求高的特点，地域局限和时间协同局限是物流产业发展的两大瓶颈。云商务系统中的移动商务技术，可以使物流业通过智能终端，持续地改变、优化业务流程，促进企业由原有的传统集中式管理向网络化、移动化过渡，从而在任何时间、任何地点都可以通过移动互联网进行物流资源调度、业务的处理与审批，实现物流管理的移动化。

2. 突破资源局限

物流产业所需资源包括仓储、运输、人力、信息技术等方面。在传统情况下，物流信息技术管理只能做到局部的物流资源调度。云商务技术根据管理和计算的需要，动态配置物流资源的负载、数据源等资源，有效提高系统的水平伸缩性，提高资源的利用效率，降低资源浪费；整合物流价值链的基础设施、服务体系、人才资产、智慧资产等资源和生态系统资源，实现海量数据的挖掘处理，让物流系统通过任何终端最大化地使用与分享内外资源并辅助决策，实现绿色物流。

3. 不受组织局限

物流产业是社会经济运转的纽带，物流系统的运行要服务于原料、生产、商业、消费、服务业等供应链上下游各个行业，所涉及的行业、资源数量和种类都相当烦琐。传统的物流信息系统受组织结构所限，物流运营

过程中信息冗杂，资源浪费严重，错误率较高。云商务管理不再遵循传统组织架构，让全员参与物流企业管理。云商务技术基于社交化网络技术，提供各种联系和交流的交互通路，网络化信息通过社交化方式沟通传达，扩大影响力，增强物流行业客户黏性，促进团队沟通与协同，提升管理效率，迅速灵活推进工作，促进商业模式、产业模式创新。

4. 建立物流协同增强企业应变力和亲和力

物流产业链是一个协同发展的产业链，在物流行业建立协同发展机制。例如，整合全部资源进行研发协同创新，充分利用云商务媒体，物流企业能够更敏锐地洞察与响应客户，灵活地应对内外部变化，响应速度更快。云商务技术和移动网络技术结合，突破了时空局限，实现全员参与的管理模式，使物流企业与客户、企业与企业之间更容易接近和交流。云商务媒体不仅改变了物流企业与客户的沟通渠道，也改变物流雇主与雇员、产业链合作伙伴间的沟通方式。

三、基于云商务系统的物流管理设计

云商务系统的物流管理，从宏观到微观，整合物流资源，将包含雇主资源、仓储资源、配送资源、运输资源、服务资源和财务信息资源等各个产业链资源集中到云商务技术的信息池中，将各个产业链资源在云系统中重新规划、编排、组合，统一搭建部署在云商务平台之上，搭建一个由雇主资源系统（服务云）、仓储服务（仓储云）、配送服务（配送云）、财务信息（财务云）等几个服务功能域组成的"物流管理云"，并通过一个服务终端提供给各个环节的用户使用。[3]

基于云商务的物流管理系统建设，应从基础设施层、平台服务层、应用层入手。

1. 基础设施层（LaaS Layer）

这一层又分三个子层：硬件层、虚拟化层、虚拟系统层。

硬件层：将物流系统各个参与机构的服务器、存储、网络等信息资源以资源池的形式统一管理，最大限度地共享、使用资源。

虚拟化层：利用虚拟化技术将硬件资源进行虚拟化，从而提供更细粒度的资源：虚拟CPU、内存、存储、虚拟网络等。

虚拟系统层：由于虚拟化技术的引入，IT 的基础设施不再需要将物理资源直接暴露给外部使用，而是以业务驱动、资源动态调配的方式来提供计算资源，虚拟系统则是资源分配和提供计算能力的最小单元，通常包含通过虚拟化创建的操作系统、ACP 代理程序及业务应用。

服务器：要求服务器具备较高的性能，通常使用小型机来运行 I/O 带宽，内存带宽要求更高的数据库系统。

2. 平台服务层

云平台提供了开放、可靠的平台服务层。平台服务层提供统一的应用平台装配机制，解决不同中间件、数据库等基础软件的异构、管理多样性问题，具备与中间件产品的集成能力。这些中间件基础软件所提供的服务在云平台中都作为平台服务的一部分，共同为业务开展提供强劲支持。

3. 应用层

基于基础设施层与平台服务层的能力，云平台可以支撑多种类型的应用，包括雇主服务系统（服务云）、订单管理（订单云）、配送服务（配送云）、仓储服务（仓储云）、财务信息（财务云）等几个服务功能，同时也包括行业审批、电子监察软件、应急指挥、数字城管、办公自动化 OA 平台以及未来的 SaaS 等应用。

（1）服务云。在任何时间、任何地点，可面向物流产业用户（雇主、客户、公司、个人）提供多样化的（查询、配送、仓储、运输等）物流业务服务。服务云能够满足用户的查询需求，并根据物流用户的需求，进行业务能力的评估，提出合理的时间、服务（配送、运输、仓储等）方式，评估价格，在用户需求的情况下完成在线下订单。

服务云另一个重要的功能是做好物流业的客户关系管理。服务云建立分类管理的客户信息档案，做到企业对客户个性化需求的迅速响应机制。服务云对客户信息档案进行数量分析，从而对市场的变化趋势进行预测，做好物流业务预测报表，进行物流资源的调度。

（2）订单云。订单云在物流业务完成过程中，完成企业与企业之间、企业与客户之间的任务交接、记录、说明工作，同时也是物流任务的监督凭据，实现物流业务的计划性控制，使物流活动处于有序、流畅、高效的状态。在接收到物流任务后，订单云系统自动生成订单，并在接收、仓储、配送、回访等环节,进行订单的交接、拆分合并、送达、回收和监督工作。

(3)配送云。配送云主要完成运输设备资源管理和运输路线管理。配送云利用资源池和移动定位技术,对所有运输资源进行登记、定位和管理,其中包括所有固有车辆、协作车辆和临时雇用车辆。根据云数据的计算方法,对货物、车辆承载能力、配载方式、最佳路径进行选择搭配,从而得出最优化的运输工具选择、运输路线地图、承运商选择及管理、运输作业调度、运输移动定位、单证管理、货物交接等方案的最优化配置,从而进行配送方案的订制。

(4)仓储云。仓储云具备企业物料资源计划的功能,按照用户的需求,对物流运作的业务规则和法则进行设计,对信息、资源、出入库、存货等系列业务进行管理,包括库内作业、拣货作业、越库操作、月台管理、上架管理、收货处理、补货管理、加工管理、循环盘点等。仓储云管理系统打破传统数据管理的资源配置局限问题,利用自动识别技术和无线网络定位技术提高资源优化配置和仓储管理的精准度。同时仓储云可以发挥云商务技术的管理模式重新定义特长,根据企业自身经营特点量身定做仓储管理商务模式,实现真正的灵活管理。

(5)财务云。财务云系统通过针对物流产业中各个物流资源体系的多套核算体系的设置,实现物流企业外部财务报告和内部考核报告分离。当物流产业链、物流企业组织架构发生变化时,通过新增核算体系来快速响应变化的财务需求;根据物流企业不同的会计政策,为物流产业建立多个账簿,帮助物流体系中的各个企业快速出具不同制度下的财务报告;通过智能平台设置,对一套物流业务单据生成多账簿的会计凭证,实现物流业务的即时发生,产业链中订单、财务即时核算的管理需求;通过物流企业、组织间交易关系设置,充分实现物流企业间交易的结算,帮助物流供应链企业正确考核不同组织的经营绩效(见图1)。

这种云服务的应用价值主要体现在:①业务量大且集中。实现所有硬件资源与应用体系统一部署、统一管理、业务和IT解耦,提升物流价值链管理能力;②IT运维变得简单。物流产业管理人员可以从云计算平台监控大量信息,无须像以前那样逐个检查,同时以前的很多人工操作也可以让云商务管理平台自动处理,提升IT运维效率;③基于云平台为企业和个人

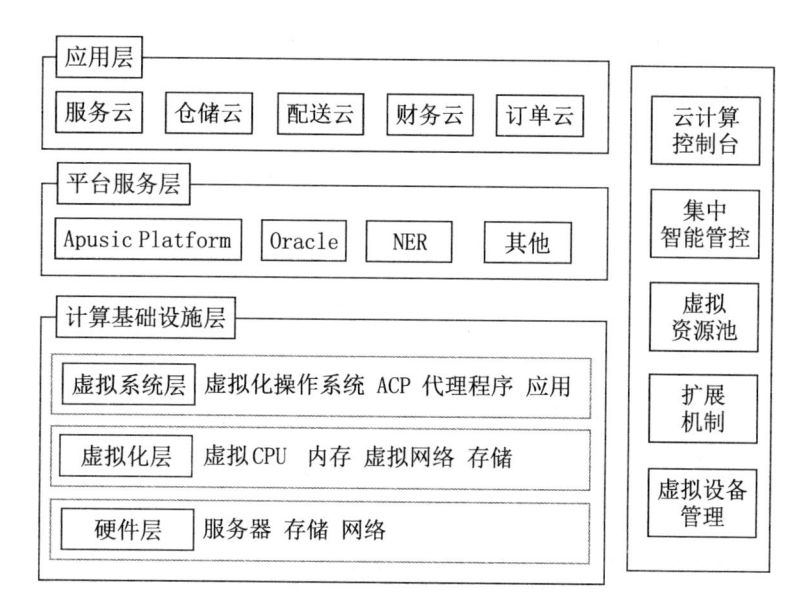

图1 基于云商务系统的物流管理设计

提供多样化信息服务，供各类用户随时随地享受社会服务资源，实现向服务型政府转型；④作为云商务的信息枢纽，全面提升物流产业链的效能。

四、实施云商务系统物流管理的关键问题

1. 建立云商务系统管理思想

云商务系统是一个全新的管理部署架构，具备更灵活、高效的商业服务方式。云商务系统整体规划物流产业，设计系统，并协调物流产业链各个环节的资源和功能模块，改变业务交接方法和响应效率，便利信息查询和共享，各个环节都可避免信息孤岛的出现，还能保护商业信息的安全性。

2. 科学规划物流业务流程

云商务系统的物流管理理念集成与优化了物流产业资源，整合了服务器、虚拟化、存储、数据库、企业管理、物流仓储、配送、运输、物流服务等物流资源，这要求物流信息系统具备能够安全管理、高可用性、弹性计算、性能管理的云商务计算架构，才能够达到云商务系统预期的目的。

3. 各类型层的人才培养

实施物流管理的云商务系统,需要用户维护、配送、仓储、运输单据、财务及其他环节的决策人员、部门主管、业务员等的共同参与,这些人员都要重新认识物流产业链的业务流程组合,适应云商务管理模式。对原有物流行业人员进行信息化培训的同时,还要进行云商务技术中IT人才的引进与配合,培养各个云商务物流管理层次人才梯队。

五、结束语

物流行业是国家经济发展的支柱,社会经济高速发展,必然带来物流产业发展的规模化、多元化、分工化和效率化,要求物流行业能够适应快节奏的市场需求,增强物流服务的柔性和精确度。随着云商务技术和无线移动网络的迅速发展,物流管理系统实施云商务管理,是结合物流行业特点的可行方案,它具备功能强大、柔性好、响应迅速的特点。

当然云商务技术的物流信息系统在许多方面还有待提高和改进,如功能进一步拓展、完善,物流业务流程的分析设计还不够充分,这些问题在未来的日子里还将继续研究。

参考文献:

[1] 张向阳,袁泽沛. 网购时代我国"云智慧物流"平台体系域协同运营模式研究[J]. 2013(7):102-104.

[2] 任永贵. 电子商务时代云物流技术探讨[J]. 商业时代,2012(8):45-46.

[3] 贡祥林,杨蓉. "云计算"与"云物流"在物流中的应用[J]. 中国流通经济,2012(10):31-33.

大数据技术引领物流业智慧营销[1]

梁红波[2]

摘 要：智慧营销是物流企业应对外部环境不断变化，并保持高速发展的战略决策。而大数据作为一种类型多、数量大、结构复杂且具有商业与应用价值的数据集合，是一种新型的智力资源，是智慧物流的引擎，是物流业智慧营销的资源池，可为物流业提供高效、精准的数据分析。大数据因其蕴涵的巨大商业价值，被物流业看成一种可与客户、物流基础设施相媲美的重要资源与生产要素。利用大数据技术，物流企业可实时向企业决策者动态报告目标市场变动情况，预测市场走势，挖掘物流价值，为抢占商机、精准定位、市场开拓、投融资、形象扩张、赢得未来做出智慧决策。在大数据技术支持下，科学使用大数据技术，可有效弥补人类直觉判断的不足，更好地提升物流业服务功能，推动物流业营销模式的升级改进。

关键词：大数据技术；物流；智慧营销

一、大数据技术的含义和特征

大数据是一种类型多、数量大、结构复杂且具有商业价值与应用价值的数据集合，是一种新型的智力资源。大数据技术是在云计算架构平台上对大数据进行抓取、计算、分析、存储、索引、查询等的技术行为，大数

---

[1] 本文系 2013 年国家职业教育物流管理实训基地研究项目（项目编号：41133124195）、2014 年河南省软科学研究计划项目"内陆无水港一体化联动发展模式研究"（项目编号：142400410638）的部分研究成果。

[2] 作者简介：梁红波（1971—），女，河南省南乐县人，濮阳职业技术学院副教授、高级经济师，主要研究方向为市场营销、物流管理。

据技术的核心功能是预测,把数学计算运用到海量数据上来预测事情发生的可能性。[1]它可以实时地为企业撷取、管理、处理、整理数据,生成企业所需要的数据资料,因此大数据也蕴含着很高的商业价值,被称为"数字生产力"。因其数据分析和预测非常精准,越来越多的企业开始重视大数据建设,有目的地去搜集、处理、分析、索引数据,以便实时洞察经济发展变化,预测市场发展趋势,优化相关业务,把握客户需求,改进产品,提升服务水平。

大数据技术主要具有以下四个方面的特点:一是大数据技术可存储巨量数据,大数据技术一般使用艾萨华公司(LSI)开发的芯片存储技术(以下简称 LSI 技术),可存储数据超过宇宙天体数的三倍以上,互联网一天所产生的数据内容可以刻满 1.68 亿张 DVD,相当于《时代》杂志 770 年的文字量。艾萨华公司的芯片存储技术可存储的数据能够达到千万亿(PB)、百亿亿(EB)乃至十万亿亿(ZB)的级别;二是大数据技术可以抓取、收集类型繁杂的数据,包括各种各样的语音、非结构化数据、图像、文本信息、地理位置信息、网络文章等。联合包裹速递服务公司(UPS)早在 2009 年就开发了行车整合优化和导航大数据技术系统(ORION)对快递线路进行预测和优化,截至 2013 年年底,ORION 系统已经在大约一万条线路上得到使用,在多送出 42 万件包裹的情况下,为公司节省燃料 150 万吨,少排放二氧化碳 1.4 万立方米,大数据技术正在引导物流企业将洞察力快速转化为公司决策;三是大数据分析具有较高的商业价值和应用价值,物流领域的数据量是非常巨大的,包括来自企业、互联网、港口、运载工具等的数据,如何从如此巨大的数据中挖掘企业所需的数据资料,就需要借助大数据分析技术,如利用大数据来分析集装箱移动信息,物流企业就能知道哪些港口有剩余运载量,哪些港口吞吐量大,货物周转速度快,应在哪个位置的港口部署海运业务,大数据已经成为智慧物流的引擎;四是计算速度快,采用非关系型数据库技术(NoSQL)和数据库集群技术(MPP NewSQL)快速处理非结构化以及半结构化的数据,以获取高价值信息,这与传统数据处理技术有着本质的区别。澳大利亚海事安全局利用大数据技术提供实时的港口活动信息查询,使用地理围栏(一种动态的数字定位区域)来触发和自动计算费用,船只可以据此改变航速,也能节省燃料,让港口服务费降到最低。

二、大数据技术引领物流业智慧营销的机理

大数据技术引领物流业智慧营销的主要表现有：运用大数据技术在物流信息平台抓取、查询、索引、收集有关企业物流的海量数据信息，将这些信息提交到数据分析系统，运用 Hadoop 技术和流计算技术对数据进行整理和提炼，分析数据价值，以便发掘有价值的数据，形成企业所需的数据资料；建立数据仓库，利用 LSI 技术储存所有的数据，企业在数据仓库中可以实时洞察企业物流发展趋势，对企业物流营销决策做出更智慧的判断。大数据技术引领物流业智慧营销的具体运行模式如图 1 所示。

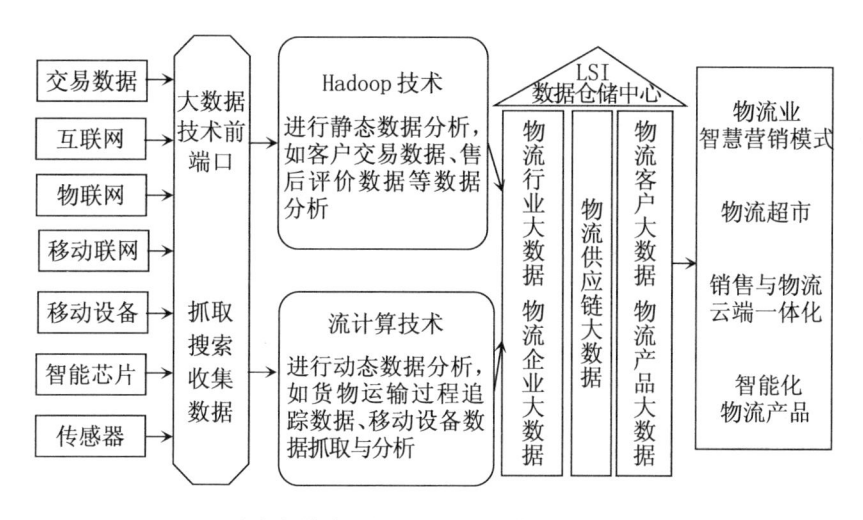

图 1　大数据技术引领物流业智慧营销具体运行模式

大数据技术引领物流业智慧营销的运行过程是：

第一步：数据收集。通过大数据前端口探测客户，对来自物联网、互联网、移动互联网、车联网、手机、搜索引擎、电子邮件、电商交易、呼叫中心、社交平台、终端 POS 机、移动设备、导航地图轨迹、客服中心、个人计算机以及各种各样传感器等渠道的物流数据信息进行抓取和收集。例如，通过手机应用程序（APP）内嵌的软件开发工具包（SDK）对手机应用程序上的用户行为数据进行集中收集和处理。

第二步：分析数据。[2] 运用 Hadoop 技术分析千万亿（PB）级的结构化数据和非结构化数据，运用流计算技术分析流数据与激增的大型数据，动态收集多个数据流。Hadoop 技术主要处理静态数据，流计算技术可以为企

业提供瞬时的数据资料,针对企业需要立即做出决定的复杂动态情况,进行动态信息捕捉与实时分析。每年的"双十一"对我国整个物流快递业而言是个很大的考验,[3]2014年"双十一"整个电商物流订单量达到了2.78亿件,网络上人们对2014年"双十一"物流的评价是"物流给力",而促使物流提速最大的推手就是大数据分析和电商与物流商之间的信息共享。2014年"双十一"来临之前,菜鸟网络就通过大数据技术收集、抓取来自淘宝网的买家收藏夹与购物车数据、淘宝店铺备货数据、物流企业物流承载量与运能储备数据,进行供需量综合预测。在平台数据共享的基础上,期间菜鸟网络还协同主流快递企业每天召开通气会,同步监测物流运营情况及风险点,并提出应对措施,及时调节商家发货节奏,协调平衡各地运能运力。2014年11月13日上午,菜鸟网络监测到某家快递公司深圳的重要网点出现拥堵,预计下游物流配送压力有可能加大。于是,菜鸟网络立即协调上游商家暂缓发货,并通知该物流公司迅速处理爆仓货物。次日,菜鸟网络信息显示商家发货量减少,该快递公司整体物流形势回归平稳。此外,亚马逊和京东等电商2014年均开始广泛运用大数据,让商家提前将货物进行分仓处理,尽可能靠近消费者,以缓解后期派送压力。大数据能够让企业获得突破性的回报,及时掌握客户动向,执行零延迟操作,快速创新物流服务,实时侦测欺诈和风险等。

第三步:建立物流数据仓库,利用LSI技术安全储存大量来自Hadoop和流计算的物流数据,形成虚拟资源云,供企业搜索、查询、使用。鉴于数据量较大,对不再需要的数据利用LSI技术进行销毁处理,销毁数据的方式包括数据索引删除、数据混淆、数据对称加密等。大数据促使物流企业从信息时代跃升到了智慧时代,引领物流企业走向智慧营销,数据已经成为像货币一样的资产,为物流业开辟了新的利润源。

三、大数据技术引领物流业智慧营销模式

1. 大数据技术下的物流商联盟智慧营销模式——物流超市

大数据技术将现有粗放、零散、低效、高耗的物流企业数据资源加以整合,建设成为可依据空间地理信息来统一协调监管的现代化物流。[4]物流超市借鉴了超市与量贩的经营理念,其商品品种有线路、运力池、仓储、分拣、包装、配送、货代、融资、信息咨询、客户定制等物流服务。

物流超市也融入了超市、量贩的管理模式，统一着装，统一客服，统一打单收银，统一整合货源，统一优化线路。物流信息系统基于大数据技术建立物流服务平台，快捷地处理各种物流信息，并对其进行分类汇总和统计分析。例如，大数据技术通过客户在物流超市中的点击、浏览、收藏、评论、购物车及购买数据来把握该客户的需求特征，分析该客户可能会需要何种物流产品，可能会习惯性地购买何种物流产品，我们与之相对应的物流产品是什么样的形式、报价、摆位、描述。物流超市摒弃了企业内部独立运作物流信息的传统模式，大数据技术下物流领域任何物流车船归属企业的名称、物流车队的整体油耗、车船的位置信息、车船的行程轨迹、车船的运行周期等类似空间地理数据通过系统智能化处理，得到优化线路选项。不同类型的物流供应商都可按照约定的权限，在物流服务平台上完成相应的操作，物流供应商之间既是相对独立的主体，又可以为了完成某一物流业务进行分工协作。物流供应商之间能够突破时间和空间限制，开展跨业务、跨区域协作，为客户提供全国无盲点的"一站式"服务，遏制物流企业之间的不正当竞争，实现物流服务的优化升级，提升我国物流企业核心能力。

我国第一家物流超市——景鸿店于2009年开业，目前约有280余家物流超市。客户选择物流超市后，可以在享受高效便捷物流服务的同时，降低25%左右的物流成本。[5]物流供应商进驻物流超市后，摆脱了过去依赖物流中间商的境况，赢利能力大幅度提高，物流供应商通过把核心业务以外的订单处理、市场开发、产品整合、业务优化等业务外包给物流超市，使物流企业减少了用工数量，大幅度降低了管理费用。而物流超市的利润源就是营销物流商外包的业务，实现物流需求方、物流供应商、物流超市三方的互利共赢。

2. 大数据技术下的"商流合一"智慧营销模式——销售与物流云端一体化

2013年，我国电子商务市场交易规模9.9万亿元，同比增长21.3%。庞大的网络销售量由于缺乏对等的物流资源的支撑，致使网购商品出现了坏损、供应缓慢、不能到门安装与调试、遗失等物流失误的情况。由此可见，物流是电商发展的命脉，物流资源短缺成为制约电子商务发展的主要障碍，而销售与物流云端一体化就是解决这一问题的有效手段。销售与物流云端一体化是线上商流信息与线下物流供需信息聚集、整合与优化的云端平台，可使电商突破物流瓶颈束缚，全方位覆盖其物流盲区，线上销售协同线下落地、配送、安装与调试等服务一站式完成。

第一种销售与物流云端一体化模式是电商自建"商流合一"云端。比如，京东物流、阿里巴巴的菜鸟网络、七乐康的现代医药物流有限公司。[6]2013年，阿里巴巴预计耗资3000亿元打造中国智能物流骨干网（CSN）——菜鸟网络平台。这是一个线上协同线下的立体式结构网络，可以开展数据化、可视化、高效率、线上线下协同的物流供应链运营活动，顾客在网店购买商品后，线下所有的物流、配送、安装等服务都在这张网上；可以通过云物流平台向客户展现可视化地图，客户可以随时查看到自己所购买商品的动态，并预测商品到达时间。但是，这种模式是在与从事仓储和干线运输的物流企业争夺市场份额。

第二种销售与物流云端一体化模式是电商与物流企业合建"商流合一"云端。电商与实力较强的物流商合作，弥补电商在物流配送方面的不足，双方在优势资源互补基础上联手进行市场扩张。[7]2013年5月，京东商城与余慈物流达成供应合作协议，余慈物流为京东商城开展批量饮料采购供应一站式服务，京东商城为余慈物流开放饮料大批量采购数据端口，余慈物流从数据端口查阅饮料目录、数量、报价并下载采购订单，进行饮料采购和配送，从中收取运费和增值物流服务费。京东与余慈物流合作后，将非核心商品的采购权外包，同时把采购环节的回款风险也转嫁给了余慈物流，腾出时间、资金和精力快速进行市场拓展。

2013年12月，阿里巴巴集团对海尔电器旗下的日日顺物流投资18.57亿元港币设立合资公司，双方在家具、家电、家装装饰材料等大件商品的最后一公里配送、安装服务等层面协同合作，联手打造大件商品物流配送体系。这意味着，村镇级顾客也能在淘宝网上一站式购买大件商品，并享有免费的配送、安装、调试等服务。日日顺物流整合阿里平台用户的大数据资源，有效提升物流订单预测能力，并且采用预售模式，订单在大数据驱动下直接进入供应链计划，提前将产品部署到用户最后一公里区域，真正做到从工厂到用户，为用户带来真正超值的产品和快速便捷的服务，主打"按约送达、送装同步"的一站式服务品牌。

第三种销售与物流云端一体化模式是物流商自建"商流合一"云端。

比如，顺丰于2014年5月26日在杭州市银泰城附近的小区旁新开了一家便利店，名叫"嘿客"。[8]店内没有满货柜的商品，取而代之的是两台超大寸的选购下单屏幕以及一排可供手机扫码下单的虚拟商品，食品、服饰、母婴、数码、家电等统统都在其中。顾客在店内网络下单后，既可以选择门店自提，也可以选择送货上门。该店除主营业务虚拟购物和物流之外，还设有自动柜员机（ATM）、团购/预售、预订机票、代缴水电费、家电维修等多项业务，成了社区网购的便民生活平台。

销售与物流云端一体化是物流行业渠道优势与电商销售优势相结合的产物，这是互联网转型与大数据战略的关键点，它既有效解决了电商末端配送和终端市场开发问题，也为物流业拓展了互联网市场，起到了资源互补的作用。

3. 大数据技术推进物流产品智能化发展

在物流研究领域，经常把大数据比喻成一个产业，把大数据技术当成一种生产力，大数据技术能否实现数据的增值是该产业赢利的关键点。大数据技术通过对物流数据进行"加工"即能产生智能化物流产品，智能化物流产品主要包括四大功能，即智慧分析功能、感知功能、优化决策功能和及时反馈功能。[9]例如，飞友科技的"飞常准"就是这样一种智能化物流产品。"飞常准"通过对航班信息数据进行分析和加工，为旅客实时提供航班的航行情况及地图信息，为客户定制个性化飞行计划，总结个人飞行记录，与保险公司合作开展航班延误保险业务。之前，航班延误险是旅客去举证后保险公司才进行赔付，且保险公司要求旅客必须具备规定的多种纸质证明才能拿到三百块钱左右的赔款，因举证过程异常烦琐，赔付金额又少，所以大多数旅客都不愿意购买航班延误险。"飞常准"与保险公司合作后，通过"飞常准"客户端的数据，在飞机落地的同时，保险公司就能获知该航班的保险阈值，旅客就能直接从保险公司拿到航班延误险的赔付。这些工作保险公司以前是无法完成的，"飞常准"在与保险公司的这一业务合作中抽取一部分佣金作为回报。

目前，物流商正在全力开辟智慧物流市场，提升物流的附加价值。物流商在客户家用冰箱中植入智能芯片，实时收集客户冰箱中各种食品的存储数量信息，当食品存储量降低到规定的警戒线后，该物流商数据平台就会产生食品订购信息单，信息单上详细描述了客户所需商品的品牌、类型、价格、数量，物流商再按照信息单来采购客户需要的食品并配送到家。这样，客户只需要与物流商签订一个供需协议，就可以把烦琐的居家购物交给物流公司完成。

一达通是一家典型的大数据平台物流服务商，通过互联网和大数据技术，为企业提供通关、运输、保险、到港、外汇、退税、融资等一站式物流服务。一达通的收费标准是每单1000元，涉外贸易企业把报关、物流、涉外财务、保险、融资等业务外包给一达通去做，可节省65%的企业管理成本，降低企业30%的物流费用以及40%的金融开支。同时，一达通的大数据平台汇聚了大量的物流、报关、金融、保险等资源，成为其进行市场开发、服务创新、业务优化的资源池。

四、启示

智慧营销是物流企业应对不断变化的外部环境，并保持高速发展的战略决策。大数据是物流企业智慧营销的资源池，它为物流企业提供了一种新型的物流服务方式——物流超市，减少了物流服务的操作环节；它为物流企业创建了"商流合一"的销售与物流云端一体化智慧营销模式，降低了物流成本；它让物流企业产品走向智能化，提升了物流企业的核心竞争力。大数据技术让物流企业实现了信息化、自动化、智能化和集成化，从传统物流走向现代物流和生态物流，发展成为高度整合的大物流。大数据改变了物流企业以往的经验思维，帮助物流企业建立数据思维。不过，我们在认可大数据优势的同时，还要考虑到它的缺点。大数据技术是一种较为科学的计量方式，可以弥补人类直觉判断上的不足，但数据报表并不能代替人类的思考，有些因素如分析对象的背景、叙事过程、思维浮现过程等是没有办法进行量化的，数据仅能起到辅助决策的作用，而不能让数据或人工智能代替人类集体智慧进行决策，因此物流企业应科学使用大数据技术，利用大数据的强项助力企业发展。

参考文献：

[1]梁红波．云物流和大数据对物流模式的变革[J]．中国流通经济，2014(5)：41．

[2]梁红波．大数据技术引领企业市场营销变革[J]．濮阳职业技术学院学报，

2014（2）：146.

［3］高江虹.2014"双十一"快递提速：5.86亿件包裹的疏流实验［EB/OL］.［2014-11-22］.http：//www.21cbh.com/2014/11-22/0OMDAzOTNfMTM0NjE0OQ.html.

［4］王须峦.物流超市的新构想［J］.物流技术与应用，2011（10）：59.

［5］李兴国，丁晗.云物流环境下新型终端配送模式：物流超市研究［J］.物流科技，2013（5）：52.

［6］黄刚.层层剥壳，"菜鸟"物流［EB/OL］.［2013-07-07］.http：//www.huxiu.com/article/16904/1.html? odby = toauthor.

［7］胡鸿志，陈岚，范洪.传统物流企业加速与电商融合［EB/OL］.［2014-07-29］.http：//news.hexun.com/2014-07-29/167066230.html.

［8］顺丰杭州8家"嘿客"便利店昨日开业［EB/OL］.［2014-05-19］.http：//news.winshang.com/news-246182.html.

［9］CASHCOW.大数据的大价值：大数据五大成功应用案例深度解析［EB/OL］.［2014-10-20］.http：//www.ctocio.com/industry/retail/14238.html.

物联网置入快递业的机理与方案探索[1]

倪玲霖[2]

摘　要：快递业发展对就业、经济增长及产业结构调整具有积极而重要的作用。快递业发展前景广阔，但在劳动力成本逐年增加，对速度、质量等服务要求日益提高的情况下，快递业发展的根本动力只能来自设备和技术的提升与管理的优化。物联网恰恰能够借助先进的设备和技术，对网络内部的人和物进行优化和极致的管理，有助于快递行业运作模式升级，而快递业则可为物联网产业发展提供应用平台与资金支持，快递行业平台开发是物联网发展较好的选择之一。物联网具备优化快递业运作模式的能力，能促进快递业与制造业的有机融合，改善整个社会的物流运作效率，同时有助于提升快递行业整体形象，提高客户满意度和居民安全感，提升城市品位。物联网置入快递业需要大型自动化分拣中心、取派件中心网络、快递箱网络、信息平台四个方面的支撑，物联网置入快递业方案的实施可以渐进方式展开，先选择城市试点，再逐步全面铺开。

关键词：快递业；物联网；机理；置入方案

一、引言

快递业的发展对就业、经济增长及产业结构调整都具有积极而重要的

---

[1] 本文系教育部人文社科基金"物联网置入快递业的路径研究"（项目编号：12YJC630142）、国家自然科学基金"面向网络效率的城市道路交通网络设计理论与方法"（项目编号：71101155）、浙江自然科学基金重点项目"第四方物流与第四代港口的耦合发展研究"（项目编号：LZ12G020001）、浙江财经大学东方学院院级学科专项"快递与电子商务协调发展研究"的部分研究成果。

[2] 作者简介：倪玲霖（1980—），女，浙江省永康市人，浙江财经大学东方学院电子商务与物流研究所副教授，博士，主要研究方向为快递产业分析与网络优化。

作用。[1]快递业发展前景广阔,[2]但在劳动力成本逐年增加,速度、质量等服务要求日益提高的情况下,其发展的根本动力只能来自设备和技术的提升与管理的优化。物联网恰恰是通过智能传感设备与通信、软硬件及平台技术,按照约定的协议,把人、物、信息系统连接成网络,对信息进行实时采集、分析、优化,对物理世界实行有效监控和管理的网络,能够借助于先进的设备和技术,将对网络内部人与物的管理优化到极致。2010年,物联网发展被列入国家发展战略,行业应用被视为物联网主要的推广模式,[3]而快递行业平台开发是物联网较好的选择之一。这是因为:其一,快递跟踪系统是物联网应用的雏形,具备较好的开发基础;其二,快递业客户具有多样性和广泛性的特点,物联网在快递行业的成功置入,有利于物联网在其他行业的推广和示范。以物联网和物流为关键词在中国知网上进行搜索,结果显示2005年和2009年分别只有一篇有关该主题的文章,2010年增加到了14篇,2011年增加为19篇,2012年为25篇,2013年至结稿时止有13篇,说明物联网在物流行业的应用越来越受到学者们的关注。其中,也有部分学者探讨了物联网在邮政物流中的应用、[4]物联网应用下邮政物流未来的商业模式、[5]基于物联网置入的快递业发展战略、[6]快递业与物联网融合发展问题[7]等。目前,有关物联网置入快递业机理及相应方案的探讨还比较缺乏,因此本文拟分析物联网置入快递业的机理及应用效果,并基于快递业整体作业流程分析,研究物联网置入快递业的方案。

二、物联网置入快递业的机理

1. 快递业技术提升、管理优化及应急能力提升都需要物联网技术的支撑

牛津经济研究院以2003—2008年的数据为基础分析得出,快递业对全球GDP的贡献几乎等同于造船业,且能有力促进贸易,提高竞争力,刺激外商直接投资。商务部研究院课题组[8]2006年也进行了类似的研究,指出我国快递业目前存在机械化、自动化、信息化水平较低以及递送质量不稳定等问题,[9]技术提升和管理优化既是快递业满足客户需求、应对国际竞争的需要,也是快递业促进国民经济快速发展的需要。戴夫·巴力斯(Dave Barnes)[10]认为,科技是联合包裹服务公司(UPS)业务发展的基

础，且先进技术与系统的应用能够提高快递企业服务质量，扩张其业务。[11]与欧洲快递公司及联邦快递（FedEx）、天地速递（TNT）、中外运敦豪（DHL）等相比，技术成为制约我国快递业发展的瓶颈之一，[12-15]而客户对快递服务提升的要求也迫切需要引入先进技术，提升管理能力。[16-18]另外，快递企业应急能力的提升，一方面需要对企业内部资源进行合理优化，另一方面需要与上下游企业之间加强沟通，这也需要物联网技术的支撑。

2. 物联网行业的发展需要产业平台

随着"智慧地球""感知中国"等概念的提出，关于物联网的研究日益增多，物联网广阔的发展前景[19-23]已经得到了国内外专家学者的认可。国内学者研究的重点可归纳为：物联网存在问题[24]与发展对策研究，[25-28]医药、[29]军事、[30]烟草[31]等行业物流应用研究，关键技术研究和商业模式探讨等。其中，应用平台开发成为推动物联网发展的主要驱动力，[32]国家应当加强在重点行业的应用与示范，[33]培育物联网应用，[34]让更多传统行业感受到物联网的价值。[35]总之，国内外学者有关物联网的研究日益增多，充分认识到了物联网发展的广阔前景以及行业应用平台开发对物联网发展的重要性。

由以上分析可知，物联网有助于快递行业运作模式升级，而快递业为物联网产业发展提供应用平台与资金支持，物联网置入快递业的机理如图1所示。

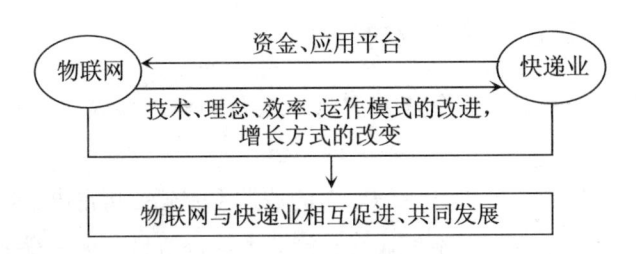

图1 物联网置入快递业的机理

三、物联网置入快递业的应用效果研究

目前已有部分物联网技术在快递业实行局部应用试点。实践证明，物联网技术应用极大地促进了快递业的发展。第一，有助于快递企业提供增

值服务,深化与生产制造企业的合作。如联邦快递(FedEx)一种名为Sense Aware 的新型跟踪装置和网络服务的使用,使之能与保健、医药制药企业直接进行深度合作。第二,有助于提高客户满意度。快递跟踪查询系统是物联网应用的雏形,实践证明其有效提高了客户的满意度。第三,有助于快递效率的提高与流程的改进。[36]物联网的基础技术之一——射频识别技术(RFID)在上海邮政速递总包处理、南京到常州邮区中心局集装箱运输、华东物流系统、[37]京沪穗速递总包处理[38]进行了试点。实践表明,射频识别技术的应用可以设计出一个高效率、低出错率、自动化的快递物流系统。[39]另外,王晓平、蒋文龙等[40]探讨了移动通信技术对快递行业业务流程的改进作用及未来趋势。同时有学者建议,在应用过程中应循序渐进,可以高端客户为对象,以重复使用射频识别标签的应用作为切入点,将企业内部或行业系统内部的闭环应用作为应用的重点,[41]或优先应用于高附加值产品以及邮件或物流中心的内部处理。[42]也就是说,物联网具备了优化快递业运作模式的能力,可以促进快递业与制造业的有机融合,改善整个社会的物流运作效率。

四、物联网置入快递业的方案

快递运送的整体作业流程可分为三个部分,即客户至网点的取派件部分、网点至分拨中心的市内运输环节、城市之间的主干运输环节。其中,取派件环节与市内运输环节所占的时间比例明显高于主干运输环节,这也是快递成本构成的主要方面。同时,由于取派件部分直接与消费者接触,是消费者感知的重要环节,因此可优先在取派件环节和市内运输环节置入物联网。针对目前快递企业自身能力较弱、资金人才缺乏且没有足够用地支撑的实际,建议实行省内或区域内统一分拣、统一取派件的物联网置入快递业模式,即省内设立大型自动化分拣中心,所有快递企业的快递都进入该中心进行统一仓储与分拣,同时成立取派件中心,进行快递的统一收取和派送。具体流程为,快递员从客户手中或者通过客户所在小区、单位及休闲娱乐场所的快递箱收取经由不同快递公司邮寄的快件,统一送至取派件中心,各取派件中心将所有快递送至大型自动化分拣中心,按照快递公司、时限、寄递内容等进行分拣、包装后,经由各快递公司进行干线运输至收件客户区域,再经统一分拣、派送后送达收件客户手中或相应快递箱。具体置入方案见图2，该置入方案下快递派件的流程如图3所示。各快递企业与大型自动化分拣中心、派送中心、快递箱之间通过信息平台实现信息共享，并与客户进行实时快递信息交互。

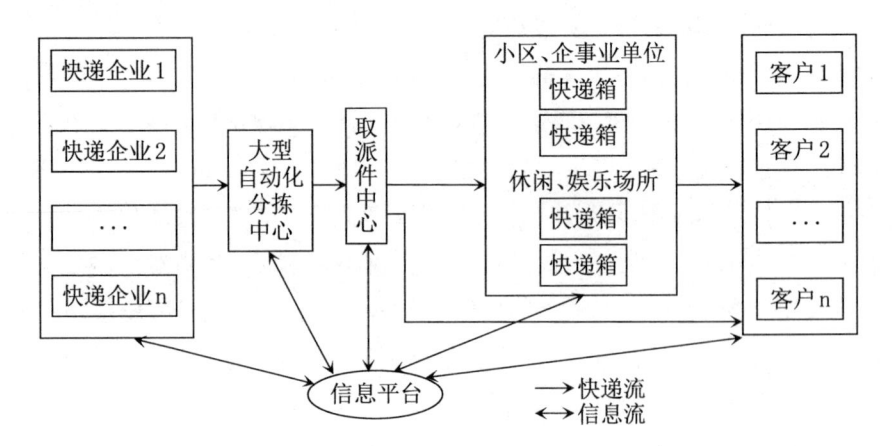

图2 物联网置入快递业的方案

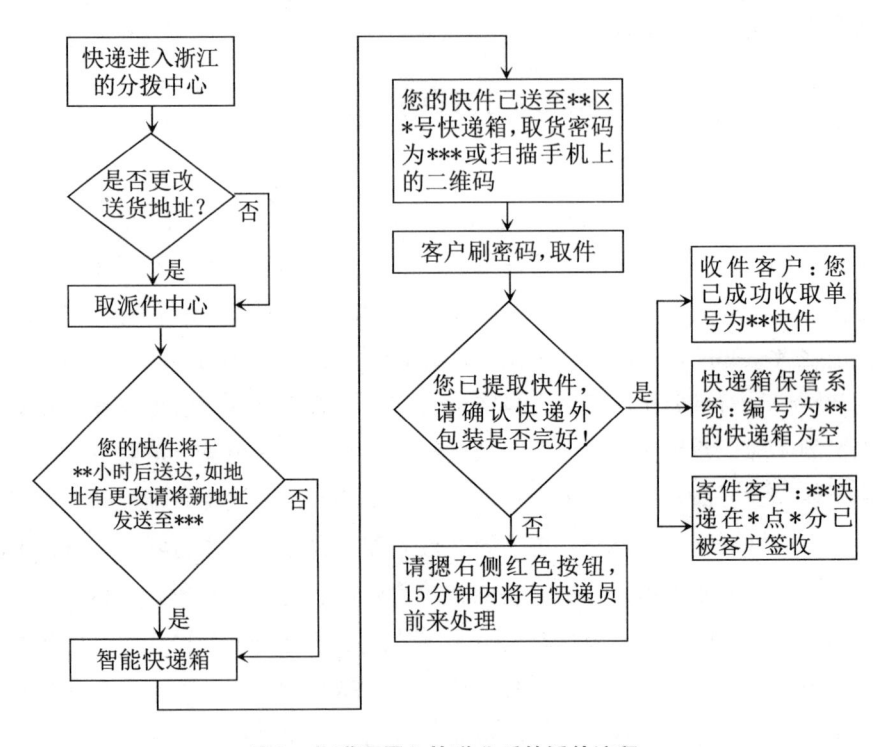

图3 物联网置入快递业后的派件流程

该置入方案的意义在于：（1）统一储存、中转、分拣，极大地提高了快递分拣的效率，加快了快递的送达速度，并通过先进设备的投入，减少了差错率；（2）统一配送，提高了配送效率，减少了环境污染和交通隐患；（3）各快递企业共同使用大型自动化分拣中心及各取派件网点，减少了重复投资，节约了土地资源，提高了现代化设备的利用率；（4）快递箱的设置，极大地减少了派件人员的等待时间，提高了派件的效率，降低了派件的成本。同时，有助于提升快递行业整体形象，有利于提高客户满意度，提高居民安全感，提升城市品位。

五、物联网置入快递业的实现路径——以浙江省为例

以上物联网置入快递业的方案需要四个方面的支撑，它们分别是大型自动化分拣中心、取派件中心网络、快递箱网络、信息平台。整个方案的实施可采用渐进方式展开，以杭州市作为试点城市，逐步向整个浙江省铺开。

1. 在萧山机场建设大型自动化快递分拣中心，规划市内取派件中心网络

鉴于快递企业干线运输越来越依托于航空运输优势，建议在萧山机场建设集快递仓储、中转、分拣于一体的大型自动化快递分拨中心。各快递企业的快递在该中心进行统一仓储、中转和分拣，实现规模经济性，消除各快递企业在机场附近的圈地运动。运营初期，首先应对物联网置入区域的所有快递植入标签，标签包含快递的归属企业、目的地、经由地取派件中心、商品属性等信息，以实现对该快递物品的实时追踪。

同时，试点城市杭州应规划取派件中心网络，将经过分拣的快递直接送至各取派件中心，再由快递员具体派送至客户。快递统一配送，线路事先优化，有助于提高效率，降低成本，减少交通拥堵与环境污染。

2. 以杭州市为试点，在各小区、企事业单位、休闲娱乐场所等设立智能快递箱

浙江省政府出台的《关于进一步加快电子商务发展的若干意见》明确提出，为支持重点电子商务企业建设物流中心，支持城市社区建设网络购物快递投送场所，新建小区应将快递投送场所纳入规划。为此，建议政府在各小区、企事业单位、休闲娱乐场所等设立智能快递箱。对于日常某些

一定规格内的快递,客户可通过附近的智能快递箱自助投递、自动收件,解决快递员久候不来、进家不便等问题,减少快递取派员的取派时间,提高工作效率。另外,智能快递箱属于公用设施,相较于各住户设立智能报刊箱,成本更低,且可以通过广告等方式回收成本。

3. 构建快递信息平台

信息平台是确保物联网置入快递业方案成功最为关键的因素,是信息在快递企业、分拣中心、取派件中心、客户、智能快递箱之间进行实时传送的重要基础。因此,需要构建快递信息平台,实现各快递企业、分拣中心、取派件中心、客户（包括电商企业等）、智能快递箱之间信息的实施传送。通过该信息平台,一是可供客户实时查询分拣中心快递的位置、是否经过分拣、储存在什么位置等;二是可以实时监测智能快递箱状态,实时反馈给工作人员,实现快递物品的实时提取（寄件）与补充（收件）;三是可以对客户提出的各类问题快递及信息进行及时送达和处理;四是可以实现对物联网置入区域内快递物品的实时追踪和查询。

六、结束语

文章分析了物联网置入快递业的机理,即物联网有助于快递行业运作模式升级,而快递行业为物联网产业发展提供了应用平台和资金支持。同时,经分析得出,目前部分物联网技术在快递业局部应用的试点表明,物联网具备了优化快递业运作模式的能力,能够促进快递业转型升级。此外,详细分析了快递运营的整个作业流程,并相应提出了物联网置入快递业的方案及意义。最后,以浙江省为例,分析了物联网置入快递业的具体实现路径和具体方案。一是在萧山机场建设大型自动化快递分拣中心,规划市内取派件中心网络;二是以杭州市为试点,在各小区、企事业单位、休闲娱乐场所等设立智能快递箱;三是构建快递信息平台。

参考文献:

[1]、[8]商务部研究院课题组. 中国快递市场发展研究报告[J]. 经济研究参考,2006 (34): 2 – 24.

[2]国家统计局浙江调查总队. 浙江快递服务业规模快速增长发展前景乐观[R]. [2007 – 10 – 15]. http://www.stats.gov.cn/tjfx/dfxx/t2007 1012_ 402437171. htm.

[3]IBM 商业价值研究院. 物联网: 开拓未来的蓝海[R]. [2012 - 09 - 07]. https://www - 31. ibm. com/cn/services/bcs/iibv/pdf/internet_ of_ things_ 0117_ cn. pdf.

[4]祁毅,李汪洋. 浅议物联网若干应用领域及其对邮政的影响[J]. 邮政研究,2010 (6): 1 - 2.

[5]范鹏飞, 等. 物联网技术应用于邮政物流领域的商业模式研究[J]. 邮政研究,2011 (5): 1 - 3.

[6]倪玲霖. 基于物联网植入的快递企业发展战略研究[J]. 物流技术, 2012 (5): 28 - 35.

[7]、[16]郭倩. 快递业与物联网融合发展研究[J]. 现代商业, 2013 (16): 60 - 61.

[9]罗娟娟,周欢,刘虹. 长株潭快递业发展现状研究[J]. 科技经济市场, 2009 (3): 91 - 92.

[10]、[36]马克·戴维斯. 条码扫描和移动计算技术提高快递业生产力[J]. 物流技术与应用, 2013 (7): 100 - 102.

[11]IBISWorld. 2010—2016 年中国快递业研究报告(ACMR China Industry Report) [R]. 2010: 23 - 29.

[12]刘玉瀛,刘彦平. 快递物流市场分析——欧洲的发展和借鉴[J]. 现代管理科学, 2011 (1): 103 - 106.

[13]刘晓炜. FedEx 在华战略及启示[J]. 科技经济市场, 2006 (2): 17 - 18.

[14]王晓明,赵宝华. 突破中国快递业发展的瓶颈——TNT 公司的经营战略带给我国快递企业的发展启示[J]. 生产力研究, 2009 (19): 136 - 139.

[15]任博华. 国际快递巨头在华战略及国内业者的对策[J]. 物流科技, 2008 (11): 136 - 141.

[17]张洪斌,赵玉敏. 快递业发展面临六个问题[J]. 中国物流与采购, 2006 (8): 46 - 50.

[18]顾淼. 电子商务引发快递业服务转型[J]. 中国邮政, 2009 (5): 42 - 43.

[19]ATZORI L., A. IERA, G. MORABITO. The Internet of Things: A Survey [J]. Computer Networks, 2010 (54): 2787 - 2805.

[20]ELGAR FLEISCH, SANJAY SARMAAND FRéDéRIC THIESSE. Preface to the Focus Theme Section: "Interne to Things" [J]. Electronic Markets, 2009 (8): 99 - 102.

[21]、[28]杨永志,高建华. 试论物联网及其在我国的科学发展[J]. 中国流通经济, 2010 (2): 46 - 49.

[22]、[33]宁焕生,徐群玉. 全球物联网发展及中国物联网建设若干思考[J]. 电子学报, 2010 (11): 2590 - 2599.

[23]王晓静,张晋.物联网研究综述[J].辽宁大学学报,2010,37(1):37-39.

[24]中国物流技术协会信息中心.2010年中国物联网产业发展研究报告[R].[2011-02-22].http://www.wlw.gov.cn/uploadfiles/zsyd/zlxz/2011/2/22/8706CEAF6D4A41558C4B69A13AA5D8ED.pdf.

[25]尹立莉,胡伟成.发展物联网产业问题浅析[J].经济研究导刊,2010(23):186-187.

[26]李艺全.全球化背景下中国本土快递企业发展现状及对策分析[J].物流工程与管理,2010(10):135-138.

[27]、[34]邵威,李莉.感知中国——我国物联网发展路径研究[J].中国科技信息,2009(24):330-331.

[29]贾凯,刘慧,王保松.物联网在我国医药流通中的应用研究[J].商业经济学荟,2005(5):50-51.

[30]聂强,田广东,仇大勇,聂磊.物联网技术在军事物流中的应用研究[J].重庆电子工程职业学院月报,2010(6):12-13.

[31]周胜,罗春兰,曾璘操.基于物联网的烟草物流作业全程信息化管理平台设计[J].企业研究,2010(22):30-32.

[32]盛世华研.2010—2015年中国物联网行业调研及投资前景预测报告[R].[2010-09-30].http://doc.mbalib.com/view/d37fddd318ad0d58c af3789009f96a7e.html.

[35]李向文.欧、美、日韩及我国的物联网发展战略——物联网的全球发展行动[J].专家论坛,2010(3):49-53.

[37]王蕾.RFID技术在邮政实物网中的应用设计与实现[D].南京:南京理工大学,2007:27-56.

[38]、[42]伍炜勤,祁毅.京沪穗速递总包RFID袋牌试验项目在广州航空邮件处理中心应用的思考[J].邮政研究,2009(2):15-17.

[39]肖筠,张小强.基于RFID的快递物流配送系统设计[J].经营管理者,2008(12):17-20.

[40]王晓平,等.移动通信技术在快递业中的应用研究[J].物流技术,2009(9):137-139、146.

[41]张晓丹,赵宝柱.全球邮政、快递业应用RFID技术的研究[J].中国电子商情(RFID技术与应用),2006(3):49-53.

移动商务环境下我国民营快递企业的服务拓展

朱湘晖[1]

摘 要：电子商务推动了物流快递行业业务量的高速增长，民营快递企业在国内物流市场中的地位愈发重要。移动商务作为新一代电子商务发展的主要形式，表现出及时性、精准性、个性化等特征，民营快递企业提升竞争优势需要加强服务质量，提升服务意识，在APP应用程序、微信平台、二维码等方面开拓相关服务。

关键词：移动商务；民营快递企业；服务；应用

电子商务的迅猛发展显著地带动了我国民营快递企业业务量的增长，物流快递已经成为电子商务系统的重要支柱之一。随着电子商务向纵深化、个性化的不断演变，基于移动商务的模式越来越被消费者所认同。精准化、一对一服务、社会化和极端数据等特征使得第二代电子商务的发展与应用迅速得到社会认同，而以移动互联网为基础的移动商务必将使我国民营快递企业的服务营销策略发生重大的变革。

一、民营快递企业的发展现状

民营企业是与国有独资企业相对的概念，从广义来看，非国有独资企业均属于民营企业。而从狭义的角度来进行界定，民营企业指私营企业和以私营企业为主体的联营企业。

按照《快递服务标准》中的定义，快递服务是指快速收寄、运输、投递单独装封的、有地址的快件，即快递服务企业依法收寄并封装完好的信

---

[1] 作者简介：朱湘晖（1975—），男，土家族，湖南省保靖县人，武汉工程大学管理学院副教授，主要研究方向为电子商务。

件和包裹,在向寄件人承诺的时限内将快件或其他不需储存的物品送到指定地点、递交给收件人,并获得签收的寄递服务形式。[1]

目前我国快递行业存在以下几种类型。一是大型外资企业,如联邦快递、敦豪、联合包裹等,它们的资金规模雄厚,有着遍布全球的营业网点,国际物流经验丰富;二是国有快递企业,如中国邮政、民航快递、中铁快运等,国有快递企业营业网点多,有政策优势,在国内快递市场处于领先地位;三是大型民营快递企业,如顺丰速运、宅急送、中通、申通等,依靠灵活多样的业务模式正逐步向全国扩展;还有一类是小型民营快递企业,企业规模小但经营灵活,主要从事同城快递或特定线路的配送。目前民营快递企业在国内物流业务中的地位越来越突出,特别是电子商务的高速发展,使得民营快递企业成为电子商务物流配送解决"最后一公里"问题的重要主体。[2]国内民营快递公司的发展有以下特点:

1. 业务规模不断扩大

由于电子商务这种新兴商务模式的爆发式增长,国内快递行业在2013年继续高速发展。根据水清木华研究中心的监测数据统计,国内规模以上快递服务企业业务量在2013年1~9月累计完成61.8亿件,同比增长61.2%。其中民营快递企业业务量累计完成47.7亿件,占总量的77%,同比增长69.2%。民营快递企业2013年前三季度收入达654.7亿元,同比增长51.6%,增幅明显领先于国有和外资企业。国内快递企业的业务收入及环比增长率如表1所示。

表1 历年来国内快递企业的收入规模及增长率

年份	业务收入(亿元)	增长率(%)
2009	1094.7	14.0
2010	1276.8	16.6
2011	1561.5	22.3
2012	1980.9	26.9
2013	2547.8	28.6
2014	3200	26.0

资料来源:速途网《2014~2017年中国快递业市场前瞻与投资战略规划分析报告》。

在电子商务物流快递市场中,民营快递企业无疑占据着绝对优势的市场份额。预计到2015年，中国国内的网络零售市场交易规模将达到近3万亿元，这其中大部分的包裹都将由民营快递企业来完成配送。受益于电子商务的持续高速增长，中国已经成为全球最大的网络交易市场，这也促使快递企业的做大做强。预计到2020年，中国快递市场将出现若干家年业务收入超过千亿的快递企业，快递市场会进一步规范。

2. 企业竞争日趋激烈

目前我国有8000多家快递企业，从业人员达90多万，而随着电子商务的发展，更多的电子商务企业开始自建物流。虽然国内快递市场规模还有很大的发展空间，但目前有实力、服务好、受到用户认同的民营快递企业并不多。大部分小的快递公司仍主要以价格吸引客户，管理水平低下，缺乏服务意识，2012年就出现星晨急便倒闭、CCES更名国通快递等现象，快递业彼此间的竞争日趋激烈，新一轮市场重组必将进行。

二、民营快递企业拓展服务的必要性

1. 提高竞争实力的要求

民营快递企业自身缺乏政策倾斜，加上体量小、管理不规范等因素使得其在与国际大型物流企业和国有快递企业的竞争中不占优势。[3]在经济发展过程中，在生产、销售、分配、投资等各个环节，民营快递企业吸引了众多投资，为各类企业提供运输、包装、分拣、配送等服务，因其营业网点遍布城乡各地，经营方式灵活，覆盖区域广，成为物流快递市场最重要的力量。但与国际物流企业及国有物流公司相比，民营企业缺乏政策、资金等扶持，更需要不断改善服务才能提高市场的竞争能力，由原来的小、散、弱发展为有规模、有技术、高效率、优质服务的企业。

2. 提升服务水平的要求

快递企业要把客户的商品按照其指定的时间、地点送到客户手中，不仅考验企业的配送能力、资源调配能力，更检验企业的服务能力和服务意识。[4]在移动互联网日益普及的今天，用户上网手段多样化，随时随地性、及时性、便携性已经成为移动商务的主要特征。民营快递企业应该把握移动商务发展的机遇，应用移动技术为客户提供更好的服务体验。从民营快递公司的服务现状来看，服务水平低下、服务意识缺失、服务能力薄弱仍是用户诟病的主要因素。表2显示的是各大快递企业的申诉率，民营快递企业特别是中小规模企业与国际物流巨头的差距明显，提升其服务水平势在必行。

表2 各大快递企业申诉率

快递企业	申诉率（%）
港中能达	47.57
天天快递	38.77
宅急送	33.85
国通	31.91
EMS	31.63
韵达	25.8
申通	25.46
圆通	19.29
中通	16.89
百世汇通	15.05
顺丰	3.8
UPS	3.6
FedEx	3.26

资料来源：水清木华研究中心《2013年中国快递业行业研究报告》，其中2014年为预测数据。

3. 提高信息化程度的要求

快递企业因其业务特点需要大量的资金投入，而目前民营快递企业的初始投资大都集中在仓库建设、车辆采购、人员等资源上，对网络设施、信息化平台等建设的投资明显不足。快递行业要低成本、高效率的实现运营目标离不开高效的信息管理平台，国外大型物流企业早已实现了现代化的分拣和物流仓储系统，应用无线射频技术、卫星定位系统等来进行货物的管理与跟踪。在移动技术日益发展的今天，民营快递企业应该补上信息化技术的短板，以快速反应的网络系统来提高管理运作效率，降低运营成本。[5]

三、民营快递企业的服务拓展

1. 移动商务的发展现状

移动商务简而言之就是通过移动终端如手机、平板、PDA 等进行的商务活动。随着智能手机、移动通信网络的不断发展,移动商务代表了未来商务的发展趋势。根据中国互联网信息中心的统计报告,目前使用手机终端接入网络的用户已经超过了桌面终端,而手机网民用户更是达到了 5 亿人之多,国内移动商务市场有着巨大的发展空间。通过移动工具,借助移动营销的方式提升用户体验、改善服务品质是民营快递公司的必要手段。

移动营销又被称为无线营销或手机互动营销,是指依托于移动互联网和移动终端,向目标受众定向和精准地传递个性化即时信息,通过互动沟通收集客户数据资料,建立完善的关系营销系统,达到市场营销目标的行为。表 3 的数据显示出中国移动营销市场规模增速明显,2011 年中国移动营销市场规模为 24.2 亿元,相比 2010 年增长了 101.7%。智能终端的普及、移动互联网的整体发展、广告网络公司的积极推动,成为促使移动营销领域快速发展的主要因素。

2. 拓展服务的模式

（1）APP 应用程序

APP 即手机应用程序,是手机登录移动互联网最便捷的方式,也是目前智能手机登录移动互联网的第一入口,以手机客户端为代表的手机应用程序的蓬勃发展为企业进入移动互联营销时代开辟了一条全新的道路。

手机客户端是智能手机必备的应用程序,通过其进入移动互联网并进行各种应用已经成为手机用户获取信息、进行商务活动、与他人交互的最重要方式。手机客户端具有信息高度整合性和交互性,快递企业通过将企业定制的手机 APP 安装于客户的手机上,相当于把企业的查询系统、包裹寄送、物流跟踪、售后服务等资源高度整合发给用户,然后通过和用户的互动,真正地达到查询、预约、售后、服务的一体化。

目前规模较大的民营快递企业均已布局移动端的 APP 应用,如申通、圆通、韵达、顺丰、如风达等。正是看到了移动商务包括移动营销带来巨大的市场,众多快递企业纷纷推出自己的 APP 程序,一方面通过 APP 和相应的后台系统，将快递企业的营业网点和终端用户紧密相连，构建了企业和用户间沟通协作的桥梁；另一方面通过简单易用、便携的移动终端及时为用户提供个性化服务，增加用户黏性。

如今快递领域竞争日趋激烈，原始的价格战最终将损害企业利益，也会忽视用户的实际需求。服务领域的竞争需要企业了解市场、抓住客户，通过各种技术手段为用户提供更好的服务体验，APP的推出是一种有益的尝试。如顺丰推出的"顺丰速运"软件，由原来被动的收派件业务变为客户信息、业务的主动推送，用户只需通过APP软件，就能实现订单查询、包裹跟踪、一键转寄等功能，大大提升了企业与客户间一对一的服务与沟通。同时该软件还增加智能代收网点推荐和地址摇一摇等服务功能，可防止快递人员的诈骗行为，甚至还带有快递员真人照片推送功能，这些实用、人性化的功能无疑激发了用户的实用热情，使得企业与客户在线上与线下实现真正交互。

（2）微信

表3 中国移动市场营销规模

年份	移动营销市场规模（亿元）	增长率（%）
2006	0.6	
2007	1.2	100
2008	5.3	341.7
2009	9	69.8
2010	12	33.3
2011	24.2	101.7
2012	63.2	161.2
2013	102.7	62.5
2014	161.2	57.0
2015	245	52.0

资料来源：艾瑞网《2013年中国移动营销市场分析报告》，其中2014年和2015年为预测数据。

微信是腾讯开发的当前最火爆的手机通信软件，支持发送语音短信、视频、图片和文字等全媒体，可以群聊。微信营销是网络经济时代企业对营销模式的创新，随着社会化媒体的不断发展，人们越来越多地从各种圈子了解活动信息，基于微信营销，企业能通过点对点、一对一的营销方式推广自己的产品。

微信用户已经突破 6 亿大关，而微信支付方式的推出形成了移动电子商务的闭环，包裹寄送、查询、支付都可以在微信上实现。微信带来的不仅是与用户的沟通方式的变化，更对快递企业有着全面的影响。在运营成本上，原有的模式是通过快递公司、业务人员的手机和呼叫平台，沟通成本非常高。通过微信平台，会大大降低管理和运营成本，同时带来优质的客户体验和更便捷的沟通方式。在运营方式上，快递企业通过建立公共微信平台，直接打通与各个快递员的个人微信工单派送功能。顾客则可以直接通过微信发件，实现位置查询。其他如查询、投递、预约、用户评价等均可在微信上实现，使用户得到个性化的体验。另外，微信在服务体系建设、网点运营质量等方面均有着重要价值，更能通过庞大的客户积累和客户体验，建立客户体验数据库，进行精准营销。

目前顺丰速运的"顺丰微信"服务，实现了通过微信查询快件运单号，方便客户实时追踪快件状态，如果查询的快件状态发生变化，"顺丰微信"将主动推送信息至客户，为客户提供全方位的自助服务。新移动沟通方式的应用使得用户能在任何时间、任何地点与企业互动，而基于此带来的服务水平的提升无疑值得快递企业去进行尝试。

（3）二维码

二维码是用特定的几何图形按一定规律在平面（即二维方向上）分布双色相间的矩形方阵，记录数据符号信息的新一代条码技术。与传统的一维条码不同，在信息表达上，二维码能在横向和纵向两个方位同时表达不同的信息。因此二维码的信息容量是一维条码的几十倍，并且能够整合图像、声音、文字等信息。二维码具有信息容量大、编码范围广、制作成本低、保密性好的特点，因而被广泛应用在网络购物、身份识别、广告营销、电子票据、信息存储、物流仓储等方面。随着移动电子商务的发展，近两年二维码的使用量迅猛增长，从 2012 年 4 月至 2013 年 3 月，手机二维码月平均环比增长 10% 左右。

民营快递企业在经营过程中需要大量的快递人员，通过业务员实现快递的基本功能。但同时也带来人员成本居高不下、人员素质参差不齐、流动性大等弊端，传统快递行业的发展需要引入先进的信息技术。作为服务企业，快递需要及时响应客户，同时整合系统资源，优化企业运作成本，缩短配送周期。另外，用户可以及时查询、跟踪和与企业进行交互，二维码作为重要的移动应用在此可以发挥其特点，帮助快递企业实现信息化的运作与推广。

如在信息获取方面，快递企业可以将企业信息、网站、联系方式等通过二维码的方式发布，既可以在信件、包装单、杂志、户外广告发布，也可以在电子商务网站平台显示，便于用户随时随地获取。从营销来看，快递企业可以在每个包裹面单上、快递员身上、快递车上印刷二维码，将企业信息快速渗透到每一位客户、每一个包裹，以便企业建立自己的客户群，通过客户管理系统及数据挖掘，找到客户的消费行为，更好地为用户提供一对一服务和精准营销。

目前民营快递企业中韵达正在逐步完善网络体系建设，在与乐蜂网、聚美优品的合作中已经开始全面使用二维码面单。通过韵达网络系统自动生成的二维码面单，能根据用户区域位置进行自动分发，大大减少了人工操作的成本和误差，同时也降低了因为人为集包所造成的快件延误。在二维码应用方面，快递企业可以和专业公司合作，通过技术升级来不断改善用户体验。如通过系统自动分析统计快件从哪里来、到哪里去，实现各个公司和站点间的动态管理。

（4）线上线下的融合

在移动商务时代，智能移动终端的普及使得用户在使用物流快递服务时的及时性、交互性、社会化、极端数据等特征更加明显。快递企业通过采用相应的应用服务，能更好地为用户提供针对性、精准、个性化的服务。网络化、移动化、智能化的在线网络工具的使用成为快递企业拉近与用户距离的有力手段。

就物流的整个流程来看，用户能直接接触、直接体验的就是快递服务。作为物流中的"最后一公里"，快递服务涉及物流信息系统、区域调拨、仓储分拣、中转、末端配送等流程，而保证快递企业平稳运行的基础在于线下网店、人员、设备、数据的高效协同。

如用户通过移动应用寄送或收取包裹，除了线上信息的及时推送，线下对信息的处理、整合、资源的合理调配同样重要。现代化的物流信息系统会在快递开始运作之前确定派件的快递员，相应的姓名、电话、送达时间会及时提供给用户。若用户收货信息发生改变，如收货地点、收货时间或改为自提等，均能及时进行处理。线上线下的融合对于快递企业来说尤为重要，线上可靠、及时的服务离不开线下门店、网店、快递人员的配合。网络与信息技术的发展使得快递企业的线上服务与线下合作成为可能。大数据、云计算、智能物流技术的应用能让快递公司第一时间了解到用户的信息，选择离用户最近的仓库发货，能对区域市场进行需求分析，对客户的需求商品、销量等数据进行预测，提前进行商品的备货与仓储。对于快递企业来说，除了递送以外，订单下达、仓储运营、调拨、配送、包装、分拣、中转等全流程均需要高度的系统协同，谁能够提供线下运营与线上协同的整个供应链的完善服务，谁就能有更好的竞争优势。

四、结语

我国民营快递企业的不断发展壮大有力地推动了网络经济发展，促进了劳动力就业，目前国内快递行业的规模已居于世界前列，但快递企业在收入规模、服务质量、技术应用等方面与国际物流巨头还有较大差距。移动商务的发展给市场带来了巨大的商机，同时提供了物流企业改善服务、整合资源的契机。作为国内物流行业重要组成部分的民营快递企业需要结合移动服务应用，不断提升客户的服务体验，才能赢得客户的尊重及保证企业自身的良性发展。

参考文献：

[1]萨茹拉，陈秀平．民营快递企业营销组合策略分析[J]．物流技术，2010（5）：10-13．

[2]解敬红，佟伟．我国民营物流快递企业服务营销策略的应用研究[J]．中国商贸，2011（4）：146-147．

[3]沈群力．民营快递企业的市场状况研究[J]．价格理论与实践，2007（10）：73-74．

[4]陈雅萍．第三方物流企业服务营销策略探讨[J]．工业技术经济，2008（10）：52-54．

[5]叶万春．服务营销学[M]．北京：高等教育出版社，2007：263-269．

基于电子商务平台的农产品云物流发展[1]

王娟娟[2]

摘　要：基于农产品的特殊性和电子商务现状，云和大数据进入农产品物流成为必然。云物流是农产品商流与物流的纽带，是基于电子商务现有四大子系统而形成的第五大子系统。以云平台为界，电子商务领域的农产品云物流由虚拟资源和实体资源构成，从功能角度来看，则由信息平台和管理平台构成。农产品云物流有利于降低农产品损耗率，满足消费者多样化需求，创建新型就业平台。推进农产品云物流发展，应加快农产品信息系统建设，加大政府支持力度，培养现代化物流人才，加速物流专业化进程。

关键词：电子商务；农产品；云物流；大数据

一、引言

作为新型商业模式，电子商务使买卖双方摆脱时空限制，满足多样化需求，为经济注入新动力。然而，在市场体系依然不完善的当下，制约传

---

[1] 本文系国家社会科学基金项目"青藏高原区生态补偿成本计量及分摊研究"（项目编号：12XJY006）、甘肃省教育厅项目"甘肃牧民定居点文化承载力与定居牧民文化适应力协同研究"（项目编号：2013A075）、兰州市社会科学重点项目"甘肃华夏文明视阈下的兰州新区发展新思路"（项目编号：14－035E）、甘肃省高校区域循环经济重点实验室项目"甘肃省循环经济发展模式研究"（项目编号：2013A075）的阶段性成果。

[2] 作者简介：王娟娟（1981—），女，甘肃省兰州市人，兰州商学院经济学院教授，硕士生导师，经济学博士，主要研究方向为区域经济学、生态经济学、电子商务、物流管理。

统商业发展的瓶颈同样制约电子商务，尤以物流难以满足商流需要最为严重，且通过信息技术加速凸显其负效应。与实体交易不同，在借助物流完成交易的电子商务中，区分商品类别极为重要，对性质特殊且直接关系食品安全的农产品更为必须，然而，由于物流资源匮乏，农产品物流与其他商品物流无异，致使农产品损耗率和流通成本较高。罗建群[1]认为，信息交流平台缺失和供应链各环节合作少是阻碍农产品供应链发展的关键。盛革[2]认为，我国农产品流通环节缺乏协同，应当构建农产品现代流通服务体系。梁红波[3]将云和大数据引入物流领域，提出物流超市的概念。丁丽芳[4]以减少流通环节和成本为目标探索农产品云物流模式。综合已有研究，学者们多集中于农产品生产和送达消费者两个极端，普遍主张标准化生产农产品，实现食品安全；完善物流设施，提升流通效率。

笔者认为，从长远看，已有研究为完善农产品物流系统给出了良策，但对解决当前问题较为乏力，尚存在以下研究空白：一是未区分电子商务平台与传统商业模式下的农产品物流；二是针对农产品特殊性和消费者需求多样化，借助现代技术，整合物流资源，提高利用效率的研究较少；三是缺乏对云和大数据等信息技术创新性的认识和利用，单一领域的运用直接导致各环节内生的协同性不足。基于此，笔者尝试将云搭建为农产品商流与物流的纽带，以现有资源为基础，在电子商务平台进行农产品云物流探索。在宏观层面，将云视为纽带是电子商务发展的现实诉求，需要多学科多领域支撑，是实践空白，也是我国未来新的就业领域；在微观层面，电子商务已赋予消费者较多的商流话语权，云物流将使其获得更多商流和物流的决定权，有助于以消费者理性指向提升农产品流通效率。

二、将云引入电子商务领域中农产品物流的必要性

1. 农产品的特殊性

农产品是通过种植、畜牧等农业活动而获得的植物、动物、微生物及其产品。较之其他商品，农产品对自然环境具有强烈的依赖性，严格遵守生长规律，具有如下特点：一是季节性，绝大多数农产品生产都有淡旺季之分，受自然因素影响，年际价格变动大，反季节生产的市场认可度低；二是区域性，因受气温、降水、土壤养分、日照等因素的影响，不同地区适宜生长和养殖的生物品种差异大，同一品种在不同地区的成熟时间、产

量、品质悬殊；三是易腐性，由于农产品是以动植物为原料的产品，致使鲜嫩和易腐成为其显著而矛盾的特点，为防止腐烂，很多生产经营者使用超标的添加剂，危及食品安全。农产品的特殊性内在要求相关主体必须在检测、物流等各个环节有的放矢，制定相关条例、规章等，我国在这一方面明显不足。

2. 物流制约农产品电子商务发展

电子商务赋予一个企业运用信息技术商务运作农产品的网络平台，使消费者拥有不受时空限制选择农产品的经济环境，但是这一满足市场需求的商务创新能否实现，取决于产品能否快捷送达，而我国物流效率尚未达到这一标准。首先，农产品物流设施落后。由于农产品的特殊性，其中有1/4需要冷藏和保鲜，奶制品、肉制品和海鲜100%需冷藏，而我国仍以常温和自然物流为主，只有25%的农产品公路运输达到冷藏水平，生鲜类产品冷藏运输不足20%，易腐产品冷藏运输不到30%，农产品运输完好率仅为70%，而美国则达到95%。[5]其次，农产品物流效率低下。较之激烈的农产品商流竞争，物流具有较强的垄断性，低效率必然出现，这是物流各环节匹配性不强、衔接不畅的结果，也是物流方式有限、技术设备滞后、合作不紧密等因素综合作用的结果，更是物流信息化进程缓慢致使农产品物流对市场变化反应能力缺失、各主体沟通渠道阻塞的结果。最后，农产品物流成本居高不下。这是多种因素作用的产物，如设备滞后使农产品的保鲜成本占据商品价格的70%左右，是发达国家的3.5倍以上；路桥费用高，占到农产品物流总成本的30%左右，发达国家仅为2%～3%；[6]较高的货损率直接导致完好农产品物流成本飙升。可见，物流已然成为我国农产品电子商务发展的关键短板。

3. 农产品商流与物流缺乏整合

电子商务为农产品商流开辟了一个迅猛发展的平台，也使物流企业承担着巨大压力，面对有限资源，若二者进行一定程度的交互，则能够缓解农产品电子商务发展困境。然而，在农产品电子商务领域中，商流与物流各自为政，缺乏促进双方信息交流的平台，均从自身利益出发管理业务，未深入考虑农产品的特殊性，因此，我国尚未形成适宜于农产品的专业化物流，也就无从谈及将农产品进行类别细分，依据不同农产品的流通半径和流通时限选择物流方式和路线,以及据此选取适宜的包装以保证质量和运输配送等。商流与物流彼此孤立式发展使农产品供应链处于断裂状态,原本稀缺的物流资源低效运作,较之其他商品,物流成本对农产品电子商务发展的影响更大。同时,缺乏整合的状态模糊了现有物流资源更好地与商流对接提高电子商务平台上农产品竞争力的途径,面对不断激增的多样化需求,农产品电子商务发展的不可持续性就会日益显性化。

4. 云能够高效连接农产品商流与物流

信息技术的深化和普及使云成为计算机应用模式不断创新的产物。贝亚等人(Buyyaa et al)[7]认为,云是包括大量互相联系的虚拟机并行分布系统,基于服务水平协议(Service Level Agreement,SLA),可作为统一的计算机资源动态地提供和展示。路易斯等人(Luis et al)[8]认为,云是一个易于利用和访问的大型虚拟资源池,可根据变化的负载规模对资源池中的资源进行动态配置。笔者认为,云服务只有在大数据模块中才能更好地体现其价值,大数据是体量巨大、类别多样的数据集,云是不同数据集发生联系的纽带。显然,农产品电子商务中,商流已然是一个大数据集,按不同标准可划分为不同子数据集;尽管物流资源较少,也能形成一个大数据集,有多个子集。现行运行模式下,商流与物流数据集无交集,而云为包括这两个大数据集在内的涉及产品电子商务发展的要素数据集提供了一个交互信息平台,以提升收益、增加市场份额为目标,为各个构成要素展示多种可能的可行性合作方式,驱使各要素开放数据集,比较一种农产品以不同物流方式、运输线路、技术设备等进行物流的效率差异,或比较同一物流方式、运输线路、技术设备等流通不同农产品的效益、成本等差异,便于买卖双方做出趋近于帕累托最优的占优抉择,也为农产品电子商务体系自我完善明晰方向,而这恰是我国农产品商流与物流协同发展亟须解决的问题。

三、电子商务平台上的农产品云物流运行模拟

1. 云物流内涵

云进入电子商务后出现一系列新概念(如云仓储、云物流),延展了电子商务供应链的长度和宽度。梁红波[9]集众家之长,将云物流定义为利

用大数据和通信网络技术，提供物流信息、技术、设备等资源共享服务的信息平台，依靠大数据处理能力、标准的作业流程、灵活的业务覆盖、精确的环节控制、智能的决策支持及深入的信息共享满足物流各环节需要，向大众提供信息、管理、技术和交易等服务。笔者认为，基于对云计算和大数据的客观理解，认识云物流的内涵首先要明确物流的本质，物流贯穿产品生产经营全过程，与商流交融，相互推动，以满足市场需求为目标，一定程度上内生地为对方明晰改进方向。在实践中，较之商流，物流是匮乏的，引入云是电商发展的需要，提升现有物流资源运行效率，为完善物流系统争取时间和空间，故称之为云物流。因此，云物流是政府、生产者、电商企业、物流商、消费者等主体共享经济资源的信息平台，通过现代信息技术，充分采集涉及商品运输、装卸、包装、仓储、加工、拆并、配送等各个环节的信息，快速准确地整合信息，在电商平台为一种商品设计多种物流方案，以便决策主体依据自身需要占优抉择。因此云物流必须具有如下特点：

（1）开放性。云物流环境下，各类经济资源突破传统模式的门槛限制进入虚拟信息平台，增强物流服务实力。

（2）丰富性。商流、物流、信息、技术等资源集聚于云物流，通过高效配置，丰富物流方案。

（3）动态性。云物流能够为客户提供多类别、全程跟踪服务，同步将物流进展和问题反馈于客户，并对其后续决策提供建议。

（4）智能性。为客户提供多样化的物流服务选择，并比较成本、时限等，针对个性化需求，给出多种推荐方案。

目前，美国亚马逊供应链系统、德国农产品保鲜物流信息共享平台、荷兰虚拟农产品供应链运营模式等可视为云物流发展的成功案例。

2. 电子商务平台上的农产品云物流构件

电子商务为农产品开拓了市场空间，但农产品的特殊性也对电子商务各要素提出特色化要求，故云物流产生。尽管电子商务、云计算、大数据等是虚拟平台，但都需要实体经济体现其价值，云物流实质上是线上信息和线下实体的桥梁，任一信息都有实体资源支撑。以云平台为界，电子商务领域的农产品云物流由虚拟资源和实体资源构成，虚拟资源包括农产品类别区分、新鲜度判断、保鲜期确定、质量检测、物流方式汇集、运输线路设计、物流服务比较、流通费用比较、产品跟踪、物流进展与问题反馈等技术；实体资源包括仓储、保鲜、配送等设备，运输线路、公路、铁路、航线、水路等设施，以及收货、分货、拣货、包装等专业人员。

从功能角度看，农产品云物流由信息平台和管理平台构成。信息平台为农产品电子商务提供一个充分开放大数据集的平台，通过信息技术，首先对大数据按照质量、类别、新鲜度、保鲜期、易腐度、仓运特殊性等差异分类；其次是高效整合商流与物流资源信息，对特定农产品智能化配置多种可行物流方案且按不同指标比较，以便客户决策。基于商流和物流，信息平台旨在创建商流和物流充分、动态配置的新数据集。管理平台旨在有序、有效推进农产品物流，首先，应将绝对权威的政府引入管理体系，以此为契机弥补电子商务系统因缺失公共主体而产生的监管漏洞，建立健全相关规章制度；其次，管理平台由若干个业务子平台构成，职能为鉴别信息真伪、评估物流方案可行性、跟踪物流进展、及时处理问题、判断保险必要性和适宜性、仲裁交易纠纷等，通过各种手段，管理平台全程监控农产品流通。

3. 电子商务平台上的农产品云物流运行机理

（1）假设条件。针对电子商务模式下物流对商流的垄断，云物流通过信息技术将竞争引入物流，以提升农产品流通效率。为方便分析，进行以下假设：①存在特定状态的两种农产品 A、B，两种物流方式 a、b，两种技术设备 d、e，三条运输线路 D、E、F，三个物流商 i、j、k。② i、j、k 无法相互联系，都能运用 a、b，使用 d、e，通过 D、E、F，将 A、B 送达客户。③假设①中的物流方是 a、b，技术设备、线路均适用于 A、B。④运费均按重量计费，计费标准统一。⑤不同物流方式、技术设备、线路均会导致运输实践、物流成本、新鲜度等不同，在此基础上，物流商因实力差异还能再形成一个指标差异。

（2）运行模拟。云介入农产品物流前，对一个电商企业而言，只能通过丰富农产品商流吸引客户，增强竞争力，合作的物流商较为固定，物流方式、线路、运费基本由物流商决定，因此，尽管 a、b、d、e、D、E、F 均适用于 A，但由于该电商与物流商 i 合作，则 i 在能够运用 a、b，使用 d、e，通过 D、E、F 流通 A 的情况下，拒绝以标准资费提供多种物流方案，仅提供 a 方式，d 技术，D、E 线路，从而出现运费、时间不同以致到货产品新鲜度不同的两种方案 i_{AadD}、i_{AadE}（见图1），若有其他要求，需另加费用。云通过整合资源，打破这一格局，客户在电商平台选定一定状态的 A，可选择的物流方案有36种，i_{AadD} 等表示 i 用 a 方式配合 d 技术设备通过 D 线路将 A 送达客户所需成本、到货新鲜度等的集合，此时，客户输入自己对物流结果的要求，云从36种方案中筛选出若干个推荐方案（见图2）以便决策。显然，客户有了更多的选择余地，同样，B 也有36种可选方案。i、j、k 只有给出更优化的方案才能争得订单，为此，物流商一方面会不断提升已有资源利用效率，同时也会不断开发新方式、新技术、新线路等，打造特色，同时也对商流标准化提出要求，从而确保物流效率。现实中，我国电子商务平台上的农产品物流资源远丰富于模型假设，将云引入，必然会大幅提高农产品电商发展水平。

产品　　方式　　技术设备　　线路　　物流方案

A ———— a ············ d ———— D ———— i_{AadD}

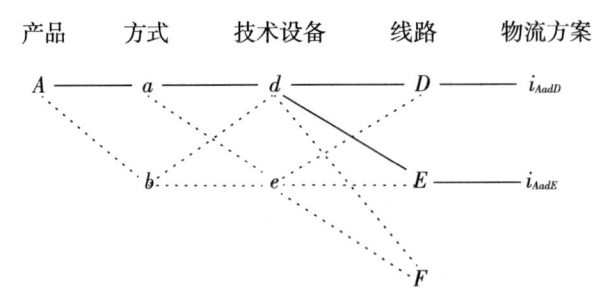

　　　　　b ············ e ············ E ———— i_{AadE}

　　　　　　　　　　　　　　　　　F

图1　电子商务平台上农产品物流现状

四、电子商务平台上的农产品云物流效应分析

1. 降低农产品损耗率

云物流高效配置农产品商流和物流，为产品设计多种物流方案，并通过电子商务介质快速传输信息，扩展客户选择空间。传统物流模式下商流和物流联系松散，资源配置平台缺失，低效运作稀缺的物流资源未将有限的专业物流设备充分利用，部分农产品电商企业只能凭借经验或传统办法（如加冰块）防腐，徒增物流成本，最终演化为消费者剩余减少。一方面，云物流可以将现有专业物流技术设备配置于最适宜和急需的农产品，充分体现专业性；另一方面，对一定状态的农产品物流方式、运输线路、技术设备等均事先规划，制订预警机制和补救方案，降低盲目性。此外，由于现有技术设备均配置于最适宜的农产品，其他农产品物流技术设备的空白

基于电子商务平台的农产品云物流发展

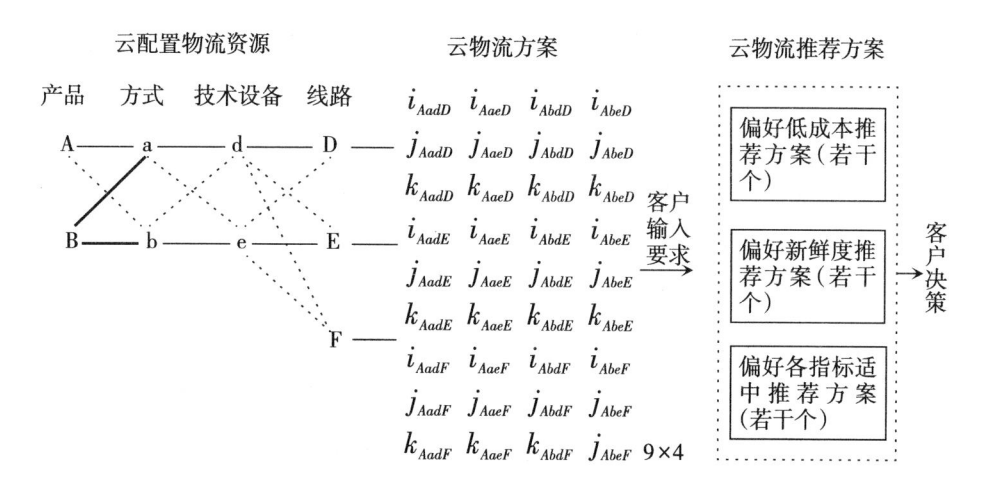

```
云配置物流资源                      云物流方案                   云物流推荐方案
产品   方式   技术设备   线路    i_AadD  i_AaeD  i_AbdD  i_AbeD
  A ─── a ─── d ─── D ───      j_AadD  j_AaeD  j_AbdD  j_AbeD      ┌──────────────┐
                               k_AadD  k_AaeD  k_AbdD  k_AbeD      │偏好低成本推  │
                                                                    │荐方案（若干  │
                                                                    │个）          │
                                                                    └──────────────┘
  B ─── b ─── e ─── E          i_AadE  i_AaeE  i_AbdE  i_AbeE   客户 ┌──────────────┐  客
                                                                 输入│偏好新鲜度推  │  户
                               j_AadE  j_AaeE  j_AbdE  j_AbeE   要求│荐方案（若干  │→决
                                                                    │个）          │  策
                               k_AadE  k_AaeE  k_AbdE  k_AbeE      └──────────────┘
                     F ───    i_AadF  i_AaeF  i_AbdF  i_AbeF       ┌──────────────┐
                                                                    │偏好各指标适  │
                               j_AadF  j_AaeF  j_AbdF  j_AbeF      │中推荐方案    │
                                                                    │（若干个）    │
                               k_AadF  k_AaeF  k_AbdF  j_AbeF 9×4   └──────────────┘
```

注：粗线显示 B 类产品的物流方案，物流方案矩阵略去。

图 2　基于电子商务平台的农产品云物流模拟

快速显性化，即通过市场机制，云为我国电子商务平台上的农产品物流明确完善的方向。云物流通过调度、配置、管控物流资源、设计物流方案等措施，有效提升流通效率，缩短物流时间，削减流通环节，极大降低产品损耗率，缩减企业成本，扩大消费者利益空间，直接提升食品安全水平。

2. 满足消费者多样化需求

随着收入水平提升，消费者对商品品质、性能等要求提高，呈现需求多样化态势。电子商务为消费者提供了一个按照个人诉求定制商品的便捷化商务平台，但异于传统商业模式，物流是电子商务系统中极为重要的环节，关系到消费者对商品的评价，决定电商企业的存续。云物流中，农产品电商企业从云平台上撷取适宜产品的物流方案，将商品和物流的选择权留给消费者，消费者可以或偏向产品新鲜度、或偏向节约费用等目标选择物流方案，最大限度地满足多样化需求。一方面，可以趋近于消费者的产品预期绩效，提高消费者满意度；另一方面，产生对产品潜在购买的可能性，再购买行为极易发生，消费者对企业的忠诚度提升，使买卖双方由只注重短期利益的交易性心理契约转化为注重长期合作的关系性心理契约，这对提升产品竞争力极为关键。农产品云物流是通过电子商务平台传播物流服务质量和服务价值两部分客户感知达到目标的。就服务质量看，主要通过有形性、响应性、可靠性、保证性和移情性来保障，其中，有形性包括农产品专业物流技术设施设备、产品保障等；响应性是物流服务的及时性、信息可查询性、问题处理能力等，可靠性是服务稳定性、准时性、准确性等，保证性源于农产品物流人员的专业性，移情性取决于对客户多样化需求的满足能力。就服务价值看，云物流保值增值地将农产品送达消费者，客户的满意和忠诚就会提升企业的市场价值。[10]

3. 创建新型就业平台

电子商务系统由商流、物流、资金流、信息流等组成，每一个子系统都吸纳大量就业者，在此基础上，农产品云物流构建了一个新的电子商务子系统——资源配置流，能够专业高效地利用现有资源，提升农产品流通效率。要实现这一目标，需认真审视这一子系统的内涵。新的子系统以云为纽带连接农产品商流和物流，其作用的发挥需要专业人士操作，例如，能够编制和研发智能判断信息真伪、区分农产品类别、测试产品新鲜度、确定产品保鲜期、设计一定状态农产品适宜的物流方案、应付紧急事件等的程序和技术，这些操作不直接增加农产品价值，但能最大限度地保值增值电商平台上交易的农产品，回归农产品物流的本意。而这恰是我国电子商务农产品物流的空白。农产品云物流意在填补这些空白，而解决上述问题的专业人士难以在农产品电商系统已有就业格局中批量找到，需要专业培养。因此，农产品云物流实际在农产品电商系统中创建了一个新的就业平台，有助于缓解就业压力。

五、基于电子商务平台推进农产品云物流的建议

1. 加快农产品信息系统建设

电子商务利用网络技术推动信息在虚拟平台流动，促进实体经济发展。云物流利用大数据和云计算，整合信息资源，提升电子商务发展效益，推进信息化进程是电子商务发展的关键，但因其是新型商业模式，很多经济体尚处于在实践中探索完善的阶段，没有标准范式。我国注重信息在电子商务平台的集聚，短期使其获得井喷式发展，但各种漏洞也不断显性化，农产品买卖纠纷频繁发生就是其中表现之一，大多将其归咎于物流。解决这一问题不应只靠农产品物流信息系统建设，农产品云物流效益的发挥应取决于农产品信息系统的建设，可将其视为我国电子商务发展阶段

的递进。将所有农产品信息汇集于电子商务平台，云分类、整合、配置信息，这样即使是同种产品也可能因新鲜度、品质等差异出现物流方案的不同，极大地降低因农产品供应链信息传递不确定而导致农产品价值耗损成本增加的风险。同时，通过市场经济驱动，诱致性引导我国加快农产品生产标准化进程，强化食品安全建设，此外，由于信息交流渠道畅通，电子商务系统趋于自协同，使农产品供应链上的各环节、各主体逐渐实现多边共赢。

2. 加大政府支持力度

作为新型服务手段，云分为私有云、公共云和混合云。私有云是各经济主体为提高获利能力搭建的信息平台，公共云是所有经济主体共享信息的平台，混合云使私有云和公共云对接。很显然，农产品云物流是混合云。为实现自身利益最大化，农产品供应链的各经济主体都会积极搭建私有云并尽可能完善，但是正如电子商务缺乏公共主体参与一样，公共主体参与商务公共信息平台也很有限，农产品公共云搭建远滞后于私有云。若公共云不完善，混合云就会使经济主体内部的关键信息泄露，影响其发展。如果公共云保持现状，混合云属性的农产品云物流只能止步于理论层面，因此，公共主体的最佳代表——政府应加大对农产品云物流建设的支持，这也是农产品关系国计民生的性质内生决定的。首先，政府应成为农产品云物流建设的主导者，确定所需信息种类、范围等。其次，政府应以宏观视角选择集成软件、整合技术、配置程序等，提升农产品供应链效率。再次，政府应加大对农产品物流专有技术设备设施的资金支持。最后，政府在农产品公共云上引进和选用的信息处理技术和程序等应具有引领私有云发展的功能，确保私有云与公共云对接时农产品企业不会因为云物流泄露关键信息。

3. 培养现代化物流人才

农产品云物流对我国当前物流人才的专业知识结构产生巨大挑战。客观审视物流人才培养，长期以来，倾向于对仓储、运输、配送等人才培养，这是轻物重流的培养模式，从根本上偏离了物流人才的本质。传统商业模式下，这一弊端因企业承担"物"的环节而掩盖，但在电子商务模式下，其严重制约产业发展，调整培养理念和方向成为当务之急。农产品云物流是电商系统的第五大子系统，是当前电子商务的空白之处，专业人才极为匮乏，从业于这一子系统的人员就是"物""流"并重的现代化物流人才。这类人才的知识结构多元,不拘泥于学科限制,不囿于专业约束,在掌握传统物流知识的基础上,精通农作物生长规律、农产品特质、投入产出核算、程序设计、运筹管理、逻辑分析、市场营销、国际贸易等知识,且能够跨越学科和专业限制融会贯通,针对特定农产品能够制订多种快捷便利、保值增值的物流方案。需要强调的是,鉴于产品类别的限制,农产品云物流人才虽然精通多学科、多专业,但都围绕农产品展开,所以这类物流人才的专业性极强,不适宜其他产品云物流,这符合社会分工日益精细化的现代经济要求。

4. 推进物流专业化建设

农产品云物流打破了物流对农产品商流的约束,营造物流竞争局面,物流商为获得更多的市场份额,必然不断强化现有业务,积极拓展业务范围,着力挖掘业务,研发专有技术设备等。实践证明,较之自建物流,第三方物流使物流成本下降62%,物流服务质量提高62%,商品价格波动对自建物流影响较大。[11]云物流使相关体明晰加大专业物流建设力度是农产品电子商务发展的要求,也是市场经济配置资源的要求。政府应鼓励第三方物流加快专业化进程,引导自建物流的电商将资金用于各类产品电商平台的完善,将更多信息汇集于云物流,增大需求方可选择集合,使消费者对农产品的多样化需求便捷高效地得以满足。

参考文献:

[1]罗建群. 网络信息技术在农产品供应链管理中的应用[J]. 新学术论丛,2010(3):21-22.

[2]盛革. 我国农产品现代流通服务体系的协同优化设计[J]. 管理评论,2009(8):116-117.

[3]、[9]梁红波. 云物流和大数据对物流模式的变革[J]. 中国流通经济,2014,28(5):41-45.

[4]、[5]丁丽芳. 云物流环境下的农物商一体化农产品物流模式[J]. 中国流通经济,2014,28(6):41-45.

[6]刘刚. 鲜活农产品流通模式演变动力机制及创新[J]. 中国流通经济,2014,28(1):33-37.

[7]BUYYAA R, CHEe S Y, SRIKUMAR V, ET AL. Cloud Computing And Emerging IT Platform:Vision, Hype And Reality For Delivering Computing As The 5th Utility [J].

Future Generation Computer Systems, 2009, 25 (6): 599 –616.

[8]LUIS M V, LUIS R M, CACERES J, ET AL. ABreak In The Clouds: Towards A Cloud Definition [J]. ACMSIGCOMM Computer Communication Review, 2009, 39 (1): 50 –55.

[10]、[11]吴忠华. 第三方物流公司顾客满意度与忠诚度[J]. 中国流通经济, 2014, 28 (5): 101 –105.

电商环境下农产品物流理论架构、检验与发展策略[1]

——来自浙江丽水的数据

赵志田 杨坚争[2]

摘 要：电商环境下，农产品物流呈现出了一些新的特点。结合电商环境下农产品物流发展的新特点，优化农产品物流体系，寻求一种低成本、高效率、高效益的农产品物流发展模式成为当前迫切需要解决的一个重要问题。文章通过构建电子商务环境下农产品物流理论框架，并借助浙江丽水226家企业数据对农产品物流发展水平进行模糊综合评价发现，电商环境下农产品物流由电子商务应用、信息化管理、物流信息技术、物流功能等四个因素构面构成，是一个多维理论框架；电子信息技术契合于农产品物流的整个过程，只有各环节协调统一才能高效率地发挥作用；电子商务在对农产品物流提出变革性发展要求的同时，也为其开拓了崭新而巨大的增长空间。电商环境下推动丽水农产品物流发展，需要从完善农产品电子供应链网络结构、加强农产品物流信息化建设、构建农产品物流可追溯管理机制、合理分离农产品物流和商流、提高农产品物流组织化与专业

---

[1] 本文系国家社科基金"生产性服务业空间集聚的演变、机理及外溢效应研究"（项目编号：13BJY127）、丽水市公益性技术应用项目"电子商务环境下浙西南农产品物流发展研究——以丽水为例"（项目编号：2012JYZB38）、浙江省社科联重点课题"电子商务环境下浙江农产品双渠道供应链协同研究"（项目编号：2013Z61）、上海市一流学科建设项目（项目编号：S1201YLXK）、丽水市高层次人才培养资助项目"现代服务业空间集聚的影响机理及外溢效应研究"（项目编号：2013RC16）的部分研究成果。

[2] 作者简介：赵志田（1980—），男，河南省安阳市人，上海理工大学管理学院博士生，丽水学院商学院教师，主要研究方向为电子商务与物流管理。杨坚争（1952—），男，江苏省无锡市人，博士，上海理工大学管理学院教授，博士生导师，主要研究方向为国际电子商务。

化水平等方面着手进行。

关键词：电子商务；农产品物流；验证性因素分析；模糊评价；发展策略

农产品物流作为物流业一个重要的分支，以农业产出物为对象，对其进行运输、仓储、包装、流通加工、配送以及信息技术处理等一系列物流功能活动。电子商务活动主要包括信息流、物流、商流、资金流等内容。目前，随着信息技术的进步和发展，如4G时代的到来，商业模式的革新与资金流转方式的改变有力促进了电子商务的进步和发展，同时也对物流体系提出了更多新的要求。然而，传统物流发展模式已经不再适应电子商务发展的需要，特别是落后的农产品物流体系更是成为了阻碍农村电子商务发展的一大瓶颈。丽水市位于浙江西南浙闽两省结合部，辖七县一市一区，是瓯江、钱塘江等六江之源头，受地理位置及山脉、地势影响，造成全市气候具有明显的水平地域性和垂直差异性，为农业发展多样、多层次、多品种生态立体农业创造了有利条件。[1]推动农村电子商务建设发展，为丽水丰富的生态农特产品开拓了一条新的销售渠道，成为丽水经济发展的新亮点。电商环境下，农产品物流也呈现出了一些新的特点，如供应链各环节功能的改变、各参与主体作用的变化、客户对农产品可得性的增强等。结合电子商务环境下农产品物流发展的新特点，优化农产品物流体系，寻求一种低成本、高效率、高效益的农产品物流发展模式，成为当前迫切需要解决的一个重要问题。本研究以地处浙江西南部的丽水市为例，基于国内外相关研究，对丽水市电子商务环境下农产品物流发展现状进行实证分析，针对其存在的问题提出相应的对策建议，力求为电子商务环境下农产品物流发展提供新思路。

一、国内外文献梳理

凯尔特·戈尔丁（Kellt N. Gourdin）认为，企业应当充分重视物流配送，否则就会在电子商务环境中处于不利的竞争地位。[2]任鸣鸣论述了培育和形成农产品物流组织的必要性，提出了以地区性农户合作组织为主体的农产品物流发展策略。[3]迈克尔·鲍尔（Michael J. Baue）将供应链概念扩展到电子商务配送，充分利用企业资源将实物资产运送到网络供应商。[4]吴翠娥论述了发展农产品物流对提高生产者经济效益的重要影响，以促使生产和销售之间形成稳定而良好的关系。[5]李豪等（Haul Lee & Seungin Whang）认为，物流配送是电子商务活动的最后一个步骤。[6]迈斯和乔戈瑞（Miles & Gregory）指出，虚拟物流能使跨国企业在其业务覆盖范围内最大限度地降低生产成本，最优化配置生产要素。[7]杨蕾提出，要以核心企业优化农产品物流供应链，以物流系统支撑平台实现农产品物流可持续发展。[8]张宏指出了农业供应链优化的必要性，并基于物流网络建设视角阐述了农业供应链的基本内容。[9]孙晓涛提出了农产品物流信息标准化体系的主要内容，认为应当在借鉴现有合理物流标准基础上，构建农产品物流信息标准化体系。[10]刘成华、贺盛瑜等提出了基于射频识别（RFID）技术的农产品物流模式，可增强农产品流通环节信息的可追溯性。[11]王静构建了农产品物流可持续发展评价指标体系，对农产品运转效率、发展前景及存在的问题做出了评估。[12]孙迪迪等着重提出了农产品物流优化对策，包括加强农超无缝对接、增强组织化程度和标准化建设等。[13]李明、王静等研究了国内外农产品物流发展的模式，国外主要有东亚、北美、西欧模式，国内主要有市场主导、政府主导、政府扶植三种模式。[14-15]

二、电商环境下农产品物流理论架构

1. 电商环境下农产品物流概念界定

电子商务环境下企业物流本身就是一个比较复杂的系统，因此单一理论根本无法全面而系统地解释企业农产品物流，需要多理论、多维度地去抽象和注解。众多研究表明，随着信息技术在企业中的推广和普及，企业可依托信息技术并结合自身优势形成独特的核心竞争能力。[16-18]电子技术契合于农产品企业物流的各个环节，运输、仓储、配送、流通加工、装卸搬运等各环节应用电子信息技术协调统一、高效率地发挥功能，最终形成企业物流的系统性能力。基于农产品物流已有研究基础，结合上述分析，本研究将电子商务环境下的企业农产品物流定义为农产品流通过程中企业使用电子信息技术以显著提升流通效率和效益的物流系统。

2. 电商环境下农产品物流识别模型

本研究通过借鉴相关理论成果，并基于技术—组织—环境（Technology-gy-Organization-Environment，TOE）框架与农产品流通过程，构建电子商务环境下企业农产品物流识别模型。TOE框架由技术、组织、环境三个维度

电商环境下农产品物流理论架构、检验与发展策略

构成，是检验企业采用信息系统的主要模型之一。[19]本文提出的识别模型从四个因素构面来识别电子商务环境下的农产品物流，包括电子商务应用、信息化管理水平、物流信息技术和物流功能。电子商务环境下的农产品物流识别模型如图1所示。

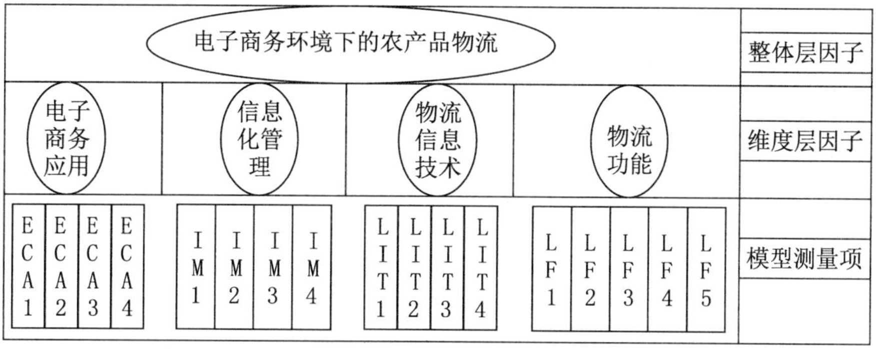

图1 电子商务环境下企业农产品物流识别模型

该识别模型共包含17个测量项，其中电子商务应用、信息化管理、物流信息技术三个因素构面各包含四个变量，物流功能因素构面包含五个变量。各变量含义见表1。

表1 变量及其描述性统计分析

测量维度	观测变量	均值	标准差	偏度	峰度
电子商务应用（ECA）	网站建设（ECA1）	4.14	1.540	-0.004	-0.608
	EDI应用（ECA2）	4.17	1.482	-0.110	-0.385
	电子供应链（ECA3）	4.16	1.533	-0.004	-0.498
	数据库（ECA4）	4.26	1.460	-0.263	-0.199
信息化管理（IM）	管理信息系统（IM1）	3.98	1.592	-0.144	-0.679
	客户关系管理（IM2）	4.56	1.654	-0.270	-0.697
	ERP/MRP/MRPⅡ（IM3）	4.04	1.496	-0.237	-0.415
	OA（IM4）	4.01	1.506	-0.197	-0.354
物流信息技术（LIT）	RFID（LIT1）	3.62	1.722	-0.036	-0.886
	条形码（LIT2）	3.54	1.831	0.127	-1.014
	ASS（LIT3）	4.01	1.710	-0.116	-0.605
	GPS/GIS（LIT4）	3.99	1.861	-0.081	-1.010

续表

测量维度	观测变量	均值	标准差	偏度	峰度
物流功能（LF）	运输管理（LF1）	4.35	1.680	-0.131	-0.675
	仓储管理（LF2）	4.13	1.640	-0.183	-0.653
	配送水平（LF3）	4.01	1.539	-0.096	-0.359
	包装水平（LF4）	3.96	1.552	-0.099	-0.547
	流通加工（LF5）	3.67	1.581	0.021	-0.593

三、电商环境下农产品物流实证研究

1. 问卷设计与数据收集

问卷内容分为两大部分：第一部分侧重了解企业背景材料，包括企业性质、企业规模等；第二部分用于测量电商条件下企业农产品物流水平，包括识别模型中四个测量维度下的 17 个测量题项（具体见表1）。为提高答题的准确性，问卷要求受试者留下联系方式。测量题项采用李克特 7 点量表，将"非常不同意"到"非常同意"之间分为 7 个档次，分别用 1、2、3、4、5、6、7 表示。2013 年 10 月，在丽水市农业局等相关部门协助下，对丽水市范围内农产品企业共发放调查问卷 260 份，收回 235 份，回收率为 90.38%，有效问卷 226 份，问卷有效率为 96.17%。问卷全部由调查人员进入企业面对面调查，没有采用邮寄和电子邮件（E-mail）等方式，最大程度地保证了调查时间的集中性，同时避免了因调查方式不同而引起的反应偏差。对数据进行预处理，结果见表1。

对问卷调查所得数据进行统计性描述分析可以发现，测量题项的偏度（Skewness）值最小为 -0.270，最大为 0.127，峰度（Kurtosis）值最小为 -1.014，最大为 -0.199，偏度系数和峰度系数的取值均表明该样本服从正态分布。

2. 模型检验

（1）探索性因素分析

首先，进行 KMO（Kaiser-Meyer-Okin）统计量和巴特利特（Bartlett's）球形检验。检验结果显示，KMO = 0.842，巴特利特（Bartlett's）球形值为 1803.31，df = 136，达到 p 值 < 0.000 的显著性水平，适合进行探索性因素

分析。用最大主成分法（Principal Components）进行因子提取，提取特征根值大于1的因子，以最大方差法（Varimax）进行因子转轴，对电子商务环境下企业农产品物流进行探索性因子分析（EFA）。提取四个因子，分别命名为电子商务应用（ECA）、信息化管理（IM）、物流信息技术（LIT）和物流功能（LF）。四个因子的特征值分别为3.403、3.086、2.464、2.018，总变异解释量分别为25.02%、20.15%、16.49%、12.87%，累计方差贡献率为74.53%，表明本研究建立的识别模型结构效度较好。

（2）信度检验

对电子商务环境下企业农产品物流的四个因素构面及其题项进行信度检验，研究各因素构面所对应测量题项的内部一致性，以保证模型测量的稳定性。本文通过项目—总体相关系数（Corrected Item-Total Correlation，CITC）及克隆巴赫α系数（Cronbach's Alpha）来进行分析。通过SPSS软件计算分析可知，项目—总体相关系数值最小为0.579，根据CITC≥0.3的接受标准，表明各因素构面与其测量题项之间相关度较高，根据纳纳利、伯恩施坦（Nunnally J. C. & Bernstain I. H.）提出的克隆巴赫α系数大于0.6的标准判断，本研究构建的测量模型中各测量项都具有很高的信度。[20]

（3）验证性因素分析

在上述分析基础上，使用AMOS7.0软件进行验证性因素分析（CFA）。分析结果表明，测量模型与所收集样本数据能够较好地适切，各测量题项在其相对应测量维度上进行标准化因子载荷t检验时，在$P<0.001$的条件下统计显著性都很强。此外，各维度层因子之间表现出中高度的关联性，说明维度层因子之上还存在一个更高阶的整体层因子，即企业农产品物流。经计算，高阶因子模型与样本数据之间也显示出较好的适配性。模型检验指标结果值及接受标准如表2所示。

表2 农产品物流验证性因素分析模型拟合指标

指标	CMIN/DF	GFI	AGFI	NFI	RFI	IFI
接受标准	<2.0	>0.90	>0.90	>0.90	>0.90	>0.90
一阶模型指标	1.6305	0.9392	0.9172	0.9426	0.9295	0.9631
高阶模型指标	1.7521	0.9562	0.9325	0.9451	0.9236	0.9720

续表

指标	RMSEA	CFI	PGFI	PNFI	PCFI	TLI
接受标准	<0.08	>0.90	>0.50	>0.50	>0.50	>0.90
一阶模型指标	0.0584	0.9605	0.6708	0.7526	0.6920	0.9546
高阶模型指标	0.0505	0.9582	0.6607	0.7428	0.7522	0.9585

四、电商环境下丽水农产品物流发展评价

1. 指标体系及评价方法

通过对测量模型进行实证检验可知，本研究构建的电子商务环境下的农产品物流识别模型具有较高的信度和效度，是一个在电子商务条件下测量农产品物流发展水平的高价值框架，模型中的测量维度和测量题项本身就是一套较合理的指标体系。在多指标综合评价中，被评价对象在某一方面价值水平的高低，其本身就是模糊的，所以模糊综合评价法被广泛应用于经济管理问题评价。本研究利用模糊综合评价法对丽水地区电子商务环境下的农产品物流发展进行评价。

2. 电商环境下农产品物流模糊评价

本文提出的测量模型共包含4个维度层因子、17个测量题项，根据模糊综合评价原理，图1显示的指标体系构成了一个因素论域 U：

$$U = (U_1\ U_2\ U_3 \cdots U_{17})$$

根据测量题项的7点量表，可确定评语等级论域 V，评语等级数目越多，表明单项指标区分能力越强，从而区分度越大，所计算的评价单点值越精确，但考虑到实际区分能力，取7个较为适宜。于是有：

$$V = (V_1\ V_2\ V_3 \cdots V_7)$$

其中，V_1、V_2、V_3、$\cdots$、V_7 分别代表"非常低、低、较低、一般、较高、高、非常高"。

各指标权重采用因素分层构权法确定，计算出每一个测量指标的最终权数，记为：

$$W = (w_1\ w_2 \cdots w_{17}) = (0.075\ 0.045 \cdots 0.05)$$

其中，$w_1 + w_2 + \cdots + w_{17} = 1$。

建立模糊关系矩阵 $R = (r_{ij})_{p \times m}$，其中 r_{ij} 表示被评价地区第 i 项指标隶

属于第 j 评语等级的程度，在本研究中通过频率统计即可获得。其中，$p = 17$，$m = 7$。

$$R = \begin{vmatrix} r_{1,1} & \cdots & r_{1,7} \\ \cdots & \cdots & \cdots \\ r_{17,1} & \cdots & r_{17,7} \end{vmatrix} = \begin{vmatrix} 0.044 & 0.102 & \cdots & 0.071 \\ 0.049 & 0.075 & \cdots & 0.062 \\ \cdots & \cdots & \cdots & \cdots \\ 0.119 & 0.111 & \cdots & 0.040 \end{vmatrix}$$

计算模糊合成值，模糊算子采用普通乘与加算子。

$$B = W \odot R$$

$$= \begin{vmatrix} 0.075 \\ 0.045 \\ \cdots \\ 0.050 \end{vmatrix} \odot \begin{vmatrix} 0.044 & 0.102 & \cdots & 0.071 \\ 0.049 & 0.075 & \cdots & 0.062 \\ \cdots & \cdots & \cdots & \cdots \\ 0.119 & 0.111 & \cdots & 0.040 \end{vmatrix}$$

$$= (0.0902 \ 0.090 \ 0.1720 \cdots 0.0727)$$

目前，关于评语等级的量化，无论在理论界还是在实际应用中都未给出很好的规定。为尽量避免随意性，同时兼顾评价结果的直观性，本研究将评语等级"非常低、低、较低、一般、较高、高、非常高"分别量化为"20 分、30 分、45 分、60 分、75 分、90 分、100 分"，进而可以计算出相应的模糊评价点值。计算结果见表 3。

表 3　综合评价结果一览表

评价系统	非常低（20）	低（30）	较低（45）	一般（60）	较高（75）	高（90）	非常高（100）	评价点值
综合水平	0.0902	0.090	0.1720	0.2460	0.2127	0.1163	0.0727	60.6937
电商应用	0.0476	0.0896	0.1752	0.2684	0.2263	0.1241	0.0688	62.6515
信息管理	0.0662	0.0878	0.1681	0.2392	0.2312	0.1327	0.0748	62.6383
信息技术	0.1513	0.0898	0.1617	0.2268	0.1892	0.1029	0.0783	57.8827
物流功能	0.0865	0.0940	0.1863	0.2480	0.2088	0.1082	0.0681	60.0288

由表 3 可以看出，丽水地区电子商务环境下农产品物流发展状况单点值为 60.6937，说明该地区农产品物流总体水平较差，企业农产品物流还远远不能适应电子商务时代的发展，同时也表明电子商务环境下丽水地区农产品物流具有很大的提升空间。从维度层因子评价结果看，物流信息技

术构面综合评价值最低，只有 57.8827，远低于总体单点值，表明物流信息技术是丽水农产品物流能力提升过程中迫切需要解决的最关键问题；电子商务应用、信息化管理两个因子综合评价值比较接近，分别为 62.6515、62.6383，略高于总体单点值，表明农产品企业已经开始重视电子商务在经营中的实施，重视现代信息技术在管理过程中的应用；物流功能是物品从供应地到接受地实体流动过程中最直接的职能体现，物流功能指标项综合评价值为 60.028，基本持平于总体水平单点值。

五、电商环境下丽水农产品物流发展的策略

1. 完善农产品电子供应链网络结构

首先，将农产品电子供应链建成一个由农户或农业合作组织、农产品加工企业、物流运营商、批发商、零售商、消费者等主体构成的有机系统，提高系统中所有参与者的关系管理能力；其次，将农产品电子供应链建成一个合作伙伴基于专门信息服务中心提供技术支持和服务的动态供应链，[21]参与主体实现实时信息共享并能根据相关信息及时做出策略调整，以降低自己的运营成本与应对市场风险的能力；最后，将农产品电子供应链建成涵盖并融合物流、商流、信息流等重要内容的链条网络，其中信息流在电子供应链中发挥着至关重要的作用，没有畅通的信息流为前提，系统的整体功效便无法发挥，也就失去了其作为系统的意义。因此，完善的农产品电子供应链网络结构以及合理的供应链管理机制对实现链条主体间诚信、高效率、高效益合作具有十分重要的意义。

2. 加强农产品物流信息化建设

电子商务环境下的农产品物流与传统的农产品物流之间存在一个显著的不同，即信息成为农产品物流的主导，整合了农产品供应链的全过程。目前，受丽水农业生产模式影响，农产品物流缺乏系统性，流通过程中的各环节还不能有效协调，物流信息化水平不高，信息标准也不统一，各类企业网站和政府信息平台都没有形成统一的标准，大大影响了物流整体功效的发挥。农产品物流信息化建设涉及生产企业、流通企业以及多个相关管理部门等，因此信息化建设首先就是要建立一套统一的物流信息技术标准，包括物流信息基础技术、系统技术等，以便各部门实现信息共享和规

范处理；其次是推进农产品信息标准化建设，包括农产品品种、质量、规格、生产日期等农产品自身信息的标准化，包括农产品流通加工信息、中间商数量及规模等流通渠道信息的标准化；最后是提高农产品信息化管理水平，采用先进信息采集方法和计量技术，实现农产品物流信息在时间、空间上的实时移动，整体提高农产品物流信息收集、处理、传递的能力和水平。

3. 构建农产品物流可追溯管理机制

可从政府、企业、消费者三个方面入手，构建农产品物流可追溯管理机制，政府部门应该制定和完善相关标准，实现根据农产品包装对中间商和产地的追溯，出台相关政策措施激励并促使企业主动监督和管理物流服务商及供应商；企业建立、完善并保存好生产记录，因为企业生产记录为农产品可追溯管理提供了最基础的信息，要继续推动农产品产业化发展与农业合作组织建立，为可追溯管理机制建立提供基础条件；消费者自身也应增强自我保护和食品安全意识，形成购买和消费可追溯农产品的习惯，促使流通企业主动接受可追溯管理。

4. 合理分离农产品物流和商流

支持网上农产品专业销售服务平台建设。政府支持和鼓励各骨干企业积极参与丽水特色农产品电子商务平台建设，并根据《丽水市人民政府关于加快商贸流通业发展的若干意见》（丽政发〔2009〕32号）给予资助和补贴。电子商务环境下农产品的网络交易使农产品运输、仓储、配送等不再受经营环节限制，即物流和商流实现了分离，可根据农产品具体情况（如类别、数量等）对其物流运作模式进行量身定做，精简流通环节，降低运输和配送成本等。

5. 提高农产品物流组织化与专业化水平

针对丽水地区农产品物流组织化程度不高的现状，加快培育并壮大农业合作组织、农产品龙头企业等物流主体，提升农产品物流组织化水平，发挥其现代化农业生产组织功能及仓储、流通加工等物流功能，同时为农户提供及时的市场供求信息。提升第三方物流在农产品流通领域的比重，因为第三方物流具有专业化、个性化、契约化等特点，可加快流通速度以满足保鲜性要求，同时降低物流成本。物流企业在提供基础物流服务的同时，也应研究和把握市场变化，满足市场细分需求，提高自身专业化与个性化服务能力。

参考文献：

[1]丽水农业局.丽水农业[EB/OL].（2013-12-03）[2014-03-16].http：//www.lsnj110.gov.cn/html/main/lsny/.

[2]KELLT N. GOURDIN. Global Logistics Managemellt——A ComPetitive Advantagefor the New Millennium[J]. Blackwell 69 Publishers Ltd., 2001（3）：317-320.

[3]任鸣鸣.农产品物流配送组织的发展战略[J].决策参考，2004（8）：45-46.

[4]MICHAEL J.. World-Class Logistics：Managing Continuous Change[J]. Industrial Engineer，2007（12）：48-53.

[5]吴翠娥.大力发展农产品物流配送[J].江苏农村经济，2008（10）：26-28.

[6]HAUL LEE, SEUNGINWHANG. Winning the Last Mile of E-Commence[J]. McGraw-Hill Companies Press，2008（2）：286-291.

[7]MILES, GREGORY. Virtual Logistics[J]. International Business，2009（11）：36-40.

[8]杨蕾.区域农产品物流系统优化理论框架构建——以京津冀都市圈为例[J].广东农业科学，2012（17）：205-209.

[9]张宏.基于物流网络建设的农业供应链优化研究[J].农业经济，2012（8）：113-115.

[10]孙晓涛.论农产品物流信息标准化体系构建[J].湖北农业科学，2012（7）：136-138.

[11]刘成华，贺盛瑜.基于RFID技术的农产品物流体系研究[J].农村经济，2012（10）：91-94.

[12]王静.西部地区农产品物流可持续发展系统构成与综合评价[J].经济问题，2013（3）：103-106.

[13]孙迪迪.农产品物流模式及其优化研究[J].物流技术，2013（1）：10-18.

[14]李明.湖南省农产品物流发展路径选择[J].中国物流与采购，2013（2）：76-77.

[15]王静.中国农产品物流可持续发展模式的区位化创新战略[J].河北学刊，2012（7）：142-145.

[16]张嵩，黄丽华.信息技术竞争价值两种观点的比较研究[J].研究与发展管理，2006，18（3）：85-92.

[17] ZHAO J., HUANG V. W., ZHU Z.. An Empirical Study of E-Business Implementation Process in China [J]. IEEET ransactions on Engineering Management, 2008, 55 (1): 134-147.

[18] BAMEY J.. Firm Resources and Sustained Competitive Advantage [J]. Journal of Management, 2009, 17 (1): 99-120.

[19] 朱镇, 等. 管理者如何识别企业电子商务能力——基于中国传统行业的实证研究[J]. 研究与发展管理, 2009 (5): 20-28.

[20] NUNNALLY J. C., BERNSTAIN I. H.. Psychometric theory (32nded) [M]. New York: McGraw-Hill, 1994: 86-91.

[21] 马义奎, 马艳红. 运用供应链管理指导我国农业产业化发展[J]. 科技情报开发与经济, 2005, 15 (2): 100-101.

"互联网+"战略下家电逆向物流营销模式的变革[1]

刘永清[2]

摘 要: 废旧家电的非正规回收处理使我国承受着巨大的资源与环境压力,构建和选择高效率的回收渠道是实现我国废旧家电回收处理规范化、产业化的必经之路。"互联网+"战略下新媒体的涌现和发展必将搭起逆向物流产业与虚拟经济间的桥梁。首先,对"互联网+"这一新生态及其战略进行诠释,分析家电逆向供应链的特点;其次,分析"互联网+"战略下的互联网媒体对逆向物流营销模式的影响;最后,运用"互联网+"战略下新媒体的营销利器——网络营销理论和方法,针对消费者这一回收主体,为废旧家电回收处理商设计具有普适性的收集策略。

关键词: 互联网媒体;废旧家电;回收模式;网络营销

一、引言

高速增长的电器生产量和消费量带来了废旧电器数量的快速增加,使我国已成为继美国之后世界第二大"电子垃圾"生产国。据预测,到2020年我国电子产品每年报废量将达到1.37亿台。废旧家电作为城市固体废弃物的一部分,所造成的安全隐患、环境污染以及对人体健康的危害已经引

---

[1] 本文系国家社会科学基金项目"政府管制下废旧电器逆向物流系统回收渠道决策与差异化激励机制研究"(项目编号:13BGL106)、湖南省社会科学基金项目"政府补贴下废旧电子产品处理商回收渠道决策研究"(项目编号:14YBA172)的部分成果。

[2] 作者简介:刘永清(1963—),男,湖南省娄底市人,湖南科技大学商学院教授,硕士生导师,主要研究方向为逆向物流及闭环供应链优化与管理、循环经济。

起各国政府及环保组织的广泛关注。家电中的电子元器件由很多种化学原料组成，其中很多元器件会对环境造成破坏，最终危害人类健康及生存环境。例如，电冰箱中的制冷剂会破坏大气中的臭氧层，引发世界性的环境危机；一颗纽扣电池中所含的液体泄漏进土壤之后，能污染一个人一生所需的全部饮水量。[1]废旧家电不经处理或简单处理就进入环境，会造成严重的环境污染，我国各地的环境监测站的监测数据显示，很多城市普遍存在地下饮用水金属含量超标以及空气质量不达标的问题。废旧家电中所含的铅、镉、汞、铬、溴化阻燃物、钡、油墨及磷化物等有毒成分的毒害性较强，严重危害人类健康。[2]

面对越来越多的废旧家电数量和社会各界越来越强烈的环保意识，产业链条上亟须一个能够独立完成废旧家电收集处理工作的组织。于是，第三方回收处理企业（以下简称处理商）便应运而生。

二、家电逆向物流模式的现状及问题

欧美等发达国家对废旧家电构建了成熟的废旧电器电子产品逆向物流系统。德国每年产生的废旧电器约为200万吨，年均增长率3%~5%，其中60%~70%由市政回收公司收集，30%左右由私人公司收集。日本废旧家电的处置与再利用主要由全国四十多家回收企业承担，它们拥有完善的逆向物流系统，80%左右的废旧家电通过以旧换新进行回收，剩余20%作为粗大垃圾进行回收。美国已拥有一批技术先进、管理完善的专业废旧电器回收处理公司，回收利用率达97%以上。[3]

目前我国主要的回收渠道有：游动商贩上门收购（占回收总量80%左右）；电器维修商在维修时开展回收业务；搬家服务公司收购；专业回收企业收购；家电以旧换新政策催生的回收模式等。[4]面对如此众多的废旧家电，回收企业应当大刀阔斧地进行收集、处理和再利用。但是，根据媒体对少数几家有代表性的回收企业采访得知，目前回收企业面临的困境是：在废旧家电报废量众多的情况下，具体操作中仍然呈现产能无法被满足的状态。显然，这一矛盾产生的根源是由于回收企业面向废旧家电用户（以下简称"用户"）的回收渠道不透明、不便利，回收产品的回收价格较低，导致用户选择其他回收渠道如个体上门回收商、黑市等。这些渠道在社会中存在已久，用户对其认知度高。另外，由于个体回收商通常采取非正规的方式对废旧家电进行处理,其处理成本相对较低,因此,该渠道给出的回收价通常较采取正规渠道方式的回收企业要高。

为解决当前这一现实问题,需要政府部门采取行政措施(政府管制)对非正规回收渠道进行控制。同时,处理商也应当改革和优化其回收渠道,提高回收渠道的透明度和受众度,增强回收渠道的便利性,优化回收渠道模式,以构建有效的回收点方便广大电子电器产品消费者,促进废旧家电流向正规的回收渠道。因此,处理商应紧密结合当前我国的宏观环境和政策优势,充分利用互联网技术和现代营销手段与方法,积极搭建消费者(家电逆向物流始端回收主体)与企业的桥梁——回收渠道。本文拟运用"互联网+"战略下新媒体的营销利器——网络营销理论和方法对家电行业逆向供应链的市场规律进行分析,并针对家电消费者这一回收主体,回收企业应如何设计普适性强的回收渠道展开研究,将对我国"城市矿产"综合利用战略具有重要的实际应用价值。

三、"互联网+"战略的诠释及家电逆向物流的特点

1. "互联网+"战略的诠释

互联网本身就是一个技术工具,是一种传输管道。互联网是一种媒介技术,它能将相互依存或希望相互联系的客观存在的个体联系起来,打破时空限制,为个体之间的互通与交流提供便利;同时它的交互性赋予它一些其他媒介所不具有的独特优势:个体与个体之间的相向传输(即交互式传播)。

腾讯董事会主席兼首席执行官(CEO)马化腾对"互联网+"战略是如此解释的:"互联网+"战略就是利用互联网的平台和信息通信技术,把互联网和包括传统行业在内的各行各业结合起来,在新的领域创造一种新的生态。[5]"互联网+"则是一种能力,而产生这种能力的能源是因为"+"而激活的"信息能源",与过去的蒸汽机和电力一样也是一种能源形态。"互联网+"战略对传统产业有较大的冲击(如移动互联网"微信"对"短信"业的影响),但不是对传统产业的替代和颠覆,是一种助力器、一种融合。[6]同时,"互联网+"将推动新兴产业的地位升级。随着移动互联网的加速发展,大数据、云计算、云物流及物联网等新技术将加快融入传统产业中。经过"十二五"期间信息技术的基础打造,政府提出"互联

网＋"战略，正是站在这个新的战略高度，来看待信息技术和传统产业的"生态融合"的全新定位。[7]

2. 废旧家电始端逆向物流的特点

要选择和设计废旧家电的回收渠道，首先要了解其内在的规律和特点，再据此做出相应的决策。一般而言，废旧家电始端逆向物流具有如下特点。

（1）数量和质量的不确定性

决定废旧家电收集的来源不是缜密的生产计划，而是瞬息万变的用户动机，因此，回收企业对废旧家电的数量来源很难进行预测；此外，废旧家电的质量也具有不确定性。造成回收家电在数量和质量上的不确定性是源于决定家电是否被废弃有多项标准，如产品所处的生命周期阶段、技术更新的速度、销售状况等。[8]

（2）回流的缓慢性

家电逆向物流不同于家电物流（也称为家电正向物流），不能根据市场份额进行较大规模的生产和销售，很难形成较大规模的物流。从废旧家电逆向物流的拓扑结构可以看出，家电逆向物流系统为"多对少"的收敛结构。因此，在家电回流收集阶段，由于数量少、种类多，只有不断汇集才能形成较大的规模。

（3）逆向与正向的同时性

一般家庭都会在购置新家电的同时淘汰旧的家电。人们往往是由于旧家电不能满足自己目前和今后的需求才有了购置新家电的动机，当此动机转化为实际的购买行为后，通常要伴随的是对废旧家电的回收处理。因此，可以说家电的正向配送流与逆向回收流是同时发生的。

（4）时间压力小

与正向物流相比，逆向物流运输中处理延迟的成本不是很高，因此时间压力相对较小，这是由两个方面决定的。第一，由于用户在处理废旧家电的过程中对将被处理物品暂时放置于家中的储存成本在意度低。此过程中用户寻求的是清理、美观需求，不像其在购买新家电过程中是从家电中寻求急需的使用价值（如夏天对空调的制冷需求，对冰箱储存食物的需求等）。第二，回收企业不是按照回收家电的市场价值来要价，而是对用户征收固定的处理加工费。回收货物流动不像正向供应链中产品流动那样靠市场需求拉动（市场需求转瞬即逝，因此时效性强，如在初夏推出的空调等），而是由于回收企业的仓储容量有限，需要尽快将货物运走，才会在时间上有所要求。

此外，废旧家电始端逆向物流对回收渠道等的依赖性较强。随着现代电子技术的日新月异，家用电器产品无论从重量还是体积上，都与过去有较大不同；同时，随着居民住房条件的改善，家电消费者住的楼层也逐步增高。因此，消费者对家中的废旧家电产品一般不是自己将其搬运和移动，而是需要专业的搬运组织。尽管目前我国居民有自己的交通工具，但如果以用作代步的交通工具来拖运废旧家电，无论从经济、环保还是成本角度都不可取。因此，由专门的回收企业提供专业的搬运和拖运，或在社区设立专业的回收点是必不可少的。

四、"互联网+"战略下的新媒体对逆向物流模式的影响

现代营销学之父菲利普·科特勒曾预言："在新世纪初，市场营销领域大量的电视广告、报纸杂志广告消失，因特网广告兴起成为大趋势"。[9]互联网、移动电视、微博、微信等一系列在高新科技承载下展现出来的媒体形态，被现代人们称为新媒体。这种形态的新媒体除具有电视、报纸、杂志、无线电广播等传统媒体的功能外，还具有便捷、跨时空、低成本、延展与融合等新特征，其传播以互动、参与为特征，人们的交流形式为"多对多"的交互式传播，传播者与受众两个主体的界限不再清晰，传播者与受众都可以制作并传播信息。[10]从媒体和传播的角度看，互联网等新媒体的功能，已经日益由原来的分享和传播信息而演变成组织和行动的支柱，成为社会与经济不可或缺的重要一环。[11]

互联网已成为新媒体营销的主流工具，新媒体营销已经逐渐成为现代营销模式中最重要的部分。网络营销是现代信息通信技术和计算机网络技术与企业营销理论与实践相结合的产物，是建立在电子信息与通信技术基础之上，借助于互联网来实现一定营销目标的现代营销模式。网络营销的产生与发展在很大程度上改变着传统营销的形态和业态，已经成为当今社会营销发展的趋势，并将成为互联网媒体时期之营销利器。[12]随着社会、经济与技术的发展，逆向物流由供应链上的一个新元素逐渐演变成供应链上不可或缺的重要成员，逆向物流营销也随着与"互联网+传统媒体"构

成的互联网媒体的发展而变革。"互联网+"战略下新媒体的涌现和发展必将搭起逆向物流产业与虚拟经济间的桥梁。新媒体战略对逆向物流营销的影响主要体现在营销模式上,具体到废旧家电逆向物流营销则是对回收模式的影响。分析和探讨"互联网+"战略下的新媒体对家电逆向物流营销模式的影响,有利于我国经济发展在新常态下逆向供应链的管理和控制。

五、互联网媒体下处理商普适性回收模式的营销策划

以回收企业为主的废旧家电回收处理属于一个新兴产业,需要通过营销来提高广大用户对该收集渠道的认知度。考虑到回收企业在进行营销工作时一般处于创业初期,厂房、生产设备等固定资产已经占据了大量的资金,再加上企业需要尽量降低运营成本来让利于用户以提高回收企业对于其他非正规回收组织的竞争优势,因此,回收企业的营销战略应是依托互联网媒体来细分市场,并精准地定位一个群体来进行经济有效的营销设计。

1. 废旧家电回收模式的互联网媒体使用手段

当今社会主要有五种广告媒介:电视、网络、收音机、报刊及其他社交场所。那么哪种媒介更适合回收企业的营销呢?收音机、报刊局限于音频、字幕的使用,电视广告的成本太高。相比之下,以互联网作为平台来进行营销不仅可以节省大量的成本,而且还能够吸引真正关注回收、环保人士的目光,进而达到营销目的。

在网络营销中,社交网络营销越来越被人们所关注。社交网络是指一个有着共同兴趣的人们聚集在一起,分享各自的观点、看法和评论的场所。[13]社交网络营销的变革性可以用维基百科的创始人吉米·威尔士的话来概括:"传统的自上而下的、单项的沟通,已经无法满足人们的需求,人们真正寻求的是一种归属感和话语权"。[14]传统的营销方式由营销人员掌控一切,人们只能被动地接收,而社交网络营销则拥有经济环保、能与客户互动的竞争优势。

(1) 利用已有的官方网站拓展回收渠道

目前我国最权威的家用电器官网中国家电网,是中国家电行业门户网站和家电设备产品网络交易平台。中国家电网免费提供供求信息的发布,

免费展示最新最全家电行业供求信息。网站还提供与地方及行业协会家电网站的链接，用户可以很方便地打开所在地的家电网站，为全国各地用户提供包括废旧家电回收在内的家电信息。废旧家电回收企业应充分利用已有的遍布全国的官方网站这一社交网络平台，通过类似于项目或产品设计来实现废旧家电回收处理信息传播渠道的规模扩大，拓宽废旧电器的回收渠道，让回收处理企业选择更有效率的回收渠道，使废旧电器流向正规的回收处理企业。

另外，就中国家用电器网站人气指数的排名来看，靠前的有苏宁电器和国美电器。这两个网站分别是中国家电连锁零售企业的领先者和中国最大的电器连锁企业之一，除了为消费者提供家电产品零售外，还以消费者需求为核心提供方便、快捷、周到的家电生活服务，其连锁网络覆盖全国大部分城市。这些在中国较有影响力的网站，不仅能为废旧家电逆向物流网络营销提供网络交易平台，同时其实体店铺能更好地成为回收渠道的起始节点。

(2) 利用已有的网络社区发展回收渠道

目前中国大型的社交网络平台有微博、人人网、开心网等。微博是媒体需求的社交平台，是一种公开媒体。移动化和社交化是互联网媒体发展的主要趋势，微博就是典型的移动化社交化媒体平台。"互联网＋"战略下的新媒体发展的核心问题在于如何通过产品设计来实现传播渠道的规模扩大。废旧家电回收企业可以通过此平台向上述特定的群体发放制作好的视频、图像和文字，并鼓励评论，定期回复有效的评论以改进与消费者之间的关系。这种方法的优势在于它已经拥有了很多定期到访的成员，并且成本低廉、操作方便，适合刚刚起步的回收企业。

(3) 建立自己的网络社区拓展回收平台

Del Monte（一家生产狗粮的企业）公司赞助了一个"爱狗"社区，营销人员在上面征集新产品的建议及已上市产品的使用心得，并发放奖券等，同时用户之间也分享爱护动物的心得。[15] 回收企业（联盟）也可以建立一个这样的社区，人们可以在上面分享生活、环保知识（如如何保养家电，废旧电器电子产品如何处理等），建立二手市场，并提出对回收服务的建议等。同时，当企业建立的网络社区积累了一定成员后，还可以通过接受其他相关产业的广告来赚取额外的收入。这种方法需要较多的人力、物力、财力,适合已经占领了区域市场的回收公司(群)操作。

(4)构建独立媒体网站的交易平台帮助企业提高回收处理率

美国年均生成约340万吨电子垃圾。据美国《福布斯》网站2014年10月26日报道,在美国,为解决制造企业生产时产生的电子垃圾回收难题,一家服务于企业的交易平台顺应其潮流而产生,该平台的宗旨为辅助电子电器产品公司(如美国一些主要高科技计算机硬件公司)寻找电子垃圾回收处理合作伙伴。据报道,这家名为Basel Action Network(巴塞尔行动网)的网站推出了一款商对商(B2B)的电子交易平台,可帮助企业更方便地找到电子垃圾处理商,平台使电器生产商与电器处理商进行"互动式"的交流与合作。这一平台叫作"e-Stewards Marketplace"(电子管家),注册商家基于此进行废旧电子商品买卖,并授权这一平台进行管理操作。[16]根据我国《废弃电器电子产品处理基金征收使用管理办法》中的规定,对电器电子产品生产者按不同产品种类征收7~13元/台用来作为处理基金。家用电器电子产品生产者可以同类似于上述美国这家服务于企业的交易平台(本文叫中国式的交易平台)进行合作,来实现废旧电器电子产品流向正规回收处理企业的正常回收,不仅电器生产者能节省一大笔处理基金的征收费用,同时,也方便广大电器消费者,解决他们闲置在家中的废旧电器无处存放的难题。

2. 互联网媒体下处理商普适性收集的营销策略

目前我国已成为世界上最主要的废旧电器等"电子垃圾"生产国之一,仅次于美国。大量的电子垃圾若得不到及时有效的处理,不仅影响资源的再利用,而且对环境造成极大的威胁。就我国实际而言,如何将电子垃圾从消费者手中有效回收已成为政府和实业界的决策与管理者们最棘手的问题。因此,普适性收集成为决策和管理者们的共识。在"互联网+"战略下以提高其回收渠道的受众度和满意度为目的的营销策略也成为学者们共同关注的问题。

(1)设计方便快捷的链接方式,提升回收网站点击率

回收公司可以在搜索引擎公司(如中国搜索)购买一个链接。当某消费者在搜索引擎输入栏里输入"旧货市场""二手市场""以旧换新""回收公司"等关键词后,搜索结果中便会提示如"正规旧货市场:经商务部批准运营的回收网站"。客户不需要浏览回收企业的社区网站,便可根据

这条准确定位的广告信息，直接抵达所需的"二手市场"网页，营销由此可达到理想的状态：在恰当的时刻，将你的品牌放在对你的服务感兴趣的人面前。[17]

(2) 充分利用移动化、社交化等互联网媒体进行回收渠道设计

近年来，随着移动互联网的迅速发展，中国的网民已达到6.5亿人，其中有5.6亿人通过手机上网，中国的手机用户数量全球第一。有这样一个由5.6亿人24小时不间断地和周边传统行业保持实时连接作为基础，"互联网+"战略必将为我国提供巨大的商机。废旧家电处理商应抓住这一难得的机遇，充分利用移动互联网平台，设计出便捷实时的商对客（B2C）电子商务的回收模式（如腾讯公司提出做一个连接器，即通过微信、QQ通信平台，成为连接人和人、人和服务、人和设备的一个连接器），将普通消费者和回收处理企业实时连接。这种便捷式的回收模式，将成为我国今后较长一段时期的主要回收渠道，它集成了现代信息技术和现代营销手段，是"互联网+"战略驱动下回收模式变革的结晶，必将成为处理商废旧家电产品回收普适性的收集策略。

(3) 关注网络社区的反馈，规范回收渠道

随着我国经济的迅速发展和人们生活水平的不断提高，消费者成为企业发展的动力源和驱动力，也是企业发展中重要的客户资源。在如今"人人都是媒体人"的时代，人们只要对某种产品或服务不满，便可以在网络上公布，而这些评论恰恰有可能成为影响公司客户服务的重要因素。因此，回收企业必须时时留意消费者通过各个网络社区发布的评论性文字，并对此快速回复，以逐步完善和规范其回收渠道。

(4) 规避社交网络营销风险，促进家电回收模式良性发展

社交网络营销方式也有它自身存在的风险。在传统营销手段中，营销人员控制内容的制作和发布，但在社交网络营销时代，公司无法控制内容及其发布，每个人都可以在上面自由发言。因此，只要在网站上开放了公众评论模块，自然少不了众多的批评。这些批评中，有些是中肯的，而有些则是恶意中伤。但是，不能因此而将其视为洪水猛兽，应该想办法筛选、删除那些无营养、对公司名誉有损伤的评论，保持那些客观的批评并做出回应。在互联网媒体飞速发展的今天，正确地规避社交网络营销风险，树立并形成风险意识，是互联网时代必备的基本技能，也是家电逆向

物流模式变革中的营销策略。

六、结语

得不到及时有效回收处理的电子垃圾将影响我国资源再利用和环境保护。随着废旧家电数量上的剧增和对其回收的社会效应、经济效应的显现，回收行业越来越作为一个朝阳产业被社会所需要。如何从技术及服务质量上满足和维持用户的需求，是回收企业在创业初期应着重解决的问题。另外，在废旧家电逆向物流的始端，回收企业起着越来越重要的作用，这个节点的关键在于废旧家电是否能流向正规的回收处理渠道。因此，回收企业的经营者们应顺应时代潮流，充分利用代表当前科学与技术标志性的工具——互联网，在"互联网＋"战略下大刀阔斧地进行改革与创新，充分发挥自身优势寻求生存与发展之路；与此同时履行自己的社会责任，使废旧家电的闭环供应链系统化、成熟化。

参考文献：

［1］DELATORRE F. R. , FERRARI L. , SALIBIAN A. . Freshwater Pollution Biomarker: Response of Brain Acetylcholinester as Activity in Two Fish Species［J］. Comparative Biochemistry and Physiology PartC, 2002（3）：271 - 280.

［2］胡婧, 张敏. 重金属污染水体修复技术的研究进展［J］. 广西轻工业, 2012（2）：78 - 79.

［3］刘永清. EPR 制度下政府与家电生产企业博弈与激励机制研究［J］. 中国流通经济, 2014（3）：85 - 90.

［4］刘永清, 黄华兴, 刘雅慧. 激励理论发展视角下废旧家电回收逆向物流激励的长效机制研究［J］. 湖南科技大学学报（社会科学版）, 2013（1）：86 - 89.

［5］、［7］李方. 解读：李克强政府报告中的"互联网＋"是什么［EB/OL］.（2015 - 04 - 01）. http：//www.ce.cn/cysc/ztpd/2015zt/9gz/bd/201504/01/t20150401_4997927.shtml.

［6］马化腾. "互联网＋"是种能力，激活更多信息能源［EB/OL］.（2015 - 04 - 29）. http：//tech.qq.com/a/20150429/043168.htm.

［8］李勇建. 供应链上的新元素——企业逆向物流管理实践［M］. 北京：人民交通出版社, 2009：79.

［9］菲利普·科特勒. 我们将从这里走向何方［N］. 金融时报, 1998 - 09 - 14

(5).

[10]黄峥.新媒体环境下企业营销传播的机遇与挑战[J].企业活力,2009(10):41-43.

[11]闵大洪,刘瑞生.香港"占中"事件中的新媒体运用及思考[J].新闻记者,2015(1):65-73.

[12]张雷雷.浅析新媒体时代之营销利器——网络营销商,[J].2014(24):184.

[13]、[15]、[17]拉里·韦伯.社交网络营销[M].北京:人民邮电出版社,2008:35-41.

[14]转引自 PHILIP KOTLER,GARY ARMSTRONG.Principles of Marketing,Thirteenth Edition[M].Pearson,2011:253-294.

[16]李响.美电子垃圾处理平台助企业提高回收处理率[EB/OL].(2014-10-29).http://recycle.cheaa.com/2014/1029/425231.shtml.

商业模式变革

大数据时代消费者行为变迁及对商业模式变革的影响[1]

李 富[2]

摘 要：大数据指的是所涉及资料规模巨大，通过目前主流软件工具，无法在合理时间内筛选、管理、整理成为能够更为有效帮助企业经营决策的数据。商业模式基于环境的变化、科技的变化以及消费者行为的变化而发生变化，大数据时代数据的广泛应用和传播，必将促使消费者行为发生变化，进而对商业模式提出新的要求，商业模式只有通过变革才能在激烈的竞争中获得生存，这其中也存在商业模式创新的悖论问题，需要采取相应措施加以应对，确保基于大数据的商业模式创新更有效率。

关键词：大数据；商业模式；消费者行为；变迁；变革

大数据指的是所涉及资料量规模巨大，通过目前主流软件工具，无法在合理时间内筛选、管理、整理成为帮助企业经营决策更为有效的数据。最早提出大数据时代概念的是国际著名咨询公司麦肯锡。麦肯锡公司认为，数据已经渗透到社会的所有行业，与劳动力、资本一样成为重要的生产因素，人们对于海量数据的挖掘和运用，预示着新一轮生产率增长和消费者盈余浪潮的到来。大数据在军事、金融、通信、物理学、生物学等领域的存在已有一段时间，近年来随着互联网和信息行业的发展，大数据逐渐引起了商业领域的重视，商业领域广泛运用大数据的时代逐

---

[1] 本文得到江苏"青蓝工程"项目资助。
[2] 作者简介：李富（1974—），男，浙江省安吉县人，无锡商业职业技术学院国际商务学院教研室主任，博士，副教授，主要研究方向为产业安全、家具贸易、职业教育。

步到来。

一、消费者行为和商业模式变迁的理论研究

伴随着经济全球化的深入，商业模式的重要作用已经得到了社会各界的广泛认可。著名管理学大师彼得·德鲁克曾经预言，当今企业间的竞争，是商业模式的竞争，而不是产品的竞争。借助有效的商业模式，越来越多的企业获得成功。一般认为，商业模式是为实现客户价值最大化，把企业内外部要素有机结合起来，形成一个高效并具有较强市场竞争力的完整系统，以创造客户价值，满足客户需要，同时使企业达到持续、稳定赢利的目标。从这里可以看出商业模式与客户价值的关系，也即商业模式的形成受消费者消费行为的影响。国内外有关这方面的研究也比较多。

1. 有关消费者行为与商业模式之间关系的研究

国外具有代表性的研究有两种：一种观点认为，商业模式是为顾客创造价值。例如，奥佛尔（Afuah）等认为，商业模式是通过对资源的整合与使用，为消费者创造出比竞争对手更多的价值，达到实现企业生存和赚取利润的目的；奥斯特瓦德（Osterwalder）等研究指出，商业模式是在许多相互联系的要素及其关系结构基础之上、用来表达企业商业逻辑的概念性工具，可用来说明通过企业内部结构建立，与合作方形成网络关系以及消费者价值创造来开拓市场和获得预期利润；[1]拉帕（Rappa）认为，商业模式限定了企业在价值链中的位置，明确了企业创造价值的方法以及与消费者达成交易、为消费者创造价值的途径。[2]

另一种观点认为，商业模式描述了企业与消费者之间的关系。提姆斯（Timmers）将商业模式定义为表示产品、服务及信息流的组合，对不同商业参与主体以及他们之间的相互作用、潜在利益、获利途径进行了详细描述；马克迪温（Mahadevan）认为，商业模式是企业与商业伙伴及消费者之间价值流、收入流、物流的某种组合；阿米特（Amit）等认为，商业模式是一种交易内容、结构和管理架构，商业企业利用商业机会通过商业模式创造价值，并说明了由企业、供应商和消费者组成的网络运作方式；韦尔（Weill）等把商业模式定义为合作伙伴、供应商及消费者之间关系与角色的描述；杜波森（Dubosson-Torbay）等认为，商业模式是对企业及其合作伙伴获得可持续收入流、创造目标消费者群体架构、传递营销、价值和

关系资本的表述。[3]国内学者对消费者行为和商业模式关系的研究也有一些。例如，袁新龙、吴清烈认为，商业模式是企业各部门之间联系及互动形成的一个有机体系，它能为消费者提供价值，能让企业和其他参与者共同分享利益；[4]罗珉、曾涛、周思伟认为，商业模式是一个组织在明确内外部资源和环境的前提下，用于整合组织、供应链合作方、消费者及相关利益方以获取超额利润的一种可实现的结构体系与集合的制度安排。[5]

2. 关于消费者行为和商业模式变革方面的研究

随着经济全球化的开展，企业面临国内外的竞争，再加上潜在的竞争、模仿者，企业的生存环境越来越恶劣，为了能够生存，企业需要不断地对原有商业模式进行变革和改进。尼赫特（Knecht）等认为，企业在实施商业模式变革时，应当重点考虑企业能为消费者创造怎样的价值以及实现这些价值的途径；奥斯特瓦德（Osterwalder）等认为，企业所处的价值系统经常会发生各种形式的变化，如顾客需求、技术变革、社会环境、法律环境等的变化，为使自己处于更加有利的地位，能够始终在市场上处于领先地位，企业必须时常对自身所处的价值系统相关环节进行重组，或完善它们的组合方式，实现商业模式变革；高迪杰（Gordijn）认为，商业模式变革既可由供应链驱动来实现，如通过应用新方法或新技术来创造新价值，也可通过需求链驱动来实现，如创造新的顾客需求，并认为企业可通过改变目标消费者及与消费者之间关系、分销渠道甚至价值主张等因素，来促进商业模式变革。[6]

从以上国内外学者的研究不难看出，企业商业模式变革与消费者行为之间存在着密切的关系，消费者行为、消费者需求的变化往往会对企业生存环境造成影响，以致于企业为了能够在变化的环境中生存，需要变革商业模式，从而使自己处于比较有利的地位。

二、大数据时代消费者行为的演变

随着大数据时代的到来，消费者将有更多、更广泛的信息来源，消费者的选择将更加充分，对商品的了解将更加透彻，自主权将进一步增大，对传统的消费行为将形成冲击，新的基于大数据时代的理性消费者行为正逐步形成。

1. 消费者的消费行为更加理性

在工业化时代，消费者通过传统的大众广告媒体，如电视广告以及报纸、杂志等纸媒广告来获取商品信息，而在大数据时代，当消费者对某种商品有需求时，他们首先会选择通过互联网来收集该商品的相关数据，了解该商品的信息，这与传统意义上的商品选择模式在本质上已经有了较大不同。消费者可以非常便捷地在相关网站上搜索到自己所需要的相关商品的数据信息，提高购物效率，降低购物选择成本。在大数据时代，数据无处不在，消费者更容易获得该类商品的市场行情，接触到更多有关该商品的数据信息，从而可以通过比较购买到理想的满足需求的商品。因此，可以预见，大数据时代消费者的主动、理性消费行为在增加，盲目购物几乎不会再出现。

2. 消费者消费行为更容易受购买评价的影响

在工业化时代，消费者往往通过电话、杂志反映对商品的评价，而大数据时代消费者会直接在微博或其他社交媒体上发表自己的看法，这种评价信息往往会被商业企业或数据服务公司收集，成为对这种商品评价的来源数据之一，被广泛传播。因此，大数据时代的评价模式影响更加广泛，对潜在消费者有着更加直接的影响。这是因为，潜在消费者通过这些评价数据就能判定这些商品的品质，从而给这些商品打一个直接印象分，并最终反映到购买或不购买上。并且，评价数据可以被转载或广泛用于各种途径，使得这种评价数据传播得越来越广，影响到的消费者越来越多，对企业产品销售的影响越来越大，有时甚至能够覆灭一个商品的生产。

3. 消费者的品牌依赖度逐渐下降

在工业化时代，品牌在大多数情况下代表着质量，人们往往会崇尚品牌。而在大数据时代，品牌的重要性将逐步降低。由于大数据时代消费者可以通过各种途径获取现成的有关商品的用户评价或数据统计，从而更容易发现商品的真实品质，不再把品牌作为衡量商品质量的唯一依据。此外，大数据时代，供应链外包更加广阔，很多企业都把供应链外包到具有一定基础设施的发展中国家，因此尽管一些产品品牌存在差异，但往往都在同一个国家或同样的工厂里生产和组装，质量相差不大。由于大数据时代数据的广泛性，这样的结果将很快被消费者获悉，尽管不排除人们对某品牌有偏好,但大数据时代消费者对品牌的依赖性将大大降低。

4. 消费者消费行为更加个性化

传统工业化时代,产品的大规模生产,再加上消息传递的不及时性,导致消费者的消费比较大众化,很少有个性化消费。而在大数据时代,由于数据传播的广泛和迅捷、通信的畅通和快捷、文化娱乐的繁荣以及思想观念的跳跃,消费者往往更富有想象力,喜欢创新,对个性化消费提出了更高的要求。消费者选择商品已经不再仅仅考虑商品的使用价值,而更多考虑其体现的个性化特征,这已经成为大数据时代许多消费者购买商品的首要标准。长期以来,我国企业大多只注重产品的质量、性能以及企业的发展规模,这在传统工业时代是成功的保障,而大数据时代却有所不同,个性化消费将对这种模式形成强烈的冲击。

三、大数据时代消费者行为演变对商业模式的要求

大数据时代,理性消费、品牌忠诚度的降低以及个性化消费的发展将颠覆原有的传统商业模式,成为未来商业发展的终极方向和新驱动力。未来的商业企业只有通过研究分析这些数据,精准洞悉每一位消费者的兴趣与偏好,创新适合市场的商业模式,才能在激烈的竞争中获得先机。

1. 精准营销将在商业中广泛应用

大数据时代,企业手中掌握着越来越多的产品数据、用户数据、行为数据等,如何在合理规范范围内使用这些数据并创造价值,成为企业亟待解决的难题。而对这些数据的运用,准确把握消费者心理和行为,生产和销售消费者偏好的商品,提升服务效率,实施精准营销,将是大数据时代企业创造价值的最佳切入点。企业可以通过大数据的收集和整理,分析消费者商业消费习惯,判断其类型和消费偏好,对消费者进行精准定位,从而制定出有针对性的产品组合、营销计划和商业决策,并在数据分析中不断发现商机。在这方面,一些企业已经走在时代前列,如亚马逊的推荐法,亚马逊能够根据消费记录,推测每个记录的消费偏好和潜在需求;乐购能从消费者的购买记录中掌握每一个消费者的类型,从而进行精准营销和品种推广。[7]有学者研究表明,充分利用大数据可使零售商利润增长60%,使制造商成本降低50%。

2. 网络营销将成为主要的营销工具

大数据时代，以大众媒介作为主要载体的广告模式效益日渐下降。由于数据信息传播的广泛性和快捷性，大数据时代营销环境呈现出数字化趋势，曾经最为重要的大众传播媒体，如电视、报纸等今后的作用将明显降低，而建立在数据库基础上的网络营销将成为更为有力的市场营销工具。数字化革命将促使缺乏鲜明个性的大众市场进一步细化，成为存在各种明显差异且高度相关的目标市场。商业企业通过数字化革命所创造的产品和价值与消费者交换，能最大限度地满足消费者的欲望和需要，取得更高的收益。

3. 商业定位将从以品牌为中心向以消费者为中心转变

大数据时代，消费者对品牌的忠诚度下降，使得大数据时代商业模式必须从以品牌为中心向以消费者为中心转变。[8]这是因为，大数据的核心是数据的收集和处理，这些数据来源于消费者浏览、查阅及其在各种场合所遗留的痕迹，这是大数据时代商业发展的基础，也是商业模式转变的依据。

然而，大数据时代并不是要完全抛弃品牌，相反却给商业模式带来了与以往相比更好的品牌推广机会，如与消费者一对一的沟通。工业化时代，要与消费者一对一沟通，必须有消费者的电子邮箱或家庭住址、电话等，但这种沟通往往并不方便，很多时候消费者会出于风险考虑，不愿意提供个人信息，沟通成本也比较高。但大数据时代，企业与消费者进行一对一沟通就简单得多。比如，运用实时竞价方式就可以让品牌大规模、低成本地与消费者实现一对一沟通。对大数据时代商业模式的运用，并结合传统洞察消费者的方法将成为商业企业未来成功的重要保障。

4. 从销售商品向销售一揽子服务转变

大数据时代，公众的知识水平越来越高，消费者会从大量的数据中了解商品的功能、商品的价值等，仅仅在商场或互联网简单介绍商品品牌、外观及操作方法等已经远远不能满足消费者需求了。依据大量数据，对于产品有些消费者甚至比营业员了解得还要多，因此商业企业除了要非常精准地把商品结构、各种性能指标等解剖出来外，还必须向消费者提供一揽子解决方案，即大数据时代商业企业售卖的不仅是简单的商品，而是方案的系统集成和服务。这对传统商业模式而言是一个冲击，要求传统商业模式必须做出相应变革，也促使商业回归到真正的现代服务业，这将是未来商业改造的一个重要方向。[9]

5. 传统商业模式将重组与合作

大数据能够更加有效地对产品开发、供应链及线上引流进行引导，进而提升整体商业运作效率。通过大数据的量化呈现，一些商业企业可以发现消费者对品牌选择的关联度，关联度占比较高的品牌可以主动联合起来，为消费者提供优惠营销或服务互动，从而真正满足消费者需求。大数据时代，由于很多数据的共享性，使得企业的合作将变得更加普遍，合作、共享的商业模式将大量出现，成为商业的一大特色，也导致大数据时代传统商业企业将面临洗牌。[10]

四、大数据时代传统商业模式创新实现的途径

大数据时代，由于消费者行为的变迁，要求商业模式也要进行变革和创新，而这种创新不是纸上谈兵，而是必须基于大数据时代的特点。大数据时代，将出现数据租赁公司、数据分析公司、决策外包公司等。传统商业企业正是借助这些公司的帮助，来实现传统商业模式的创新。

1. 数据租售服务将大量出现

数据租赁公司通过对某个行业或领域数据的广泛收集和精心整理，以集合的方式通过互联网、杂志、光盘等多种方式出售给商业企业，以获取报酬。这时，数据成了一种具有使用价值的商品，成了一种资产。例如，搜索软件将通过搜集整理消费者搜索热点，建立消费者行为数据库，销售给商业企业，创造以数据销售为主、以广告服务为辅的双轨盈利模式。

2. 数据分析企业将更加专业化

数据分析企业将运用数理方法对大数据特点、变动规律等进行分析，并向商业企业提供分析结果。数据分析企业能够提升企业对数据的运用能力，帮助企业了解消费者行为变化，掌握市场变动趋势，从而有利于企业做出正确的商业经营决策。例如，有关数据分析企业通过对来源于搜索引擎、互联网微博、博客等相关媒体数据的分析，可以得出消费者对某商品的品牌赞誉度、消费者的需求以及竞争对手的状况等信息，可形成报告提供给该商品的供应者。

3. 数据决策外包服务企业更加高效

数据决策外包服务企业接受企业的决策外包委托，通过对各种渠道获取的海量数据进行分析，提出合理的商业预测，为客户的某些业务流程提供有针对性的决策。对企业来说，借助数据决策服务公司的帮助，推行部分非核心决策业务外包，能够缩短决策周期，提高决策精准度。

大数据时代以上数据服务公司的出现，将使大数据时代传统商业模式变革更加容易，商业模式创新将取得更大突破，也使基于消费者行为改造商业模式成为可能。

五、大数据时代基于消费者行为的商业模式悖论问题

1. 创新将更基于数据，本能创新将越来越少

根据欧洲创新环境研究小组（GREMI）的观点，商业模式创新是环境的产物，合适的环境是决定企业创新性的重要因素。此外，欧洲创新环境研究小组还认为，创新的环境与科技、社会文化理念、信息和知识交流传播等有关。大数据时代商业企业对数据的依赖性大大增加，这一方面将使基于数据化的商业模式创新更加便捷；另一方面也扼杀了潜在的、没有数据支持的商业模式创新，使得不基于数据的商业模式创新大大降低。大数据时代，人们自发的商业模式创新思维和创造力将逐渐被埋没，依靠本能和悟性创造奇迹的商业案例将越来越少，从长久看这不利于商业模式的百花齐放和商业模式的差异性与可持续发展性。

2. 数据甄别困难问题

数据甄别是大数据时代一个非常重要的问题。海量的数据及各种信息混杂在一起，加大了数据的混乱程度，因此大数据意味着更多的实用信息，同时也意味着更多的虚假信息，如何筛选、甄别、选择合理的数据，同时保证数据的完整性与客观性，保证基于数据预测的正确性，是大数据时代亟须解决的问题。而大数据时代企业对大数据的迷信，很可能会导致最终得出的消费者行为和其他信息并不正确，据此建立或调整的商业模式很可能并不适应真正的市场需求，从而致使企业经营失败。[11]

六、结论

大数据为商业企业全面、深刻认识消费者行为和市场需求提供了新的

方式和视角,这在信息时代以前是无法办到的。随着世界各国大力发展大数据业务,大数据技术必将为商业发展带来巨大贡献,并成为驱动商业模式变革的重要动力。运用大数据分析消费者行为,基于分析结果,采取合适的商业模式,是未来商业发展的一种趋势,也是大数据在商业领域的重要应用。但同时,为避免大数据带来的判断误区,商业模式创新需要寻求与高校、科研机构的合作,发挥基于数据的创新与研发创新相结合的优势,建立多元主体协同互动的创新模式,保障商业模式创新走在时代的前列,弥合断裂的创新链和产业链,只有如此才能在大数据时代的激烈竞争中赢得先机。

参考文献:

[1]王鑫鑫. 国外商业模式创新研究综述[J]. 外国经济与管理,2009,31(12): 35 – 38.

[2]原磊. 国外商业模式理论研究评介[J]. 外国经济与管理,2007,29(10): 19 – 25.

[3]王炳成,李洪伟,王显清. 商业模式研究综述及展望[J]. 山东经济,2009 (6):66 – 68.

[4]袁新龙,吴清烈. 江苏企业信息化与电子商务应用现状分析[J]. 科技与经济,2003(3):30 – 35.

[5]罗珉,曾涛,周思伟. 企业商业模式创新:基于租金理论的解释[J]. 中国工业经济,2005(7):73 – 81.

[6]忻展红,申志伟,陈文基. 基于经典扎根理论的商业模式研究[J]. 北京邮电大学学报:社会科学版,2011(3):81 – 88.

[7]刘小刚. 国外大数据产业的发展及启示[J]. 金融经济:下半月,2013(9): 224 – 226.

[8]黄升民,刘珊. "大数据"背景下营销体系的解构与重构[J]. 现代传播:中国传媒大学学报,2012(11):13 – 20.

[9]陶承睿. "大数据与数据分析"专题——零售企业如何面对"大数据时代" [J]. 信息与电脑,2012(11):7 – 8.

[10]李文莲,夏健明. 基于"大数据"的商业模式创新[J]. 中国工业经济,2013 (5):83 – 95.

[11]李芬,朱志祥,刘盛辉. 大数据发展现状及面临的问题[J]. 西安邮电大学学报,2013(5):100 – 103.

大数据技术在精准化营销中的应用[1]

王 东[2]

摘 要：分析大数据技术的应用特点，通过 Map-Reduce 模型、NoSQL 和 Key-value 存储等相关理论的分析，设计大数据副本服务器的 Hash-map 分布方案，针对精准化营销等特定应用，解决数据一致性检索的追溯性问题。研究认为：（1）大数据的 Key-value 弱化了数据间的关联关系，建立追溯性索引的弥补机制是必要的；（2）Hashmap 索引能够通过（key, value）映射关系对精准化营销产生重要影响；（3）精准化营销可以拉动客户价值的提升，创新因子与限定因子的辩证关系，对保持网络生态系统的平衡起着关键作用。

关键词：大数据；网络生态；NoSQL；Hashmap

大数据营销对企业的业务流程理念、营销决策以及消费行为模式均产生巨大影响，消费者异质性和信息价值的稀疏性不断扩大，客户知识的维护成本剧增，迫使企业必须进行精准化营销，这就是大数据技术被广泛研究的源动力。

一、大数据研究分析

大数据的主要特点是巨大数据量、数据复杂多样且价值稀疏、非关系型数据结构、快速要求更苛刻。大数据研究提出："镜像非结构化的社会关系"，逐步描述"人、机、物"三元融合的社会关系。[1]社会关系是一个

---

[1] 本文获得全国教育科学"十一五"规划课题"信息技术有效提高新疆农村教育质量研究"（项目编号：FFB090665）的资助。

[2] 作者简介：王东（1966—），男，山东省青岛市人，新疆教育学院理学分院副教授，主要研究方向为计算机网络与电商技术应用。

非结构化的存在，所以大数据商务系统要求以复杂关联的数据网络形式来描述电子商务世界，其中能够用结构化数据进行描述的部分仅是一小部分特例。[2]按照布鲁尔（Brewer）提出的CAP理论，[3]一个分布式系统不能同时满足一致性（Consistency）、可用性（Availability）和分区容错性（Partition tolerance）三项需求，只能同时满足其中两个。因此，大数据库系统必须根据自己的设计目的进行相应的选择。

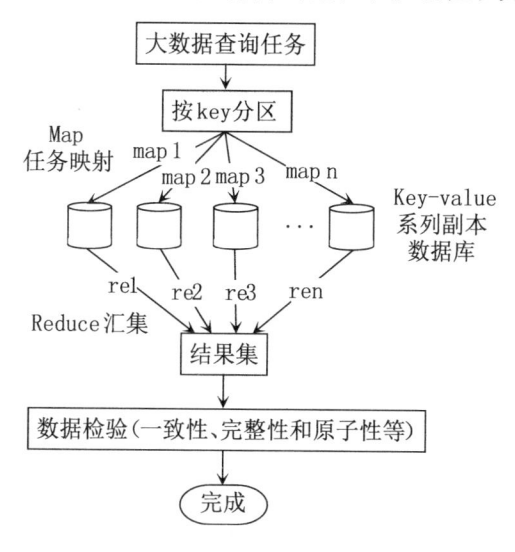

1. Map-Reduce模型

电商系统要求具备快速的弹性处理能力，能够瞬间处理突发的庞大访问量、海量订单和客户浏览请求，快速是"大数据应用"的现实性需求。[4]大数据处理表现了"并行计算"的优势，很多商务业务组织都已经建立了Map-Reduce模型。Map-Reduce模型通过采用IPSS（Independent Parallel and Serial Synchronization，无依赖并行和串行同步）方法，提供诸如资源划分、并行任务、调度通信和负载均衡等编程细节，实现高可扩展性和高度并行性，可以解决许多非线性且伸缩性极大的海量数据检索问题。

按照Map-Reduce模型，一个复杂业务通常会把输入的数据集切分为若干独立的数据小块（Split），再由map任务以并行的方式在多个不同的机器或网络空间中处理它们，然后，把结果输出为reduce任务，得到结果集，如图1所示。分布式的目的是保障时速性、多态性和完整性。

图1 Map-Reduce模型

Map-Reduce 有显著优点，依托众多资源服务器节点的支持，面向非结构化的数据，进行分布式计算，将庞大复杂问题多层次分而治之，把"分析时间"的延迟最小化。但 Map-Reduce 计算效率大幅提高的同时，也暴露了许多缺点，表现在：

（1）高强度频繁通信，数据对比成本较高。Map-Reduce 采取了基于过程的处理策略，中间过程需要步步物化描述，有较高的 I/O 代价，不可避免发生线程间的高强度频繁通信，虽然提高了数据搜索时速，但也导致了较高的数据参照成本。[5-6]

（2）很多传统算法落伍。大数据环境下，很多传统算法必须做出调整和创新，以适应非结构化的大数据信息形态。

（3）收益优先，影响数据分布。从经济的角度看，数据对象的自由选择会相互影响，各个节点服务器总是倾向于选择带来更高收益的资源策略来创建副本。[7]如节点 A 发现节点 B 上的 i 类型资源收益更高，为了提高查询效能，节点 A 就会创建 i 类型资源副本，于是整个系统中的资源分布因利益驱动而发生改变，网络数据盲目分布、畸形发展，查询性能也随之降低。

2. NoSQL 数据库系统

NoSQL 是一类数据库产品，它不保证遵循 ACID（数据库事务四个基本要素）原则。NoSQL 分为 key-value 存储、文档数据库和图数据库 3 类，其中 Key-value 存储技术受到广泛关注，已成为 NoSQL 的代名词。

NoSQL 系统有以下明显的特点：（1）NoSQL 系统通过大量的备份性服务节点来加强系统的扩展性，从而提供足够高的时速性能，关系型 DBMS 很难与 NoSQL（数据列分组存储数据库）相抗衡。（2）在 NoSQL 系统中，为了保障存储能力和并发读写能力，支持横向的扩展，大数据处理方式均是基于"Key 映射"来实现的。（3）key-value 存储虽然为分布式数据存储提升了扩展性，但弱化了数据间的关联属性，关联操作和事务性弱化是严重的缺点。（4）Map-Reduce 面向非结构数据，数据库自动优化的机制薄弱，由于应用层解决"处理节点故障"或"并发控制数据的不一致"等负载，将造成客户端与服务器的交互成本的递增。[8]（5）key-value 多是面向特定应用自治构建的，缺乏通用性。

3. 一致性难题

在现有大数据研究中，一致性检测代价过大成了突出的难题。数据的一致性包括强一致性、最终一致性和弱一致性等多种情况，最终一致性和弱一致性（因果一致性）常被引用到大数据环境中。[9]强一致性意味着高代价和低惩罚代价，低一致性可导致操作快捷和高昂的惩罚代价。[10]如网络银行转账等业务，必须保证强一致性，它对商务业务可用性起到"一票否决"的重要作用。考林（Cowling）提出的"多种一致性策略共存，并伴随着轻量级的一致性"的折中方案，是目前应用的主流方向，[11]著名的"两阶段提交协议/三阶段提交协议（2PC/3PC）"都是 Paxos 协议的变种，包括 2011 年伍德（Wood）等提出的 ZZ 模型。[12]目前，大数据的"一致性控制方案"基本上都是 P2P 结构，适用范围有限。由于网络节点天然的动态性，很难保证到服务器节点的事务性。如果事务性要求无可避免，典型方法就是将"总索引"分布到一个总节点上，来避开"无秩序"过程。

二、精准化营销与结构分布

随着网络媒体的急速发展，企业与客户之间的互动变得更加复杂和频繁。Key-value 数据存储把数以千万计的交易所产生大量的时间、型号、价格、数量及其客户的年龄、职业、地址等个人特征等信息结合成为大数据，需要构建一种以精准化营销为内涵的资源节点的数据分布机制。这不是盲目增多副本服务器的数量就能解决的问题。

1. Hashmap 资源分布

大数据要从稀疏数据中提炼出企业与某种资源的联系，但企业的运作日益向网络化和动态化发展，资源数据大量冗余，大而稀疏，且无可避免，必须建立良好的资源索引描述。关于客户、技术、供应商、人力、声誉、渠道和物流等资源数据，需要通过资源索引，精确搜索途径，增加副本服务器的应用效能。考虑到数据检索的效率，针对数据一致性检验问题，坚决避免对副本服务器数据进行"逐个比较"的做法。

在 Map-Reduce 分布式处理框架的思想基础上，Key-Value 数据模型可采用哈希函数实现关键字到值的映射，可基于 key 的 hash 值，构造一个哈希表（Hash table）来解决 map 问题，实现快速查询、热点查询和高并发查询。(1) 用 SHA-1 为每个实体（服务商或服务器节点）产生一个唯一的节点编号（nodeID），该编号作为云资源检索及索引存储的标志符。(2) 每一种资源数据都应按照拥有量、敏感度和替代性等属性确定阈值，进行层次等级划分，形成本企业的资源性特征序列，用 n 元组（A_1, …, A_i, …, A_n）来描述，其中 A_i 代表第 i 类资源特征属性的等级值。(3) 定义 Keyid 是用 Chord 算法[13]对（A_1, …, A_i, …, A_n）来生成的归类码，该归类码用于归类多维资源描述信息。(4) 在资源索引（key，value）的形式存储中，以 Keyid 为其中的 key，描述云资源的 n 元组合，nodeID 集合作为 value。按照 Hash-map 数据分布，经营实体对自身进行"基因单元"的标准化归类，以便准确进行资源定位。

2. 追溯性索引

为保障大数据实效性和一致性，用户节点提交搜索需求分发给索引服务器，按照"索引定位"到各个专项的副本服务器获得资源数据，这样可以较好地实现"市场对路"的精确搜索。基于 Hash-map 构建的索引服务，大数据环境下的商务管理与决策就能够实现"数据追溯性"描述，主要内涵是：

(1) 追溯商家。对所消费的商品，能够通过信息网络很方便地查询到该商品的出处、经历和技术构成。例如，客户买到一个苹果，可以通过手机拍照条形码，立刻获得苹果的产地、周转途径、营养优势和技术构成等多种媒体形式的（keyid，nodeID）信息，通过该信息直接定位相关资源副本服务器。在保障消费者隐私不受侵犯的情况下，通过追溯商家技术，可以"全生命周期"地研究消费者行为，支持各阶段引发的用户追问。

(2) 追溯消费者。借助 Hash 功能函数（Finger，Successor 等），商家可以对产品的周转途径、消费程度和消费区域，进行即时性快捷掌握，全程监控消费群体的行为特征，精准地根据消费者的兴趣与偏好，及时汇集他们的个性化消费特征。例如，就苹果种植商而言，可以及时准确地获知自己的产品销售的区域覆盖范围、人群层次、周转率和个人客户资料等。

(3) 大数据客户系统。大数据客户系统的目标是使经营实体具有较高的社会地位和客户美誉度，客户美誉度的养成，会在不断传递和转化过程中产生经济效益的螺旋上升效应，并最终形成经济发展的良性循环。大数据客户系统以消费者全生命周期为管理对象，帮助企业构建消费群体的完整性客户兴趣图谱。兴趣图谱反作用于网络营销和新产品创新活动中，成为确保企业声誉、提高市场份额、提升决策效率的重大依据，帮助企业深度挖掘蕴含在大众的集体智慧，获得新品创意。

随着大数据的应用，消费者异质性和稀疏性不断增大。异质性体现为消费者在社会生活方方面面兴趣偏好的差异性，"数据追溯性"为个性化商业应用提供了充足的理论支持和可行性，"精准化追溯"越来越成为电商企业的核心竞争力，成为企业"不可模仿竞争力"的重要组成部分。

3. 价值创新与限定因子

大数据网络平台将技术、知识、人才等各类分散的资源聚合起来，形成一个充分体现群体智慧、规范化的创新共同体，为各类主体的发展提供营养源。在社会、经济、文化、自然等环境因素约束下，企业与顾客、供应商、经销商和其他获益者组成一个基于价值理念的演进系统，[14]商务管理与决策在很大程度上依赖于社会媒体、网民群体和企业群所构成的"网络生态系统"。[15]

（1）创新因子。根据生态链法则，每一个营销节点（nodeID）都是一个开放的、与社会进行资源交换的、不断动态调整的进化单位，是网络生态系统的核心种群，为其他种群的客户提供服务。阿德纳（Adner）和凯普尔（Kapoor）拓展了穆尔（Moore）的理论，发现商业生态系统中的个体是通过价值共创的方式，推动系统演进及实现管理目标。[16]不同来源的用户可以创造出的新消费业绩，对商家决策影响将触发竞争效应。[17]

（2）限制因子。根据生态学中的限制因子定律，生物在生长和发展过程中，总有某些因素对其新陈代谢起着制约作用。[18-19]结合大数据分布结构，不同资源序列（Keyid）的企业可以联结成一个可追溯的整体，业务相互交织在一起，社会地位和公众美誉的市场认同就是网络营销生态圈的限制因子。基于大数据网络，企业实施开放式客户创新战略，每个业务的服务和质量受到系统的追溯性约束，信誉会自动成为集成化系统的核心价值。如果社会地位及市场认同状态不够理想，则经营实体就会被网络生态系统所淘汰。

三、总结

大数据技术通过 Map-Reduece 结构，结合 Hash-map 合理分布专项副本服务器，进行服务资源快速、准确地定位，为精准化营销奠定了技术基础。大数据业务处理是经营实体适应"企业生态系统"的必然选择。价值创新和客户美誉度成了大数据时代精准化营销的基本内涵，每个经营实体都成为价值网络中相互依存的节点，在更为广阔的领域内实现网络价值的生态平衡。

参考文献：

［1］冯芷艳．大数据背景下商务管理研究若干前沿课题［J］．科学管理学报，2013（1）：1－9．

［2］MING Z，YIN JF，YANG W，WANG H，XIAO ZJ．A Web Performance Testing Framework and its Mixed Performance Modeling Process［J］．Journal of Computer Research and Development，2010（7）：1192－1200．

［3］转引自覃雄派，王会举，李芙蓉，杜小勇，王珊．数据管理技术的新格局［J］．软件学报，2013（2）：175－197．

［4］王玉英．从淘宝网看网络营销的发展策略［J］．经济论坛，2013（3）：137－139．

［5］王珊．架构大数据：挑战、现状与展望［J］．计算机学报，2011（10）：1731－1749．

［6］孟小峰．大数据管理：概念、技术与挑战［J］．计算机研究与发展，2013（1）：146－164．

［7］YANG F，SHANMUGASUNDARAM J，YENENI R．A Scalable Data Platform for a Large Number of Small Applications［C］．In：Proc．of the CIDR，2009：849－855．

［8］TATEMURA J，PO O，HSIUNG WP，HACIGUMU H．Partiqle：An Elastic SQL Engine over Key-Value Stores［C］．In：Proc．of the SIGMOD New York ACM Press，2012：629－632．

［9］王喜妹．云存储中一种自适应的副本一致性维护机制［J］．中国科学院研究生院学报，2013（1）：91－97．

［10］CHEN C，CHEN G，JIANG DW，OOI BC，VO HT，WU S，XU QQ．Providing Scalable Database Services on the Cloud［C］．In：Proc．of the WISE．Heidelberg：Springer-Verlag，2010：19－25．

［11］刘波，范士明，丛红艳．一种改进的分布式实时事务调度协议［J］．小型微型计算机系统，2013（7）：1474－1482．

［12］转引自范捷，易乐天，舒继武．拜占庭系统技术研究综述［J］．软件学报，

2013（6）：1346－1360.

［13］彭成章，蒋泽军. 基于分布式编程语言的 Chord 协议和算法［J］. 计算机应用，2013（7）：1885－1889.

［14］王东. 旅游网络与电子商务网站外部性互补的分析［J］. 中南林业科技大学学报，2013（4）：27－31.

［15］李强. 信息技术的商业生态系统健康［J］. 管理学报，2013（6）：824－828.

［16］陈知然，于丽英. 基于服务生态系统的服务质量管理探索［J］. 管理现代化，2014（3）：24－26.

［17］辛杰，廖小平. 论企业可持续发展与企业社会责任［J］. 中南林业科技大学学报，2013（3）：77－80.

［18］张玉明，梁尔昂. 云创新模式内涵分析与模型构建［J］. 科技进步与对策，2014（2）：1－5.

［19］伍春来. 产业技术创新生态体系研究评述［J］. 科学学与科学技术管理，2013（7）：113－119.

网络经济与我国加工贸易转型升级[1]

方 轮[2]

摘 要：我国加工贸易转型升级进入攻坚阶段，应充分利用现代网络经济对传统产业进行彻底改造。为此，要确立网络经济拉动战略，制定网络经济发展政策；加强网络基础设施建设，整合各种网络资源；确保信息公信力，形成安全、高效的网络经济保证系统；加大网络经济拉动转型升级的资金扶持；打造品牌，推广网络经济平台应用；推进产、学、研、校、政、企实现战略合作。

关键词：网络经济；加工贸易；转型升级

一、我国加工贸易转型升级进入攻坚阶段

1. 转型升级背景

加工贸易，指经营企业进口全部或者部分原辅材料、零部件、元器件、包装物料，经加工或装配后，将制成品再出口的经营活动，包括进料加工、来料加工、装配业务和协作生产。[1]据海关统计，我国从事加工贸易的企业12.6万家，直接从业人员3000万~4000万（约占我国第二产业就业人数的20%）；[2]2013年我国加工贸易进出口总值达1.36万亿美元，占我国外贸进出口的半壁江山。可见，加工贸易对我国经济发展、增加就

---

[1] 本文系国家级大学生创新项目课题论文（教高司函[2013]102号），课题指导老师方轮，课题组成员杨婉莹、杨丽玲、马晓霞、刘宇玲、卢珊珊。

[2] 作者简介：方轮（1954—），男，湖北省天门市人，广东省部产学研科技特派员，广州市越秀区政协常委，中山大学新华学院教授，高级经济师，主要研究方向为应用经济与社会发展。

· 168 ·

业、吸收外资等起到了十分重要的作用。

然而，2007年起始于美国并迅速蔓延全球的金融危机，导致全球发达国家需求萎靡、贸易保护主义抬头以及人民币升值、生产要素成本攀升等，使我国的加工贸易持续健康发展面临严峻挑战。2010年11月，商务部、人力资源社会保障部（以下简称"人社部"）、海关总署联合发出《关于在苏州、东莞开展加工贸易转型升级试点工作的通知》，我国加工贸易转型升级从此拉开序幕。2011年11月，国家发展和改革委员会（以下简称"发改委"）、商务部、工业和信息化部（以下简称"工信部"）、人社部、海关总署、国家税务总局（以下简称"国税总局"）等五部委再次联合发出《关于促进加工贸易转型升级的指导意见》。正是在国家层面的高度重视及推动下，我国各地加工贸易转型升级蓬勃开展。

2. 转型升级进展

（1）宏观推进力度加大。一是政策的大力推动。在上述多部委出台加工贸易转型升级文件的指导下，我国以加工贸易为主的外向型经济省份迅速跟进，大力推动。如广东省《关于促进加工贸易转型升级的若干意见》、福建省《关于促进加工贸易加快发展和转型升级的意见》、山东省《关于加快工业转型升级的意见》、苏州市《关于促进加工贸易转型升级指导意见》、东莞市《关于推进产业结构调整促进产业升级转型的意见》、《关于进一步推动加工贸易转型升级的意见》等，明确了其各自的转型升级指导思想、任务目标及配套政策。有些加工贸易集中地区还决定由财政连续5年拿出50亿元作为科技发展基金，投入10亿元设立升级转型专项资金，重点鼓励和扶持外资企业设立研发机构，[3] 推动更多加工贸易企业迈入转型升级轨道。

二是服务的优化。一些加工贸易重点地区率先推行"内销集中申报"，建立来料加工企业不停产转三资企业的"无障碍通道"，提供"一站式"服务。建设"加工贸易服务管理平台"，首先应用到外经贸、海关、加工贸易企业三方电子化联网管理，并逐步延伸到外汇管理、税务、检验检疫等部门的相关业务，努力探索出一套适合加工贸易发展新趋势的监管办法。[4]

三是技术的提升。建立科技创新平台及企业工程技术研发中心，为加工贸易企业提供技术创新服务，推动来料加工企业转型为法人企业；加强与境外生产力提升辅导机构合作，辅导境内加工贸易企业提升生产力；落实高新技术企业减税优惠政策，使企业在注重科技创新、建设知识产权管理制度方面有进一步的自觉性和积极性。

四是市场的拓展。积极与海关联动，提出促进加工贸易内销措施；与境外机构建立合作机制，推出"促进加工贸易企业建立品牌、开拓内销市场联席会议"。如2012年首推我国直接服务于加工贸易转型升级的中国加工贸易产品博览会（以下简称"加博会"）、台湾名品博览会（以下简称"台博会"），为加工贸易企业产品"拓展内销渠道、内外销并举"搭建平台。

综上所述，政府的积极推动尤其是在外部环境方面制定并实施了一系列强有力的措施，扭转了我国加工贸易的下滑势头，为保增长、保就业、保稳定发挥了积极作用。

（2）行业格局及企业内在质量不容乐观。一是加工贸易值增长减缓。2010年之前，除个别年度外，我国加工贸易进出口增速均保持两位数增长，部分年度的增速甚至超过20%。但2011年我国加工贸易进口与出口同比增速分别为12%和12.9%，比上年度分别下滑17.5和13.3个百分点。2012年我国加工贸易进出口增速快速下降到个位数，均不超过3.5%。[5]2013年，我国加工贸易进出口仅增长1%。[6]

二是加工贸易增值率有所下降。有数据显示，2011年、2012年和2013年全国加工贸易增值率（按照通常算法，采用加工贸易进出口差额与进口额的比率来衡量）分别为77.82%、79.31%和73.61%，均低于2009年的82.0%（如图1所示）。众多加工贸易企业经营单一，"加工装配为

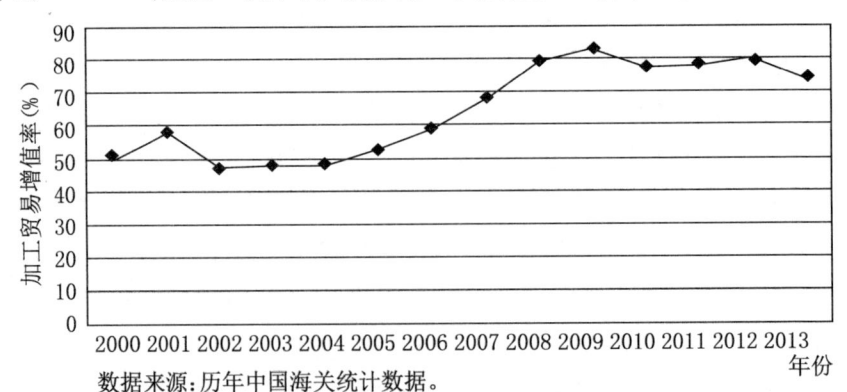

数据来源：历年中国海关统计数据。

图1　2000—2013年我国加工贸易增值率

主、产品出口为主"特点仍然明显,对国际市场、原材料成本、政策环境等方面的依赖性依然较强,且粗放的运作模式带来较大的土地使用、资源环境、社会管理等压力,整体层次有待提升。

三是成本升势难以逆转。随着我国地价、劳动力、原材料等生产要素价格的上涨,使加工贸易企业经受生存考验,人民币升值也不断压缩企业的利润空间,招工困难等问题均严重地困扰着加工贸易企业,我国原有的加工贸易优势已逐渐下降。调查显示,83%的被访者认为我国原有的加工贸易优势不再,其中43%认为已经下降。同时,企业再投资逐渐移出。一些加工贸易企业有转出的意愿,如世界最大的两家打印机与复印机感光元件企业其中的一家,正考虑从广东转移到缅甸办厂,因为那里的人工月薪仅为600元人民币。

四是国际分工仍处于低位。长期以来,大部分加工贸易企业均处于低端生产环节,委托设计、品牌推广和产业供应链管理等功能长期得不到发展。近年来,虽然机电产品和高新技术产品的出口量大幅度增长,但大部分是外资或港澳台资企业以加工贸易方式生产的,出口产品中关键核心技术和设备主要依赖进口,企业自身缺乏自主品牌和创新研发能力,核心产品和关键零部件的开发技术仍主要控制在外商手中,难以获得长久的竞争优势。

五是制约瓶颈依然存在。本课题从加工贸易转型升级的调查问卷分析中得出,加工贸易发展瓶颈多。其中,缺少自主品牌、原料及人力成本增加所占比重最大,均为17%;加工质量不高次之,为11%;经济效益低下,占10%,企业规模小、外贸依存度高,缺乏营销网络等问题也不容忽视(见表1)。

表1 关于加工贸易转型升级的调查问卷分析

制约因素	缺少自主品牌	原料、人力成本增加	加工质量不高	经济效益低下	企业规模偏小	外贸依存度高	缺乏营销网络	运费增加	企业布局分散	资金融通困难	其他
比例	17%	17%	11%	10%	9%	9%	9%	7%	6%	5%	1%

(3)攻坚阶段,任重道远。加工贸易转型升级之外部环境推动固然必要,但企业的内在素质之提升却更为重要。

一是布局分散，企业规模小，集约化程度低。总体而言，我国加工贸易企业 12.6 万家，直接从业人员 3000 万~4000 万，每家企业员工数量平均为 300 人左右，平均年营业收入为 6000 多万元（2013 年统计分析），因此，我国加工贸易企业普遍规模小、实力弱。除此之外，布局也比较分散。以东莞为例，全市约 11000 多家加工贸易企业，分别坐落于 28 个镇 396 个村的 1536 个大大小小的工业园，如仅是制鞋厂及其配套厂家就分布于高步、长安、厚街、大岭山、横沥等多个镇村的 298 家企业中。[7] 加之现有的土地利用模式不仅使产业集聚力过小，且相互分割和竞争，资源使用效率低，集约化程度差。

二是加工企业外贸依存度高，抗风险能力弱。之所以采取加工贸易模式，是因为企业本身绝大部分靠外单生存，形成了对国外市场的依赖。加工企业按照外商提供的原材料、零部件、元器件和要求进行加工装配，生产出来的产品也属外商所有，加工企业没有所有权，也没有真正属于自己的营销体系，在整个生产和销售网络中处于从属地位。由于外向依存度高，受国际经济波动影响大，大多数加工贸易企业无力应对外贸风险，当世界经济走势不乐观以及东南亚其他国家参与竞争时，这种外源型经济主导的加工贸易已难以为继。

三是缺乏核心竞争力，产业处于价值链低端。加工贸易企业以生产中间产品为主，缺乏核心技术，缺少自主品牌，同时缺乏国际营销渠道。因此，很难在研发与设计、原材料采购、销售和服务环节中获得增值。缺乏核心竞争力、缺乏发展主导权的加工贸易产业，就不得不长久地处于国际价值链的低端（微笑曲线的最底部），依赖降低加工成本来创造利润，而价值链的两头高端均掌握在别人手中。

四是用工模式陈旧，高端人才短缺。现时的加工贸易用工模式依然以劳动力为主，高技能人才短缺。据广东省人社厅统计，珠三角地区技工缺口 100 万人。每到春节过后，招收员工已成为困扰许多加工贸易企业的老大难，结构性"用工荒"直接导致劳动力成本快速上涨。2013 年，一些省份再次重新调整最低工资标准，平均增幅约 20%。即便如此，员工的稳定性也大不如前。人才的短缺尤其是高级技工、研发设计及营销人才等新一代高端人才的短缺，已成为我国加工贸易转型升级的主要障碍。

综上所述，我国加工贸易转型升级已到了攻坚阶段，刻不容缓。本研究提出，以网络经济拉动加工贸易新一轮的转型升级。

二、网络经济理论与加工贸易转型升级

1. 网络经济的定义与特点

关于网络经济，有各种定义：一是从经济形态来看，它是信息经济或知识经济，又称数字经济；二是从产业发展角度来看，它是与电子商务紧密相连的网络产业；三是从企业营销、居民消费或投资的微观层面看，它则是一个网络大市场或大型的虚拟市场。普遍的看法是：网络经济是在信息网络化时代产生的一种崭新经济现象，体现了现代经济生活中生产、交换、分配、消费等各项经济活动的新型方式。

网络经济作为一种新的经济，其必然具有与传统经济截然不同之处，具有知识智能型经济、全球化经济、直接快捷经济、虚拟实在经济、开放共享型经济、创新型经济特征。

2. 网络经济的功能

网络经济的出现及发展给世界经济、政治、文化与社会生活带来了极大的影响，其崭新的现象和特殊规律对传统经济带来了巨大的机遇与挑战。

（1）创造无限商机。在网络经济时代，生产者、消费者、金融机构和政府职能部门等主体经济行为，都同信息网络密切相关。不仅能从网络上获取大量经济信息，依靠网络进行预测和决策，而且许多交易行为也直接在网络上进行。自国际互联网开通以来，网络经济活动的发展势头之猛超出了人们的想象。根据《2012 全球互联网发展报告》，到 2011 年年底，全球互联网用户已达 21 亿，接近全球 1/3 的人口，2013 年年底，互联网用户达到 27 亿。[8] 如此快速增长的用户群，为网络经济发展提供了无限商机。

（2）融合传统经济。研究者认为，网络经济是在传统经济的基础上发展起来的，前者需要后者的支撑，如阿里巴巴在线上交易如此成功，却离不开线下企业包括成千上万中小企业的生产制造。但脱离了网络经济，传统的工业经济也将失去竞争力，乃至生存艰难。因此，传统经济如何与网络经济相结合，从而达到双赢，才是传统经济转型升级的关键。

(3) 倒逼企业变革。在网络经济中，传统企业要想继续得以发展，必须在各个方面进行调整，以适应新经济的要求。一是管理理念要逐渐由规模经济转向范围经济，适应网络经济中的定制化生产。二是管理模式的不断变化，要求企业不断学习和创新，逐渐实行网络化管理，实现企业管理程序的智能化。三是利用互联网激励销售创新，将传统供销方式转变为网络营销，迅速地把新模式转化为市场所需的产品。

由此可知，网络经济具有起步快、链接强、震动小、成本低等特征。随着网络通信速度、容量、清晰度、互动、支付结算等功能的不断升级，以互联网为核心的网络经济，结合手机、电脑、电视等大众化用品而带来无限的商业开发价值，将形成世界上最大的流通服务与贸易平台。

3. 网络经济是转型升级再突破的不二选择

网络经济时代，各类企业利用信息和网络技术整合各式各样的信息资源，并依托企业内部和外部的信息网络进行动态的商务活动，如研发、采购、制造、物流、销售、客服以及管理。网络经济改变了企业的传统经营模式和经营理念，它建立在信息流、物流和资金流的基础之上，其经济运作大到涉及一个国家甚至跨越国界。因此，网络经济实际上是一种开放型的高级经济形态。

关于我国加工贸易的转型升级，有多种观点。"转型"包括经营模式转型、主体结构转型、聚集区域转型、生产方式转型;[9]"升级"包括工艺升级、产品升级、产业升级和产业链升级。在本课题的调查问卷中，也有53%的受访者认为，应打破现有布局，聚集中小企业，组建实体型的加工贸易工业园区，但47%的受访者认同现有布局或主张基本不变，通过建立虚拟工业园区，搭建升级网络平台，促进企业自我改革。

上述观点与思路，对加工贸易的转型升级提供了很有意义的决策参考，而且有的已付诸行动。但各种各样的转型升级版本多局限于单个企业或单个行业内，整体见效缓慢，与快速发展的市场要求与时代变革尚有差距。而开辟新型现代化工业园区，需要大量用地和巨额投入，要众多中小加工贸易企业入驻园区，震动大、操作难，无异于推倒重来，不利于加工贸易企业的就地转型升级。

针对现有布局分散，规模小、集约化程度低的加工贸易企业，网络的力量能以较低的成本、较小的震动、较快的速度把它们迅速链接起来，结成虚拟联盟,实行线上线下的实体互动运作,从而积小成大、积弱成强,实现就地转型升级。

三、以网络经济拉动加工贸易转型升级的顶层设计

1. 拉动模式与构成

本文构思的基于网络经济拉动加工贸易转型升级的实现形式如图2所示。模式由三个维度构成。

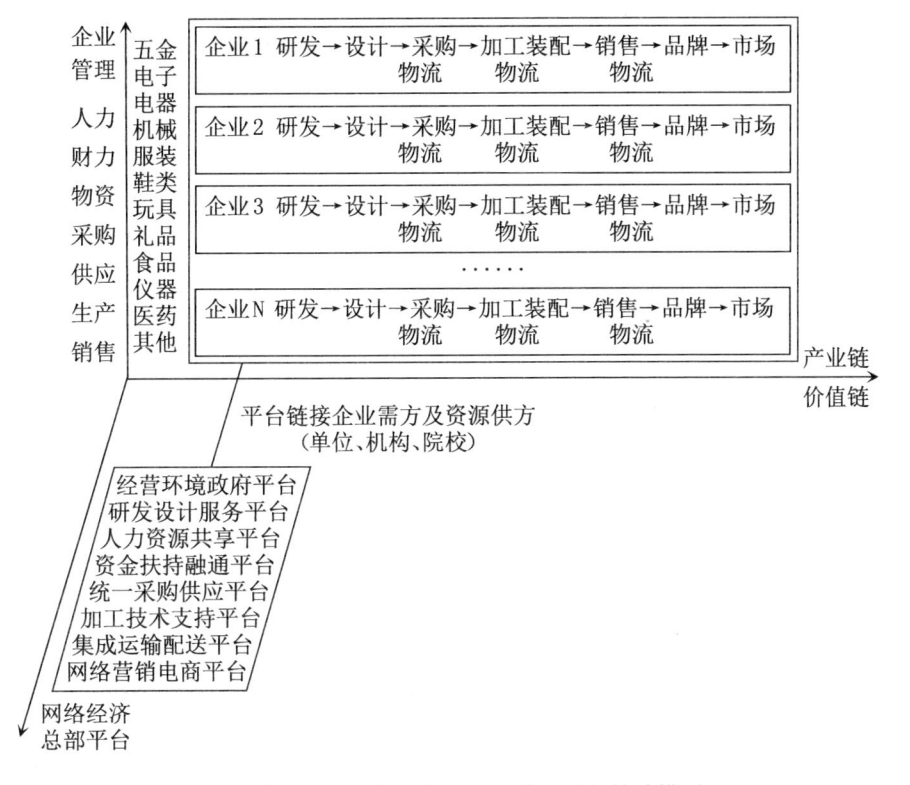

图2 基于网络经济的加工贸易转型升级拉动模型

(1)产业链与价值链维度——模式构成的基础。加工贸易产业链存在结构属性和价值属性。加工贸易产品繁多,包括电子、电器、五金、机械、服装、鞋类、玩具、礼品、食品、仪器、医药等,但不管多么复杂,各产品产业链中大量存在着上下游结构关系和相互价值的交换,上游环节向下游环节输送产品或服务,下游环节向上游环节反馈信息。而以进出口

为主要业务的加工贸易产业链中必然与全球价值链紧密相连，如研发与设计、采购与销售等高端环节，价值链在相互对接的均衡过程中形成了产业链，并像一只"无形之手"调控着产业链。

（2）企业管理维度——模式运作的核心。人、财、物、产、供、销是加工贸易企业最重要又最活跃的基础要素。最重要是指企业的日常运营都是围绕着人、财、物、产、供、销而进行，其对企业的效益起决定性作用；最活跃是指人、财、物、产、供、销实为一种资源，具有动态特性，尤其人力、财力、物资资源，若分散在众多加工贸易企业中，必然势单力薄，使用成本高，若集中起来资源共享，有利于降低交易成本，有益于做强做大加工贸易企业。基础要素是指这六大要素缺一不可，共同构成了企业管理的基本单元，抓住了这六大要素，也就抓住了众多加工贸易企业的共同点与结合点，从而在更高层次上有效推动加工贸易企业转型升级。

（3）网络经济总部平台维度——模式成功的关键。加工贸易较集中的各省市区应建立相应的网络经济总部平台。该总部平台由各专项平台包括经营环境服务平台（如东莞加工贸易管理服务平台）、研发与设计服务平台、人力资源共享平台、资金融通贷款平台、统一采购供应平台、生产技术扶持平台、集成运输配送平台、网络营销电商平台八大子网络专项平台所构成。通过网络神经，实现加工贸易企业人、财、物、产、供、销等生产经营要素，产业链以及政府服务与管理的对接。各平台既连接作为需方的众多加工贸易企业，同时还紧密连接外部资源提供方之各公司、机构、院校等单位。内外资源通过大数据、云计算及战略合作伙伴关系，以高效率、低成本实现快速对接与交换。总之，本模式既是一个大统一的加工贸易虚拟工业园区，又是以网络总部平台进行具体运作的实体机构，正是基于"传统加工贸易＋现代网络经济"这一新型模式，构建起实现加工贸易转型升级最终目标的支撑体系。

2. 模式的主要效应分析

本模式通过运用网络经济的力量，建立起以加工贸易信息为基础，以各专项网络平台为依托的生产、分配、交换和消费等的新型经济创新模式，从而达到触动加工贸易企业内在质量，推动其深化改革之目的。

（1）规模整合集约效应。引入网络经济，将彻底打破固有的地域限制与行业隔阂，实现各经济行为主体间的无缝链接。经济行为主体间的对接可以是同质的，也可以是异质的，既可以是同行业的不同企业，也可以是不同行业的不同企业。网络化的信息技术与管理技术的集成，使加工贸易链得以纵向延长与横向拓宽，相关业务甚至不同业务之融合以及加工产品种类的集成效应，使现有分散的加工贸易企业得以整合，规模无形中扩大。网络信息技术的应用，缩短了生产企业和最终用户之间的距离，改变了传统的市场结构，企业经营活动连续性更强，流动时间更短，有价值的产品信息可以第一时间到达客户，从而为争取市场优势创造条件。基于网络经济的加工贸易将改变原有粗放的生产方式向集约生产方式转变，以更快的时间获取资源，以最低的成本进行生产和销售，使集约化效应得以显现。而集约化效应又因网络平台这一新实体得到银行的青睐，吸引加工贸易扶持资金进入融通，从而消灭中小企业实力弱、信用差、贷款难之痼疾。

（2）产业链延伸与增值效应。信息化与网络化的集成，将促进加工贸易企业由低附加价值的简单加工向上游的研发、设计、采购和下游的物流配送、品牌打造以及市场营销等环节延伸。本模式中的研发与设计服务平台因网络而与国际快速接轨，提供与造就更多的自主研发、自主创新、自创品牌的机会。模式中的营销电商平台因网络技术的互联互通，将直接融入国内外营销渠道平台，从根本上改变加工贸易企业单纯外销的原有格局，而转化为内外销市场并举。模式中的加工技术支持平台将更有利于引入自有高新技术，更有针对性地帮扶中小加工企业，提高其生产效率和产品质量，使加工贸易企业与一般贸易企业、加工贸易产品与一般贸易产品的界限淡化，拥有自有品牌的生产企业可利用过剩生产能力从事加工贸易产品生产，而具有加工贸易性质的产品也可在补缴相应税款后加大进入国内市场销售的力度，实现"单一国外市场"向"国内外市场并举"的转型升级。而网络营销电商平台既与实体会展的"台博会""加博会"优势互补，还将与多家国内外著名的网站（如阿里巴巴、环球资源）链接起来，实现线上线下无缝对接，从而成为永不落幕的加工贸易博览展销会。

（3）成本降低、效益提升效应。任何一个企业经济效益的提升，除了增加销售收入外，降低采购和物流成本也是一个重要的环节。而传统加工贸易企业的采购及物流活动多因各自独立进行，难以形成采购规模和共同配送的边际效益，同时，没有采购定价和物流定价话语权，因此抵御成本上涨的抗风险能力较差。而网络经济将颠覆这种被动格局，本模式中的统一采购平台和集成运输配送平台通过网络的链接，整合采购、物流需求与供应资源。如某生产原材料、零部件的单个加工企业的采购量是有限的，其采购价格必定处于高位，但统一采购平台可在线集中众多加工贸易对同种物料的需求，产生规模效应，采购价格降低的可能性显而易见。物流成本降低也是如此。在我国，物流成本一般占企业营业收入的20%，而集成运输配送平台通过现代物流的理念、方法与手段，将最大限度地实现共同配送和即时配送，确保生产物料、半成品、产成品以满意的时间、满意的价格、满意的质量、满意的数量送达用户手中。

（4）人力资源禀赋新优势效应。要实现完整的加工贸易产业转型升级，就必须确立劳动力要素禀赋新优势。网络经济将使劳动投入减少，并且合理化。无论是操作单纯的劳动还是专业化程度高的劳动，网络经济过程中信息技术的传播使人和特定劳动的依赖关系淡薄，一方面使劳动者就业时间和就业形态的自由度扩大；另一方面使劳动者积累的经验和技能得到提升，依仗廉价劳动力取胜的时代已成历史。

网络经济的引入，不仅使传统劳动者的岗位有所减少，同时也创造了新的就业机会。因为一种产品通常要经过需求分析、市场调研、预测与决策、设计研发、生产、营销等环节，每一个环节都需要优秀人才的参与。然而，品牌、研发、设计、物流、营销等高端人才需要合适的工作环境和较高的待遇，现有的众多中小企业难以满足他们的要求。但网络经济总部平台中的人力资源共享平台可以打破现有的固定用工制度，对高端人才实现人企分离。通过人力资源平台，接收企业上传任务需求，在人才库内进行合理配置调派，实现人、企、任务、待遇的"四合一"对接，形成新的加工贸易用人机制，既使企业免去了疲于招聘之苦，降低了用人成本，又使人才价值得以体现。

四、对策与建议

1. 对策

随着经济的快速发展，我国进入全面深化改革阶段以及国内外市场竞争愈加激烈，必须充分利用现代网络经济把众多加工贸易企业武装起来，利用现代信息技术对传统产业进行彻底改造，否则难以同国内外的竞争对

网络经济与我国加工贸易转型升级

手相抗衡。但网络经济的拉动也会存在一些诸如企业加盟的积极性问题、商业秘密的保护问题以及企业对经营运作透明的担忧等问题。为此，要响应十八届三中全会提出的全面深化改革之号召，进一步深化对网络经济发展的研究，积极探索加工贸易与网络经济的对接，树立信心，扬长避短，消除企业各种担忧，加快网络经济总部平台的建设步伐，从而推动加工贸易实现根本性的转型升级。

2. 建议

（1）确立网络经济拉动战略，制定网络经济发展政策。各加工贸易主要省份要充分认识网络经济的发展趋势，把握网络经济运行的机制、规律、方式和特点，根据各省市经济发展实际情况，确立网络经济拉动加工贸易转型升级战略，科学制定相应的总体规划。要结合省情市情，加快制定和实施有利于网络经济发展的政策和法规，为网络经济发展及构建"加工贸易网络经济总部平台"提供宽松的政策环境和有力的法律保障。

（2）加强网络基础设施建设，整合各种网络资源。善于借鉴和吸收国内外网络基础设施建设的先进经验，整合现有各种网络资源，使之统一在"加工贸易网络经济总部平台"之上。但也无须急于求成，要在广泛深入调查研究的基础上，选择部分有代表性的加工贸易企业进行网络化改造试点，成熟一个建设一个。同时，还要特别搞好网络平台中各"网商"的协同创新。

（3）确保信息公信力，形成安全、高效的网络经济保证系统。政府要加强信息源的身份审核、验证和管理，确保其真实性，维护平台的公信力。在充分认识国内外网络经济运行经验教训的基础上，结合我国入网企业特点，研制、开发适应我国网络经济发展要求的技术保障系统，确保网络经济安全。[10]

（4）加大网络经济拉动转型升级的资金投入。建立拉动加工贸易转型升级专项扶持基金，重点对加工贸易企业引进网络技术设备、进行技术改造给予支持，对加工贸易内外资源积极投入网络经济总部平台及各专项平台建设给予奖励。

（5）打造品牌，推广网络经济平台应用。网络经济是否取得成功，取决于各网络平台应用的范围和深度，需要做好平台的策划、包装和宣传工作，让加工贸易企业熟知这个平台，让国内外做贸易的商人都关注这个平台，使得平台上的信息能及时高效地满足应用群体的需求，而且使用方便。[11]

（6）推进产学研、校政企实现战略合作。引导科技人员围绕制约加工贸易转型升级的关键难题进行科技攻关。鼓励加工贸易企业、网络经济总部平台与高等院校、科研院所合作，支持组建各种形式的战略联盟，建立以加工贸易转型升级为核心，产、学、研、校、政、企紧密合作的机制。

参考文献：

[1]海关总署．中华人民共和国海关对加工贸易货物监管办法（海关总署令第113号）[EB/OL]．[2008-01-14]．http://www.customs.gov.cn/publish/portal0/tab519/info4209.htm.

[2]周英峰．我国加工贸易企业有12.6万家[EB/OL]．[2010-01-20]．新华网，http://finance.qq.com/a/20100120/007215.htm.

[3]、[4]郑晓虹．东莞加工贸易转型对粤东产业转型升级的启示[J]．潮商，2012（2）：72-75.

[5]国务院新闻办．我国加工贸易进出口增长显著放缓，转型升级需长期加力[EB/OL]．[2013-08-11]．http://www.scio.gov.cn/ztk/xwfb/2013/08/11/Document/1309015/1309015.htm.

[6]国务院新闻办．2013中国外贸进出口特点[EB/OL]．[2013-01-16]．http://news.cnal.com/management/02/2014/01-16/1389863308359712.shtml.

[7]阿里巴巴．东莞制鞋厂[EB/OL]．[2014-01-25]．http://www.1688.com/gongsi/-B6ABDDB8D6C6D0ACB3A7.html.

[8]瑞典互联网市场研究公司．全球互联网发展报告[EB/OL]．[2014-01-21]．http://www.cnbeta.com/articles/169876.htm.

[9]郑红芬．东莞加工贸易转型升级现状及发展策略研究[J]．上海海关学院学报，2012（1）：39-44.

[10]短线操盘．网络经济的内涵[EB/OL]．[2014-01-25]．http://blog.sina.com.cn/s/blog_4dd5234d0100c6ae.html.

[11]谢瑞霞．网络经济时代实体经济发展策略研究[J]．电子商务，2013（11）：8-9.

"互联网+"下创业虚拟孵化的晕圈效应和叠圈效应[1]

吕 波[2]

摘 要：基于互联网、占空间面积少的虚拟创业孵化器已经崭露头角。"互联网+"的提出，将进一步加快创业虚拟孵化业的发展，推动传统孵化体系的升级与重构。本文在构建"互联网+"下创业虚拟孵化体系的基础上，针对"互联网+"对创业虚拟孵化产生的"弊"与"利"进行研究，提出了晕圈效应与叠圈效应，为传统孵化器升级以及虚拟孵化体系构建提供可参考范式。

关键词：互联网+；创业；虚拟孵化器

创业孵化器作为助推初创企业成长的组织日益引起广泛重视。至2015年我国拥有孵化器1500余家，其中国家级孵化器500余家。在众多孵化器中，一批几乎不占地或占地极少的虚拟创业孵化器开始崭露头角。北京的中关村涌现了3W咖啡、云计算产业孵化器、微软云加速器、联想之星等基于互联网的新型创业孵化器。国外则出现了如500startups、YC、Techstars、Capital Factory、DreamIt Ventures等基于互联网开展创业竞赛的新孵化组织，每年都吸引上千个团队争夺有限的几十个孵化席位。[1] "互联网+"的提出将进一步加快创业虚拟孵化的发展。本文以"互联网+"为

---

[1] 本文系北京市自然科学基金项目"基于陀螺模型的中关村新型虚拟孵化器演化研究与建议"（项目编号：9142005）、北京市社会科学基金项目"中关村虚拟孵化器的云创业服务平台研究"（项目编号：14JGB057）、北京市教委科研计划项目"中关村虚拟孵化器的运营模式研究"（项目编号：201301）的部分成果。

[2] 作者简介：吕波（1973—），男，山东省莱芜市人，北京物资学院商学院副院长，副教授，博士，主要研究方向为创新创业。

背景，对创业虚拟孵化的利弊进行研究，为创业虚拟孵化的发展提供理论范式。

一、"互联网＋"对传统创业孵化体系的重构

"互联网＋"＝互联网＋传统行业。"互联网＋"时代的到来，给传统创业孵化业带来全新的环境，产生的冲击是空前的，主要体现在以下改变上。

1. 成本的改变

"互联网＋"使创业孵化虚拟化，初创企业充分利用虚拟空间与社交网络开展创业，传统孵化器所设的办公区、会议区、停车区、餐饮区、展示区等不再成为必备的硬件孵化设施，从而使孵化器的投入成本大幅度下降。以我国传统孵化器平均面积3.3万平方米、建设成本每平方米3000元计算，每一传统孵化器仅建设成本投入就超过亿元。而虚拟孵化器租用500平方米的办公面积即可运行，租金成本平均为100万元，仅为传统孵化器建设成本的1%。

2. 空间的改变

"互联网＋"使孵化场地由传统的面积与规模越大越好变为不占地或少占地。2015年我国孵化器的孵化面积平均为3.3万平方米，而基于互联网的虚拟孵化器占地仅需数百平方米至数千平方米不等，如国内的3W咖啡孵化器占地1500平方米，国外孵化器YC创业孵化区面积仅为500平方米。

3. 集聚方式的改变

传统孵化器以实体空间为载体，即使平均规模达到了3.3万平方米，但聚焦的创业企业以及所能提供的资源与服务总是有限的，中关村地区中型孵化器在孵企业约为50家。虚拟孵化器自诞生之日就建立在互联网之上，"互联网＋"使创业者、市场、资本、技术等资源集聚方式以及服务提供方式均通过互联网以虚拟形式实现，打破了传统的以物理位置为主的聚集方式，并直接与国际网络连接，带来了无限拓展空间。

4. 运营模式的改变

"互联网＋"将推动创业虚拟孵化发展，倒逼传统孵化器升级重构，

使其运营模式也随之改变。新型虚拟孵化器不再以收取租金、政府政策补贴作为运营资金来源,而是通过占有初始股权、提供虚拟增值服务以及募集捐款等方式作为赢利来源。传统孵化器所能提供的各种专业服务,包括专家培训与指导、人力资源招聘代理、财务代理、融资服务、法务代理、广告代理等不仅不会弱化,反而因为互联网带来的成本下降与沟通便捷而得到加强。如传统的培训与指导由原来的会议集中式转为一对一、随时随地式视频互动培训;人力资源数据库可以与各大学的大学生数据库直接联结并由初创企业按条件搜索;财务、融资、法律、广告等服务通过互联网与世界范围内的各种专业资源联结。这均使初创企业与国际化的专业资源与服务通过网络实现零距离对接。

　　虚拟孵化器是在互联网的基础上产生的,正式被定义为新型孵化器的时间是在2005年,该定义认为基于互联网的孵化器即为虚拟孵化器。[2]"互联网+"把人、机、服务智能化,使虚拟孵化器发育成创业社交平台以及创业自媒体等社交网络,跨越地理位置的局限,形成以云计算、大数据为支撑背景的云创业,[3]把各参与者与世界各地的创业虚拟资源联为一体,使传统创业孵化体系重构。"互联网+"下的虚拟孵化体系包括创业企业、孵化器、政府、产业、学研、中介6大参考者,它们的角色被赋予了新的职能与要求。[4]创业企业是主体,在"互联网+"下创业企业既可以是新业态、新技术,也可以采用"传统行业+互联网"模式。创业企业越来越要求孵化器提供"一站式"孵化模式,即创业者把精力专注于核心的服务创新、用户维护以及技术研发上,而把非核心的环节交给孵化器去做。创业企业提出满足一站式孵化模式还有一个前提——定制化,即要在满足创业企业所提出的个性化要求基础上完成一站式的定制服务。这种需求倒逼着传统孵化器进行升级增设虚拟空间功能,与虚拟孵化器共同构成创业虚拟孵化体系。政府要适应"互联网+"形势,通过信息的随时互动与反馈,制定引导和激励基于互联网业务发展的促进政策。产业中的规模化集团或全球化企业仍是资本主力,他们更加重视小企业基于互联网的技术创新,愿意为新型初创小企业提供融资与市场。学研机构要成长为具有服务"互联网+"能力的新机构。聚集在孵化体系周边提供专业服务的风险投资商、法律事务所、会计事务所、融资公司等中介组织要主动融入"互联网+"系统,成为互联网络的有机一环。6大参与者通过"互联网

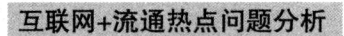

+"打破边界而成为开放性组织，它们之间随时发生信息互动与资源传递，使新技术、新服务的创新层出不穷，创新整体效率得以提高。[5]图1可为孵化器的升级与完善提供范式。

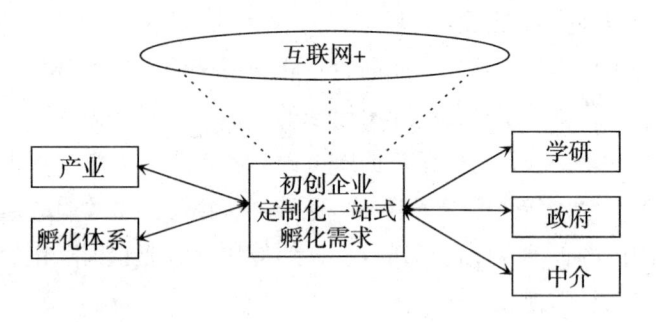

图1 "互联网+"下创业孵化体系的重构

二、"互联网+"下创业虚拟孵化的晕圈效应

"互联网+"下创业虚拟孵化体系的核心在于创业企业提出的定制化一站式孵化需求。定制化一站式孵化需求是指创业企业根据自己的需求，自由选择所需要的技术、知识、人才、资本、市场、政策等要素，定制个性化需求菜单，并借助虚拟孵化体系完成一站式孵化服务。在此过程中，会伴随着对企业虚拟孵化器的晕圈效应。晕圈效应是指被认知对象因被事先标志的光圈笼罩而导致的对认知对象产生的误判。"互联网+"下创业虚拟孵化的晕圈效应是指在"互联网+"光环下，大家认为创业虚拟孵化器是完美的，但实际上虚拟孵化器的发展并不顺利，存在着诸多难题。

1. 虚拟孵化器的赢利难题

虚拟孵化器与生俱来的低成本属性为虚拟孵化器披上了光环，但虚拟孵化器发展之路并不顺利。一是难破亏损怪圈。中关村的3W咖啡、车库咖啡已经成为我国著名的虚拟型民营孵化器，却一直面临亏损，亏空部分主要依靠股东的捐助与政府每年十万至数十万元的政策补贴。国外虚拟孵化器也面临同样的命运，如由美国联邦政府提供50万美元拨款建设的美国伊利诺伊州立大学虚拟孵化器，因后续资助资金的断供而在开业不到一年后的2012年即宣布关门。二是虚拟孵化器数量所占比例微不足道。目前全国有孵化器共1500家，其中知名的虚拟孵化器占比不到2%；全国孵化器中在孵企业有10万余家，虚拟孵化器中在孵企业只有约1000家，占比约1%。由虚拟孵化器培育成功的创业企业更是凤毛麟角，目前知名的仅有3W咖啡孵化器孵化的似颜绘，微软创投加速器孵化的云适配、梯子网、太火鸟、土曼、糖护士，联想之星孵化器孵化的豆果、乐逗等。同时，虚拟孵化器还存在着市场化能力不足、信息化程度不高等缺陷，要取得实质性、突破性发展仍待时日。

2. 虚拟孵化需求小众化与功能大众化的难题

传统孵化器面对的是一种大众化、差异化小的创业企业需求，只要设置20%的主要孵化功能，就可以满足80%的创业企业需求。在"互联网+"下创业企业需求的基本特征是个性化和多样化，呈现出的需求是小众化、蜂窝状、散点式、碎片化需求。虚拟孵化器如果还是像传统孵化器那样仅设置约20%的主要孵化功能，则只能满足20%的创业企业需求。创业需求的小众化趋势与孵化器功能大众化存在着难以调和的矛盾。虚拟孵化器必须开发出先进的、易操作的应用技术，基于互联网对其进行汇聚、归类与分析，并与全球化资源网络实现有效对接。目前这些应用技术的开发还处于探索之中，解决需求小众化与功能大众化的难题尚需时间。

3. 虚拟孵化平台多样性与接口统一的矛盾

目前，我国各地方政府、部门、单位均搭建了诸多不同层级、不同领域、不同类型的平台，涉及技术研发平台、科技成果转化平台、科技资源共享平台、科技中介服务平台等，也包括虚拟孵化平台，但实际运营的效果并不理想，急需突破产业之间的藩篱，打破学科之间的界限，推动区域之间的创新资源流动，促进机构之间、个人之间、机构与个人之间的互动、整合、集成，使虚拟孵化平台拥有统一的接口。对迅猛发展的虚拟孵化器，政府要前瞻性地出台相应的政策标准，防止虚拟孵化器在未来出现千企千面、无法整合、无法跨区域的局面，降低后期的整合成本。

此外，创业虚拟孵化的知识产权持有者认为在网络上传递核心技术和知识产权极易泄密与流失，虚拟孵化器体系应同步建立产权保护机制。

三、"互联网+"下创业虚拟孵化的叠圈效应

创业虚拟孵化的叠圈效应来源于"叠加效应"，即网络圈复合之后的

效应大于网络圈简单的叠加，即 1 + 1 > 2。"互联网＋"下创业虚拟孵化将催生以下四种网络圈。

1. 线上创业圈

"互联网＋"下虚拟孵化器体系通过网络链接起创业企业、孵化器、产业、大学、政府与中介，通过网络使知识专利向技术转移和商业化发展。通过对全球 78 家知名的虚拟孵化器的调研，发现领先的虚拟孵化器已经着手建设"线上圈"，开始利用虚拟教练、虚拟助手、虚拟商场、虚拟环境等完成咨询、培训、服务等功能。部分虚拟孵化器开始致力打造"云服务"模式，即把各种资源集中在"云"端，更方便注册用户访问与使用。在"互联网＋"时代，基于移动互联网和互联网的智能化、体验式的线上场景组合，将被应用到创业虚拟孵化体系中。

随着互联网与移动互联网的智能化发展，场景化、体验式的孵化功能线上设置与智能化的线上孵化服务将成为亮点。新技术将自动根据创业者的地点、时间、环境与行业信息，自动设置创业企业所需要的场景，使虚拟孵化功能设置更符合目标创业者的个性化需求。同时，虚拟孵化体系对创业者创业需求的满足不再是单向被动的，而是双向主动的。虚拟孵化体系通过积累创业企业提供的需求数据，应用新技术实现自动分析，在创业者输入信息或搜索内容时，自动弹出符合创业者要求的、可供选择的资源清单或服务清单，从而以智能化服务有效提高创业企业的孵化成功率。

创业虚拟孵化与移动互联网的线上融合也被看好。移动互联网终端拥有诸多功能，如随时随地可视化沟通与知识分享、按空间与位置服务（LBS）、移动应用程序社交圈（APP）、近距离无线通信技术（NFC）、重力感应功能（如摇一摇功能）等，这些移动应用程序的开发和应用，将有效提高创业虚拟孵化的效率。

2. 国际化资源圈

传统孵化器基于地理位置寻找合作资源，建立在区域合作上，这种空间限制制约了合作资源的开发。[6]虚拟孵化体系克服了这一缺陷，它建立在国际化网络上，创业者可以在国际范围内寻找知识、人才、资本与市场资源。[7]

"互联网＋"使国际化资源圈联结成国际创业市场网络。虚拟孵化体系的注册会员在虚拟孵化平台上发布信息，信息一经发布就成为被搜索对象，国际创业市场的供给方与需求方都可以通过搜索与索引功能查到发布的信息，双方实现零距离对接。专业化分工的发展，使任何一家企业也不可能独立完成所有的创新。国际化大企业拥有雄厚的资金优势与技术资源，但不够灵活。各区域市场上的创业小企业根植于当地，对市场把握准确，可以快速响应市场并开发新技术、新服务和新产品。在"互联网+"下，国际化的大企业与创业小企业的沟通渠道与合作流程更为快捷，让创业小企业融合到国际市场之中，使创业小企业既属于不同地区，又是国际创业市场网络中的一员；既能保持市场灵活性，又能与国际大企业资源耦合创造新的资源，从而在国际化资源圈中获取更大收益。[8]

虚拟孵化体系应根据所处地域的经济水平与条件来确定设置哪些孵化功能，不能体现优势的虚拟孵化模块可以通过合作与链接由国际网络中的其他虚拟孵化体系来完成。[9]

3. 社交网络圈

在网络科技不发达时，创业企业与合作企业的沟通主要依靠会议、传真、电话等。但"互联网+"下社交网络平台、约会服务软件、全方位视频会议等新技术手段，使创业企业可以轻松从社交网络圈的便捷沟通中获得资源与知识。"互联网+"改变了社交规则，使传统的信息采集方式发生改变。如政府在传统孵化体系中处于被动状态，只有当创业企业提出需要的政策配套后，政府再接受建议并制定政策。现在，政府通过社交网络圈，可以随时采集到人才引入、税收优惠、资金筹措、政策疑惑等方面问题，及时了解政策需求与反馈信息，使因时、因需、因地制定政策成为可能。虚拟孵化社交网络平台在集聚更多资源后，还可以自主设置更多类型的连接。

4. 云创业圈

"互联网+"下虚拟孵化体系把与创业有关的海量数据传到云端，再对数据进行积累、交换、分析与运用，会产生新的机会与知识，带动新一轮业务增长与盈余增长。这种建立在云数据挖掘技术上的虚拟孵化体系，为创业企业提供额外价值，形成云创业圈。

在"互联网+"下创业企业的云数据库，由在虚拟孵化平台上注册的创业企业提供，涉及创业企业的服务、技能、资源与需求以及自身优势和社会责任等。大学与科研机构的技术转让部门把可商业化的专利与知识传到云数据库中，供有意向的创业企业选择，并在虚拟孵化平台上完成知识产权转移。大学的就业服务部门把大学生数据库向虚拟孵化器平台开放，使大学生数据库成为创业企业的人才库。大学教授和研究人员通过虚拟孵化器向在孵企业提供咨询，找到有商业价值的研究机会。风险投资商等中介把数据库纳入虚拟孵化平台上，供创业企业搜索。政府可以把当地经济发展机构的内部数据库分门别类共享到云数据库中。

5. 叠圈效应

"互联网+"把线上创业圈、国际化资源圈、社交网络圈、云创业圈等四圈叠加，产生1+1+1+1>4的效应，体现出网络合作创新的动态性、偶然性和多边性特征，使多边随机的交流与合作随时随地发生并融合，不断孕育出新的创新果实。叠圈效应的结果是使创业企业、孵化器、政府、产业、学研、中介形成技术流、知识流、人才流、政策流、资金流、信息流的互动，并形成互相促进的良性循环。"互联网+"还推动传统孵化器转型升级以及虚拟孵化器数量成倍增加，使孵化器之间的联络更加频繁，发育成更有效率的组合结构与关联模式，进一步加快虚拟孵化器的国际化合作和专业化分工，降低创业风险，提高创新效率，有效帮助创业者实现定制化一站式创业。[10]

总之，"互联网+"对传统孵化行业的冲击是巨大的，创业者的定制化一站式孵化需求将倒逼孵化体系重构，传统孵化器将对现有业务流程进行升级改造，主动纳入虚拟孵化网络中。在孵化体系重构的过程中，虚拟孵化器与升级后的传统孵化器要注意回避晕圈效应，突破赢利怪圈，解决小众化与大众化难题，调节多样性与统一性的矛盾；同时要发挥叠圈效应，使线上创业圈、国际化资源圈、社交网络圈、云创业圈等四圈叠加，使我国创新效率和创业水平显著提高。

参考文献：

[1]牛禄青. 中美创新型孵化器的主要运营模式[J]. 新经济导刊, 2014 (9): 64-71.

[2]Ross Grimaldi, Alessandro Grundi. Business Incubators and New Venture Creation：

an Assessment of Incubating models [C]. Tech-novation, 2005: 111 – 121.

[3]"虚拟化与云计算"小组. 虚拟化与云计算[M]. 北京：电子工业出版社, 2009: 11 – 30.

[4] LECHNER CHRISTIAN, MICHAEL DOWLING. The Evolution of Industrial Districts and Regional Networks: The Case of the Biotechnology Region Munich /Martinsried [J]. Journal of Management and Governance, 1999 (3): 309 – 338.

[5] ETZKOWITZ H.. Innovation in Innovation: the Triple Helix of University-Industry-Government Relations [J]. Soc Sci Inf (Paris), 2003 (3): 293 – 338.

[6] LITTUNEN H., STORHAMMAR E., NENONEN T.. The Survival of Firms over the Critical First 3 Years and the Local Environment [J]. Entrep Reg., 1998 (3): 189 – 202.

[7] ANDERSON A., JACK S.. The Articulation of Social Capital in Entrepreneurial Networks: a Glue or a Lubricant? [J]. Entrep Reg, 2002 (3): 193 – 210.

[8] AUTIO E., YLI-RENKO H.. New Technology-based Firms as Agents of Technological Rejuvenation [J]. Entrep Reg, 1998 (1): 71 – 92.

[9] ETZKOWITZ H.. Incubation of Incubators: Innovation as a Triple Helix of University-Industry-Government Networks [J]. Sci Public Policy, 2002 (29): 115 – 128.

[10]高运胜, 聂清, 贺光辉. 三螺旋结构下台湾政产学合作模式分析——以新竹科学园区为例[J]. 高等工程教育研究, 2013 (6): 108 – 113.

"互联网+"视角下的电子商务"价值经济"研究

李成钢[1]

摘　要：电子商务的商业本质决定了其必须在连接生产和消费两大领域中实现基本功能。经过20年的发展，中国电子商务已经成功深入到社会生活的多个领域，聚集了一定的用户"黏度"，正在从"眼球经济"向"价值经济"过渡，在价值经济实现过程中，进一步向生产和消费领域延伸已经成为必然选择。与传统工业经济的技术提升带动产业发展不同，互联网更多的是以应用和模式创新的方式来推动经济发展，就其生产性服务而言，其对传统制造业的提升和创新的活动也是通过对消费市场的挖掘来实现的，这导致互联网经济更加关注消费市场、关注消费者的满足程度，突出了互联网时代"买方市场"的市场格局特征。

关键词：互联网+；电子商务；价值经济

在2015年3月5日十二届全国人大三次会议上，李克强总理在《政府工作报告》中首次提出"互联网+"行动计划，各行业的专家和学者对此进行了解读。这一行动计划是在充分认可互联网融合性创新的基础上，为进一步加速互联网与传统产业的融合创新而提出。在此，仅就电子商务在连接生产与消费两大领域中，基于"互联网+"的价值经济深刻挖掘，浅析电子商务的价值经济实现问题。

---

[1] 作者简介：李成钢（1976—），男，吉林省松原市人，北京服装学院商学院副教授，博士后，中国通信工业协会物联网专家委员会委员，中国通信工业协会网络安全和信息化专家咨询委员会副秘书长，中国信息化推进联盟信息化协同创新专业委员会副秘书长，中国纺织工业企业管理协会理事，主要研究方向为网络经济、电子商务、网络营销、管理创新。

"互联网 +"视角下的电子商务"价值经济"研究

一、网络经济的"三阶段"演进路径分析

随着互联网经济的发展，信息的表现形式不断丰富，由单纯的文本信息，到音频、图片信息、多媒体信息，甚至发展到虚拟现实；信息的展示也不断向精准化、定制化、个性化和交互式多元化发展。这种信息的革命性变革，带动互联网的商业模式不断演进，涵盖用户流量导向、用户黏性导向和用户价值导向阶段。[1]

1. 用户流量导向阶段

在互联网产业发展的初期，互联网表现出显著的媒体特征，用户流量是衡量网站广告位价值的唯一标准，在这一阶段网站价值可以与网站流量画等号。因此，网站为网民提供免费信息服务以吸引网民的眼球成为市场竞争的关键。卡茨（Katz）和沙博理（Shapiro）在1985年对网络外部性进行了较为正式的定义：随着使用同一产品或服务的用户数量变化，每个用户从消费此产品或服务中所获得的效用随之变化。基于网络外部性原理，以太网的发明者梅特卡夫（Metcalf）[2]提出了作为互联网"眼球经济"理论基础的梅特卡夫定律。该定律针对早期电话网络活动，同样适用于虚拟网络，也被用于互联网。该定律认为，网络的价值以用户数量的平方速度增长。$V = N(N-1)$，当用户数 N 无限大时，网络价值 V 趋近于 N^2。具体表现是，网络价值与网络节点数的平方与联网用户数量的平方成正比。例如，当只有你一个人使用电子邮件，这时你所获得的价值就是自有价值，即你自己发邮件，设价值为1；当再有一个人使用电子邮件时，假设所有的使用者都互发邮件，你就从中获得了协同价值，这时价值等于2；当有第三个人使用电子邮件时，网络价值等于 $3 \times (3-1) = 6$；当有 N 个人使用电子邮件时，网络价值等于 $N(N-1)$；当 N 趋向于无穷大时，网络价值相当于 N^2，这就是梅特卡夫定律，即网络的价值等于网络节点数的平方，这里的节点数即是上面提到的消费者的个数。该定律为互联网经济发展初期的"眼球经济"阶段的企业行为进行了较好的诠释。

2. 用户黏性导向阶段

在互联网产业发展的第二阶段，增加用户黏性，从而使高黏性用户愿

意为其所享用的服务付费成为重要的商业模式。黏性或者"黏度"是培育市场、衡量顾客忠诚度的重要指标,对于网站品牌的宣传和推广起着重要作用。增加用户黏度的方式基本上有两种,即持续的"眼球吸引"和增加用户的替代性成本。除了"眼球经济"的考虑外,替代性成本即机会成本,是当用户试图从吸引眼球的网站转移到其他网站时所付出的代价。因此网络经济的发展力求速度最快、功能最强、价格最低、服务最稳定,并增加社区功能来增强用户的黏性。在这一阶段,主动、交互、个性、体验日益成为用户使用互联网的主流方式,用户流量与用户黏性的相互结合成为这一阶段的主要特征。

3. 用户价值导向阶段

在这一阶段,用户的价值成为最受关注的核心。用户的价值需要不断挖掘,"价值经济"的理念将主导互联网经济的发展。在用户价值导向的阶段,服务平台、企业、网民之间形成良性的互动,用户价值得以提升。用户流量是网站发展的重要基础,用户黏性是网站提升和获得商业模式的关键,而通过用户价值来实现和创造商业价值,才是最终目标。三个阶段不是断裂的概念,而是滚动发展、融合与承继的关系。

二、解析电子商务的"价值经济"

1. 电子商务发展正在向价值导向阶段过渡

电子商务沿着网络经济的"三段法"演绎路径发展,目前正向价值导向阶段过渡,此阶段的重要特征就是价值经济正在实现。

据中国互联网络信息中心(CNNIC)的统计,截至2014年年底,我国的网民数达到6.49亿,互联网的普及率47.9%。2005—2014年10年间,中国网民数增长了近6倍(见图1),奠定了互联网应用人群的基础资源。电子商务的交易规模也从2005年的1.3万亿元,增加到2014年的13.4万亿元,交易规模增长约10倍(见图2)。电子商务中仅网络购物的网民渗透率已经达到55.7%。[3]电子商务的行业应用进一步普及,行业电子商务平台数量和质量都有大幅度的提高,中国电信运营商、软件及系统集成商积极开展电子商务服务,逐渐成为电子商务服务业的主力。电子商务形成了较高的网民渗透率,产业规模连年持续上升,已经成为人们日常购物消费的主要模式之一,形成了一定的用户黏性,开始向价值导向阶段过渡。电子商务如果想进一步扩大其发展空间,需从价值经济的挖掘入手,拓展其业务领域的广度和深度。

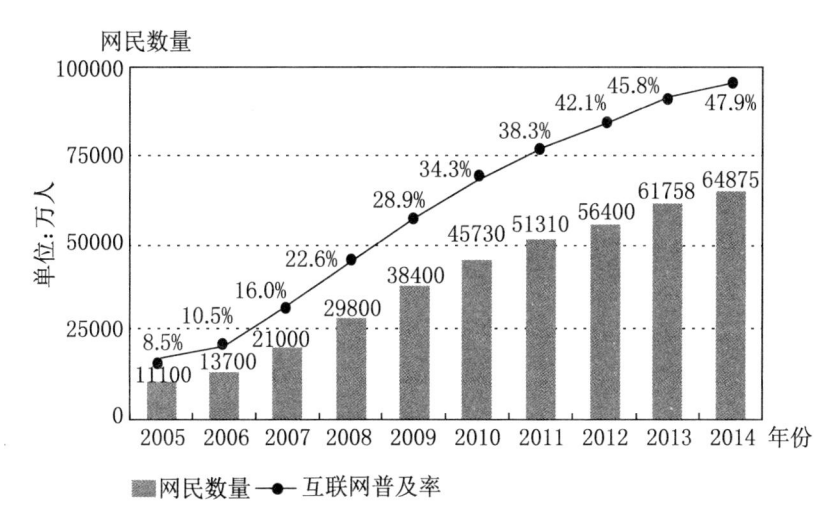

图1 中国网民规模和互联网普及率

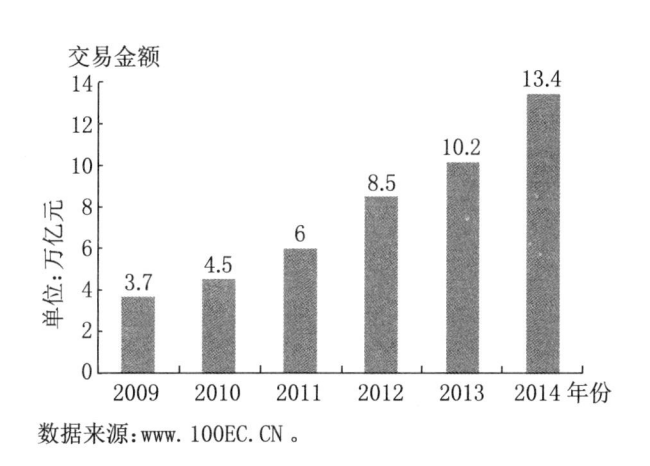

数据来源:CNNIC 中国互联网络发展状况统计调查。

图2 2009—2014年中国电子商务交易额

数据来源:www.100EC.CN。

2."价值经济"的提出

价值经济是以价值链为基础的一种经济形式。与经济学中任何事物对人和社会在经济意义上的"经济价值"概念的角度不同,价值经济目前并未形成统一认识，对其界定也是模糊的，有的仅限于概念性层面，这里尝试从价值链视角解析价值经济。1985年，迈克尔·波特[4]提出了价值链的概念，认为企业是在设计、生产、销售、发送和辅助其产品的过程中进行种种活动的集合体，这些互不相同但又相互关联的生产经营活动，构成了一个创造价值的动态过程，即价值链。为股东、员工、顾客、供货商以及相关行业等利益集团创造价值是企业生存和发展的根本，企业创造价值的过程即是价值增值的活动，其总和构成了企业的价值链。在一个企业众多的"价值活动"中，并不是每一个环节都创造价值。企业所创造的价值，实际上来自企业价值链上某些特定的价值活动；这些真正创造价值的经营活动，就是企业价值链的"战略环节"。企业在竞争中的优势，尤其是能够长期保持的优势，说到底，是企业在价值链某些特定的战略价值环节上的优势。

本文所讨论的"价值经济"就是基于价值链"战略环节"，以价值创造和价值挖掘为核心，为保持长久、稳定的竞争优势而进行的经济活动的总称。

3. 电子商务的价值经济解析

经济合作与发展组织对电子商务进行了广义的界定："电子商务是企业、家庭、个人、政府以及其他公共或私人机构之间通过以计算机为媒介的网络进行的产品或服务的买卖活动。买卖的产品或服务通过网络进行，至于付款和产品或服务的最终递送则既可在网上完成，也可在网下完成"。[5]

从该定义中可以看出，电子商务归根结底是一种商业活动，是基于信息技术从事的商业活动。电子商务作为商业的本质特征，即连接生产和消费的媒介特质没有发生变化。这种衔接通过信息技术，更加便捷地让生产和消费对接。电子商务的互动性，让生产者能够充分了解消费的需求，提供更加适合的产品和服务；消费者可以把自己的诉求提供给供应方，以便能够让自己的需求得到充分满足，这些是通过信息技术和模式创新完成的。这种基于信息技术的商务活动，使得商业的"生产和消费的时空统一职能"充分发挥出来，即时性、柔性、个性化等特征成为电子商务区别于传统商业的典型特征。

电子商务的商业本质决定了电子商务的价值实现路径，即在连接生产和消费的服务创新中,实现其价值创造等价值经济活动。

三、电子商务"价值经济"的服务表达

在连接生产和消费的服务中,根据其重点服务对象的不同,可以把电子商务服务分成电子商务的消费性服务和生产性服务。

1. 电子商务的消费性服务

顾名思义,电子商务的消费性服务是为了适应居民消费结构升级趋势而主要面向消费者的服务,以扩大短缺服务产品供给,满足多样化的服务需求。电子商务在发展初期,立足于互联网"眼球经济"的特点,重在满足广大消费者的多样化需求,以广泛的商品可选择类别、多样化的服务模式,以综合平台或垂直网站的形式提供消费性服务。以淘宝网为例,男装、女装、鞋靴、箱包、运动户外、珠宝配饰、手机数码、家电办公、护肤彩妆、母婴用品、家居家纺、家装建材、汇吃美食、百货市场、汽车摩托、花鸟文娱、生活服务、娱乐休闲等,各种商品、各种服务以集成的方式在平台网站上随处可见,在满足消费者多样化需求方面提供极大便利。同时,电子商务通过互联网的互动性特征,把商务模式创新与广大的消费需求紧密结合,把社交平台与商务平台紧密结合。在电子商务平台上,专门提供了社交讨论区域,把消费者对商家的评价信息、满意度以及消费者的潜在需求都进行有效反映,商家根据需求可以与消费者在网上实时互动,真正把商务活动与消费者紧密结合起来。

2. 电子商务的生产性服务

电子商务在满足消费需求的同时,也与生产环节融合。从广义的角度看,电子商务与生产的融合可以延展到"两化融合"领域。作为互联网、信息化的典型代表,电子商务有着信息化的技术基础,在与传统制造业融合中,能够提升其效率、创新传统制造业的生产模式,从而带动传统制造业的转型升级。而从狭义的角度来理解,电子商务与生产环节的融合创新,则仍属于生产性服务的研究范畴。

本文重点研究的是电子商务与生产环节融合中的"生产性服务"的特性。一般来讲,生产性服务是指为保持工业生产过程的连续性,为工业技术进步、产业升级和提高生产效率提供保障的服务。生产性服务业是与制

造业直接相关的配套服务业，是从制造业内部生产服务部门独立发展起来的新兴产业，本身并不向消费者提供直接的、独立的服务效用，而是贯穿于工业生产上中下游整个产业链中提供辅助性的帮助。

关于生产性服务的分类目前并不统一。1975 年，布朗宁（Browning）和辛格曼（Singelman）[6]在对服务业进行功能性分类时，提出了生产性服务（Producer Services）概念，认为生产性服务包括金融、保险、法律工商服务、经纪等具有知识密集性特征，并专门为客户提供的服务。马歇尔（Marshall）等[7]认为，生产性服务包括与信息处理相关的服务、与实物商品相关的服务、与个人支持相关的服务。

我国政府在 2006 年的《国民经济和社会发展第十一个五年规划纲要》中提出，"大力发展主要面向生产者的服务业，细化深化专业化分工，降低社会交易成本，提高资源配置效率。"将生产性服务业分为交通运输业、现代物流业、金融服务业、信息服务业和商务服务业。电子商务与生产环节的联系主要体现在其生产性服务的特性方面。

有专家曾经提出，产业互联网时代正在到来。主要观点认为，经过多年发展，基于"眼球经济"的消费互联网发展已经进入瓶颈期，各项基于消费者的产品、服务和布局已经比较完善，互联网的下一步发展趋势是基于价值经济的产业互联网时代，重点是互联网与生产、交易、流通、融资等高效融合，不断创造高于流量的新的互联网价值形态。

四、电子商务的生产性服务的价值挖掘

1. 网络化采购

网络化采购是借助于互联网，通过电子商务平台或者其他渠道寻找产品及供应商资源，利用网络信息交流的便捷与高效进行产品的性能价格对比，并将网上信息处理和网下实际采购操作过程相结合的一种新的采购模式。通过电子商务，在采购环节实施网络化，企业对中间产品、原材料以及相关服务进行电子商务化，利用网络资源丰富性的特点货比三家，择优采购，提高效率，降低成本。

2. 工业设计的电子商务化

工业设计作为创意性产业，在现代生产中发挥着日益重要的作用。一

方面，工业设计作为生产环节的组成部分，属于制造的一个环节；另一方面，工业设计作为生产性服务，可以作为一个独立的第三方产业，为生产制造提供服务。电子商务与工业设计结合，可以帮助工业设计更好地发挥作用。通过电子商务广泛的传播和市场推广，可以更好地发挥工业设计企业与市场的桥梁作用，在指导生产和技术转化为市场需求的产品同时，也将市场信息即时反馈；工业设计作为企业的无形资产，通过电子商务的渠道，可以使企业的核心价值和理念更好、更快速地传达，从而积累企业更好的信誉，建立更加完整的企业视觉形象，形成企业独树一帜的风格。作为独立的第三方生产性服务，工业设计可以通过电子商务的模式为异地企业提供设计服务，打破空间限制，让企业有更加多样化的选择，也让部分工业设计缺乏的地区能够平衡优质资源，实现网络化的互动和补充。

3. ERP 管理体系

电子商务与供应链管理结合，实施 ERP 即企业资源计划，将生产资源计划、制造、财务、销售、采购、质量管理，实验室管理，业务流程管理，产品数据管理，存货、分销与运输管理，人力资源管理和定期报告系统等，运用网络经济时代的新一代信息系统，改善企业业务流程。加强内部管理，总公司与下属公司及各职能部门有组织、有计划地统一管理，减少环节、提高效率、降低成本，提高企业核心竞争力。同时，电子商务时代是以速度取胜的时代，企业对市场的反应速度快。在市场需求的变化中，原材料、生产能力、设计、质量、运输、后勤保障等会使企业面临严重压力，而信息化的供应链系统可帮助企业把供应商和客户较完整地纳入企业自身的供应链系统中，及时了解原材料和产成品的库存和市场供求状况，形成供应商、制造商、渠道商、客户之间的良性互动。

4. 柔性化生产

电子商务与生产领域结合，为生产领域带来了新的生产理念——柔性生产，柔性生产是"以客户为中心"的理念在生产领域的延续。电子商务的发展，激发了消费者的潜在消费需求。市场需要多样化、快捷性、个性化的产品，这对以规模制造为主的传统生产方式是一种挑战。柔性化生产通过组织结构、渠道模式以及生产系统等方面的改革，使生产系统能对市场需求变化做出快速反应，从而使企业获得更大的效益。计算机、网络化及自动化技术是柔性生产的物质技术基础。

5. 服务性外包

"轻公司"是互联网时代的一种模式创新的公司经营理念，主要依托独特的技术平台，通过互联网工具，在传统行业的价值链中找到崭新的商业模型。这种理念的核心是，企业要充分发挥核心竞争力，把自己不擅长的业务外包出去，从而更加聚焦于核心业务，而相关的专业外包公司也能提供更专业、优良的服务，降低企业的成本，这是一种双赢的局面。轻公司的理念可以追溯到产业链转移，这是西方发达国家产业链转移的思路在互联网领域的创新性应用。西方发达国家在产业链中，把研发设计和渠道服务作为自己的核心业务，把加工制造等附加值较低的环节向发展中国家转移，以保持"轻公司"的状态，实现自己核心业务的长久比较优势。电子商务市场的兴起，为公司的服务外包提供了天然平台，在公司剥离的业务中，可以较为轻松地找到合适的下游企业，更好地实现外包提供者和接受者的对接，同时，基于电子商务兴起的外包公司也以更专业的服务和创新的理念逐步形成一个创新性的服务市场，这也是互联网时代强者更强的"马太效应"的体现。

6. 市场覆盖率提升

电子商务可以打破传统渠道"市场覆盖难题"。在传统的渠道模式下，受制于规模不经济的影响，存在规模经济效益递减的区间。西方经济理论研究表明，规模经济一般出现在厂商经营的初始阶段，厂商由于扩大生产规模而使经济效益得到提高；而当生产扩张到一定规模以后，厂商继续扩大生产规模，会导致经济效益下降。当规模经济到达临界点后，就会出现规模不经济现象。在影响和制约规模经济的因素中，除了自然条件和社会政治历史因素外，最主要的是经济因素，如资金、市场、劳力、运输、专业化协作等。在市场扩张中，也会遇到规模经济主导下的"市场覆盖难题"，即受制约于资金、市场、劳动力、运输、专业化协作等多种因素，在市场扩张过程中，随着市场覆盖率的提升，市场的边际收益率出现递减的现象。电子商务可以延迟或者缓解这一现象的发生。电子商务以全新的渠道发布信息，提高企业知名度，提供更多的功能和服务，在为老客户提供创新服务的基础上,还能增加新的客户,产生业务增值,所有客户均可从中获益。在原有渠道的基础上,电子商务在提高市场覆盖率的同时,可一定程度上缓解"市场覆盖难题"。

7. 客户服务水平的提升

一般来讲,客户服务水平的度量可以从以下几个方面来考量。交易商品的可得程度:客户订单需求满足的可能性高低;备货时间:客户需要等多长时间才能满足订单需求;提供的柔性(可变性)服务程度:对客户需求变更的应变能力;信息处理的及时性与准确性:各种信息的传递效率;差错率及纠错能力:降低差错发生概率和纠正差错的能力;售后服务的支持:后续服务的种类及其及时性等。[8]传统渠道的反应速度较慢、反馈机制的透明度不高、互动性不强,客户服务很难达到人们的需求标准:快速、及时、效率、态度、透明,即使信誉良好的企业,为了保持良好的口碑,也不得不专门下大力气投入人力、物力、财力来完善客户服务体系,以良好的态度、上门服务等多种方式来尽量消除效率不足使人们满意度降低的危险。把电子商务引入客户服务体系之中,可以极大改善传统企业的客户服务现状。电子商务的服务业本质和定位,如前所述,在发展中首先要解决的就是陌生的买卖双方之间的信任和信用问题,依靠的是严谨的服务体系和透明化的服务与反馈机制,加之电子信息的快捷性、互动性的特点,以及将网络促销、网络支付、大数据分析纳入客户服务体系,可使得传统企业的客户服务水平大幅度提升。

五、总结

如前所述,电子商务是在连接生产和消费的服务创新中,实现其价值创造等价值经济活动,并通过消费性服务和生产性服务来实现其价值经济的活动。就生产性服务而言,其对传统制造业的提升和创新的活动也是通过对消费市场的挖掘来实现的。因此,可以说,对消费信息的深入挖掘是电子商务价值经济实现的路径选择。

与传统工业经济的技术提升带动产业发展不同,互联网更多的是以应用和模式创新的方式来推动经济发展,这导致互联网经济更加关注消费市场,关注消费者的满足程度,突出了互联网时代"买方市场"的市场格局特征。电子商务强调的是精准的定位和"错位"的竞争,商务模式创新的终极目标始终瞄准网络消费者这一群体，而消费者需求的无限性、多样性、创造性，让众多商家都找到了商机。因此，与传统商务的发展相比，在现阶段的电子商务发展中，可能看到更多的是基于消费者的商务模式的互补性变化。

参考文献：

[1]国家信息化专家咨询委员会．中国互联网产业发展研究[R]．2011．

[2]转引自朱彤．外部性、网络外部性与网络效应[J]．经济理论与经济管理，2001（11）：61．

[3]CNNIC．第35次中国互联网络发展状况统计报告[R]．2015．

[4]波特．竞争优势[M]．北京：华夏出版社，2005：29－51．

[5]转引自周宏仁．信息化论[M]．北京：人民出版社，2008：543．

[6]转引自方远平，毕斗斗．国内外服务业分类探讨[J]．国际经贸探索，2008（1）：72－73．

[7]转引自王晓玉．国外生产性服务业集聚研究述评[J]．当代财经，2006（3）：92－93．

[8]骆温平．物流与供应链管理[M]．北京：电子工业出版社，2013：117－118．

互联网金融

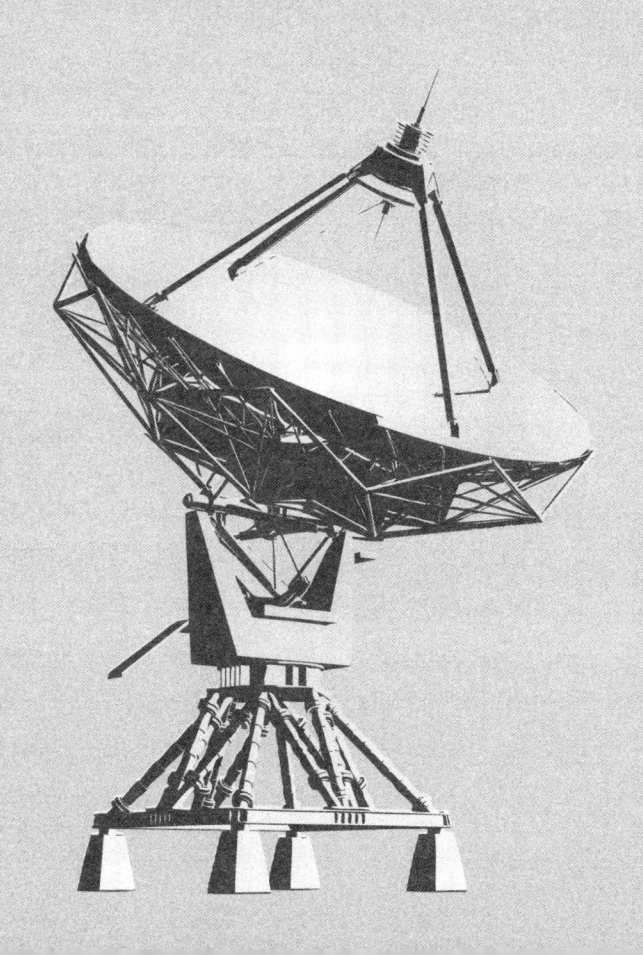

竞争与变革：互联网金融对传统银行业的冲击[1]

王 静[2]

摘 要：互联网金融从资产端、负债端和支付端对传统银行业形成冲击，加速了金融脱媒和金融业的市场化发展，但并未改变金融的本质，商业银行必须实行自我变革，加快赢利模式的转型和重塑。同时，互联网金融中的风险不应忽视，亟须出台监管和风险管理框架。因此，应在实现金融改革提升效率和宏观经济稳定之间的平衡中重新设计金融监管体系，构建金融消费者保护体系，动态调整监管方式、规则、内容等，实现智慧监管。未来或出现互联网金融与传统银行业的深度融合。

关键词：互联网金融；金融发展；金融效率；金融监管

一、引言

中国经济转型大背景下，各行业均受到影响，但产业趋势和商业模式的变化将带来比经济周期波动更大的冲击，互联网金融的快速发展即是一例，其对金融行业特别是传统银行业的影响已极为深刻。2014 年 3

---

[1] 本文系国家社科基金重大项目"三次产业动态协同发展机制研究"（项目编号：10ZD&027）、天津市科技发展战略项目"天津科技中小企业信托融资模式创新研究"（项目编号：13ZLZLZF03800）、天津外国语大学"十二五"科研规划 2013 年度科研项目"宏观审慎视角下的中国影子银行体系研究"（项目编号：13YB16）的部分成果。

[2] 作者简介：王静（1975—），女，山东省淄博市人，天津外国语大学国际商学院教师，经济学博士，南开大学滨海开发研究院特约研究员，天津国际发展研究院研究员，主要研究方向为金融机构和微观金融。

月"两会"对于支持互联网金融创新的话题尚在热议中，当月 17 日即出台了《支付机构网络支付业务管理办法（征求意见稿）》，监管步伐大大加快；随后，中国工商银行（以下简称"工行"）、中国农业银行（以下简称"农行"）、中国银行（以下简称"中行"）、中国建设银行（以下简称"建行"）大幅调低余额宝快捷支付额度，三大国有商业银行停止接受余额宝的协议存款。中国人民银行、中国银行业监督管理委员会（以下简称"银监会"）的举措以及四大国有商业银行的反应被市场理解为对以余额宝为代表的互联网金融的打压，一时成为金融市场的热点话题。

余额宝实现的是银行活期存款与货币市场基金的转换，且费率更低、收益率更高，金融消费者摆脱了银行管制利率转化为基金非管制利率（产品收益率）的限制，自然引起银行、证券等领域金融机构和监管当局的注意和重视。以余额宝为代表的互联网金融的快速发展，其根本原因在于我国现行的金融抑制（Financial Repression）、尚未完成的金融改革以及金融监管存在空白。互联网金融加速了金融脱媒和金融业的市场化发展，从资产端、负债端和支付端对传统银行业形成冲击，未来金融行业格局存在变数，监管体系应如何设计，以及如何实现金融改革提升效率与宏观经济稳定之间的平衡成为关键问题。

二、互联网金融与传统银行业的比较

互联网金融的发展，其核心是信息的传递、分析和交易费用的大幅降低，在此基础上改变了整个商业模式，为金融行业发展提供了全新的方向和极大的想象空间。其主要优势在于良好的客户体验和成本的节约，并将其用于增加客户投资收益率、降低客户贷款利率，从而吸引更多客户并提高客户黏性。而传统银行业更注重服务少数个人和少数企业，前者如高净值客户，后者如规模更大、收益更高的大型企业。

互联网金融与传统银行业各具优势（详见表 1）。比较之下，互联网金融以技术替代了传统银行业的物理网点和人力，在效率敏感——小微贷款、收益敏感——理财需求、便捷敏感——支付方式等方面最容易形成对传统银行业的冲击，其共同特点在于此类业务易于标准化；而非标准化金融业务（如大型企业的金融需求），要通过定制化的方案进行满足，在此方面，目前传统银行业更具优势。

表 1　互联网金融与传统银行业的优劣势比较

	相对优势	相对劣势
传统银行业	市场公信力更高； 拥有大规模存款和投入成本； 监管标准较高，但在极端事件发生时可能得到政府支持，特别是那些"太大而不能倒"的重要金融机构； 在复杂产品和结构性金融产品提供方面拥有更丰富的经验； 仍然控制大型企业客户和机构业务，提供定制化服务（Customized Service）	线上用户接入存在比较劣势； 单位经营成本高； 规模太大不易于推进结构转型； 利率受到管制
互联网金融	拥有电商平台实时数据，建立了自身的信息处理新模式； 易于接入线上用户，在互联网和手机覆盖区域均能提供金融服务； 营运成本较低； 易于转型	未来监管将会更加健全和严格，行业经营面临调整； 利率市场化改革完成后，其回报吸引力可能下降； 存在信用风险，如部分P2P平台倒闭； 缺乏设计复杂产品的经验； 服务受众以小微企业，个体经营者和个人消费者为主

资料来源：根据瑞银证券相关研究整理。

三、互联网金融对传统银行业的冲击

由于我国利率市场化改革尚未完成，存款利率水平低于均衡利率，民间资金缺乏投资渠道。互联网金融的出现提供了投资新渠道、新工具，不仅扩大了金融服务人群的覆盖面，也降低了金融服务的成本，并极大地提高了金融服务的便利程度。或者说，正是由于这种金融服务的触及性、可获得性与低成本，使得金融消费者快速接受了互联网金融，消费受众基数快速增长。互联网金融对于传统银行业的影响和冲击，主要表现在负债端、资产端和支付端三方面。

1. 负债端

传统银行业的负债端主要包括吸收公众存款和发行理财产品，对其形成冲击的互联网金融产品以余额宝和理财通为代表（参见表2）。产品绝大多数对接到货币基金，截至2014年2月底，全市场货币基金达到1.4万亿元，❶ 余额宝占据1/3以上的货币基金总规模。❷

表2 让"存款搬家"的互联网金融产品

时间	互联网公司	产品	对接货币基金及产业
2014.3	京东	小金库	嘉实基金、鹏华基金
2014.3	阿里巴巴	娱乐宝	信托计划（投向阿里巴巴旗下文化产业）
2014.3	微信	全额宝	汇添富基金
2014.1	微信	理财通	华夏基金
2014.1	苏宁云商	零钱宝	汇添富基金
2013.10	百度	百发、百赚等	嘉实基金、华夏基金
2013.9	网易	现金宝	汇添富基金
2013.6	东方财富	活期宝	南方基金
2013.6	阿里巴巴	余额宝	天弘基金

资料来源：根据网络公开资料整理。

由于金融改革尚未完成，金融资源配置不合理，金融消费者不断寻求脱离金融抑制，其投资主要关注三个方面，即收益率、风险和流动性。以天弘增利宝货币基金（余额宝）为例，基于其公布的基金净值，笔者计算的2013年年化收益率为5.46%（包含收益连续投资），2014年（截至2月28日）年化收益率为6.187%，❸ 与银行0.35%的活期存款利率相比较，❹ 对金融消费者中的普通居民有很大吸引力。利率双轨制下银行的钱荒加大了市场利率和银行活期存款利率之间的利差，在资金面紧张的时

---

❶ 数据来源于中诚信数据服务平台。
❷ 笔者根据天弘增利宝货币基金在2014年2月底的资产规模计算得出。
❸ 笔者根据天弘基金网站公布的历史基金净值计算得出。
❹ 活期利率采用的是中国人民银行现行的基准年利率。

候，货币市场基金的收益率甚至超过银行理财产品。从风险来看，根据其2013年第四季度报告，资产组合中6.7%投向固定收益投资，皆为债券；0.83%投向"买入反售金融资产"；92.21%投向银行存款和结算备付金。风险相对较低，在高流动性（T+0的交易制度）、便捷性和良好客户体验下，打破了金融市场的分割，满足了金融消费者对高收益理财的诉求，更使该产品规模快速扩张，2014年2月底资产规模达5000亿元人民币，投资者总数超过8100万，户均余额6000元。而3月初中国股市活跃交易账户仅有约7700万户。[1]互联网金融碎片式、低门槛的资产管理模式和快捷便利的新型金融消费客户体验，唤醒了金融消费者的潜在金融意识，大众理财需求通过互联网金融和大资产管理被满足。

余额宝和理财通的出现加速了负债端利率市场化进程，净息差缩窄压力渐增，储蓄结构发生明显改变，银行资金成本上升。根据瑞银证券的计算，如果总存款中有10%被货币市场基金取代，中国的银行业净息差将萎缩10个基点。面对这种冲击，传统银行业被迫提速负债端利率市场化：一是银行推出"宝宝类"产品，以留住存量客户。例如，兴业银行的掌柜钱包、中国银行的活期宝、民生银行的如意宝、平安银行的平安盈、交通银行的快溢通等，均对接到不同的货币基金。二是银行提高了理财产品收益率。根据截至2014年3月底公布的国有商业银行新发理财产品预期收益率，笔者结合总融资规模测算得出，工行的加权预期收益率为5.57%、建行为5.33%、农行为5.25%。❶但最终即使在表内和表外负债总额不变的情况下，负债结构发生了变化，存款和理财产品规模下降，同业负债增加，导致银行的资金成本仍然在上升。

2. 资产端

阿里金融、对等连接（Peer to Peer，P2P）网络贷款平台、京东、上海钢联等进行的贷款业务或者信用中介，调整了金融市场的信贷格局。这一类互联网金融业务对于传统银行业的贷款业务有影响，但比较小，原因在于互联网金融面向的客户群体以小微企业、个人创业等零售贷款为主，而这部分客户因其财务报表等"硬信息"的缺乏，被商业银行视为信贷高风险、高成本类别，并非目前商业银行的主要客户群体。根据银监会的数

---

❶ 笔者根据中诚信数据服务平台公布的数据整理计算得出。

据，2013年7月末，全国小微企业贷款（含小微企业贷款、个体工商户贷款和小微企业主贷款）余额为16.5万亿元，占全部贷款余额的22.5%。由此可见，目前商业银行信贷仍以大中型企业为主。

谢平等[2]指出，互联网金融模式下的信息处理有五个主要特点：一是地方信息和私人信息公开化；二是软信息转化为硬信息；三是分散信息集中化；四是能有效反映汇聚信息；五是信息通过社交网络的自愿分享和共享机制传播。这种信息处理模式完全不同于传统银行业，充分利用定性非财务信息、私人信息、资产特性、客户和供应商品质等软信息（Soft Information），并结合信息的"交叉验证"，提高了小微企业、个人经营者的信贷可获得性，实现部分金融包容性增长（Financial Inclusive Growth）的目标。以阿里小贷为例，从2010年6月推出到2014年1月底，累计为644万家小微企业提供1722亿元贷款，❶缓解了其融资困境。

基于业务性质，我们将这些融资平台分为两种不同的运作经营模式。

（1）以阿里金融、京东和上海钢联为代表。阿里巴巴的阿里金融为淘宝、天猫企业客户提供订单和信用贷款；京东推出的京保贝基于京东供应商的供应链融资，掌握供应商的入库单、结算单、产品销售等实时数据；上海钢联通过采集、发布行业信息，聚集客户，并利用自有资金为行业内钢铁贸易商提供融资。这一类互联网金融的信贷风险管理基于其积累的客户数据信息优势，降低授信方与受信方之间的信息不对称；同时还掌握了客户的资金流，风险控制重点是控制资金流向、收回贷款，实现闭环运行；客户以平台交易客户为主，或以供应链企业为主，小微企业占大多数。其产生源于贸易货物的流转必然附带资金的流转，金融需求自然随之产生，如早期山西票号为贸易提供支付功能和通用电气公司（GE）贷放与资金的产融结合。

（2）以P2P网络贷款平台、众筹融资为代表。人人贷、陆金所、红岭创投的业务模式为线上获取资金，线下获取和审批项目，引入第三方担保公司保障投资者本金安全；宜信的业务模式为线下获取、审批项目，组建信用审查团队，企业法人对项目提供融资，将债权进行资产证券化，变为标准化理财产品出售给线上理财客户；拍拍贷则是线上获取、审批项目，

---

❶ 数据来源于中诚信数据服务平台。

线上获取资金,为零散的资金供给和需求提供一个撮合平台;众筹的点名时间通过线上宣传推广项目,投资者获得非利息回报。这一类互联网金融的信贷风险管理基于分散贷款实现分散风险。2006年,国内出现P2P借贷平台,截至2013年12月底,全国范围内活跃的P2P网络借贷平台超过350家,平台交易量预计达1800亿元。❶ 比较两种模式,考虑到风险控制、数据积累、经验积累,第一种运作经营模式更有发展前景和潜力。

3. 支付端

在线第三方支付如支付宝、财付通,理财产品在线销售如东方财富,主要对传统银行业的非利息收入产生影响。一是第三方支付对银行卡现有手续费收入分配模式的影响。线下支付的手续费(交易金额的1%~2%)分账比例是收单机构20%、转接机构10%、发卡机构70%(收单机构和发卡机构可能为同一家),线上支付则绕过了转接机构,同时线上支付费率低于线下(交易金额的0.3%~0.5%),也减少了发卡机构收入。二是银行代理基金产品、银保产品、信托销售等手续费收入的影响。三是货币市场基金互联网销售条件下,银行理财产品吸引力下降,会降低银行管理理财产品的费用收入。

基于前述,互联网金融从负债端、资产端和支付端对传统银行业务形成冲击,无论影响程度如何,后者的利息净收入(利息收入-利息支出)、净利润均发生了波动,虽然总量持续上升,但增速出现下降趋势。例如,在利息净收入增长率方面,工行从2012年的15.2%下降为2013年的6.1%,中行从12.7%下降为10.4%,农行从11.3%下降为10%;在净利润增长率方面,农行从2012年的19%下降为2013年的14.5%,工行从14.5%下降为10.2%,建行从14.3%下降为10.2%,❷ 均受到不同程度的影响。

总体来看,商业银行面临来自市场的冲击,将不得不实行自我变革,加快赢利模式的转型和重塑。与此同时,不同类型的银行面临的冲击以及影响程度因其业务、电子银行替代率等而有所差异。在这一过程中,银行

---

❶ 数据来源于中诚信数据服务平台。
❷ 笔者根据中诚信数据服务平台四家商业银行2012年、2013年财务数据整理计算得出。

的风险定价能力、产品创新能力、交叉销售能力和管理能力都将受到新的挑战,行业格局或面临调整。

四、结论及建议

1. 客观审视互联网金融

互联网金融在我国的快速发展,有其客观基础。首先,较之于传统银行业更为灵活便捷的再融资促进了实体经济的发展,特别是小微企业信贷融资困境的缓解促其发展,并共享其创造利润;其次,为金融消费者提供更多元的投资工具和投资途径,使资金实现市场化配置;最后,大大拓宽了金融交易的地理范围,扩大了金融服务覆盖面,提升了渗透率。[3]截至2012年年末,我国仍然有1686个金融机构空白乡镇,❶如果能够通过互联网金融进行覆盖,将在极大降低成本的基础上推进普惠金融。互联网金融对于传统银行业带来冲击,但并不会破坏该系统,也并没有改变金融的本质,而是推动其转型,加快创新和提供差异化服务,使整个金融业体系更趋多元化,未来或出现互联网金融与传统银行业的深度融合。但其中蕴藏的风险也不应忽视。例如,国内信用评级滞后于业务拓展使得P2P更多通过引入担保来应对,同时存在监管缺位、平台运作不规范、违约风险成本低等风险。根据中诚信数据,自2013年10月以来信贷事件大增,出现倒闭或资金链断裂的P2P平台超过40家,涉及金额超过10亿元,亟须出台监管和风险管理措施。

2. 监管设计需寻求金融改革效率提升与宏观经济稳定之间的平衡

金融监管以金融体系的整体安全为考量,支持实体经济的发展。互联网金融产品的出现推动了利率市场化实质进程的加快,而金融产品的创新也对于金融监管提出了更高要求,在防范风险的前提下,应鼓励金融创新。监管的目的应定位于提供一个清晰、透明的法律环境,其结果应是规范市场健康运行,而不应是遏制金融创新、降低金融效率,并应避免监管不公,消除明显的监管套利(Regulatory Arbitrage)机会。监管重点应放在跨业交易活动、网络安全、技术能力和风险控制上。在监管方面,他国经验需要审慎借鉴,其原因在于欧美国家出现互联网金融威胁是在利率市场

---

❶ 数据来源于中国银行业监督管理委员会。

化完成和科技繁荣之后，而此时，传统银行业已在金融创新冲击中建立了渠道、业务、定价等方面的高进入门槛（Threshold），形成了对互联网金融强有力的防御。我国的互联网金融发展则是与利率市场化进程加快以及金融改革推进并行的，在监管设计中，传统的线下监管方式必须进行转变，将线上业务模式纳入监管范围。并需要立足于本国实际，在金融改革效率提升、保护金融消费者利益和宏观经济稳定之间寻求平衡点。

3. 构建金融消费者保护体系

互联网金融的创新，如果发展好的话，能够跨越垄断、消除政策歧视，加快推进普惠金融，但如果发展不好，对于金融消费者来说，最关键的问题是其权益能否得到保护，是否会带来信用危机，进而影响宏微观金融稳定。完善的金融消费者保护体系应包括立法、保护机构和纠纷投诉处理机制。目前，我国金融消费者权益保护方面适用的法律是《消费者权益保护法》，但其中对于金融消费者保护的界定不清晰，对于为何保护、如何保护不明确，保护的原则、职责、操作规定尚不明确，缺乏针对性的法律保护条例。由于互联网金融消费群体人数众多，存在风险隐忧，在监管新措施出台的同时，应从法律上明确保护金融消费者。在金融消费者保护机构方面，中国人民银行、银监会、中国保险监督管理委员会、中国证券监督管理委员会陆续搭建组织架构，成立金融消费权益保护局。但由于部分金融产品涉及跨业业务，那么此种情况下，各机构之间如何协调、职责如何划分缺乏明确指引，或增加金融消费者的维权难度。在纠纷投诉处理上，建议专设机构并制定纠纷处理投诉程序，对于投诉处理的情况应纳入央行征信系统，集中被投诉的则应作为监管部门的监管重点，根据金融实际发展，动态调整监管方式、规则、内容等，实现智慧监管。

参考文献：

[1] 郭田勇. 多给余额宝一些生存空间[DB/EL]. [2014-03-17]. http://www.ftchinese.com/story/001055244? full=y.

[2] 谢平，邹传伟，刘海二. 互联网金融模式研究[R].//中国金融40人论坛课题报告，2012.

[3] 巴曙松，谌鹏. 互动与融合：互联网金融时代的竞争新格局[J]. 中国农村金融，2013（24）：15-17.

互联网金融背景下商业银行物流体系演进路径

徐 艺 谢尔曼[1]

摘 要：商业银行"信用中介"功能的强弱，很大程度上取决于其"信息中介"能力的大小。在互联网金融的大潮之下，互联网企业不断挑战商业银行"信息中介"的地位。商业银行只要做好顶层设计，实施平台战略，着力建设现代化的物流体系，将其打造成商业银行"线上+线下"服务的重要基础设施，并发展成为接触客户、感知客户的重要渠道，以及实现网点转型、主动服务客户的重要途径，就能形成物流、资金流、信息流"三流合一"的核心竞争力，引领互联网金融发展。

关键词：互联网金融；商业银行；物流体系；演进路径

随着互联网（特别是移动互联网）技术深度融入社会生活各个领域，越来越多的互联网企业通过多年建立的互联网服务平台，推出了一批全新的金融产品和服务，以第三方支付、网络借贷、网络理财平台为代表的"互联网金融"逐步走进消费者的视野。

在这轮范围广、层次深的金融变革之中，以"外来者""创新者""颠覆者"形象示人的互联网企业与传统金融的代表——商业银行之间的竞争日趋激烈，并引起了广泛关注。近年来，商业银行已从网络平台、物理网点、客户体验等多方面进行改造和重建，以提升自身的核心竞争力。

---

[1] 作者简介：徐艺（1985—），男，江苏省泰州市人，中国人民大学财政金融学院博士生，主要研究方向为保险、银行风险管理等。谢尔曼（1980—），男，陕西省西安市人，中国工商银行城市金融研究所博士后，主要研究方向为互联网金融、大数据处理等。

本文从商业银行信息治理的角度，基于资金流、信息流、物流"三流合一"的商务信息发展趋势，在分析、梳理互联网企业跨界金融对商业银行所形成挑战的基础上，提出商业银行物流体系建设战略，进而对商业银行物流体系的演进路径加以探讨。

一、互联网金融及其对商业银行的挑战

1. 互联网金融的概念

"互联网金融"（Internet Finance）这一概念，由谢平、邹传伟等人[1]最先提出，他们认为，随着互联网技术的发展，在网络支付、社交网络和搜索引擎、云计算三大支柱的支撑下，将使得市场信息不对称程度、资金供需双方在资金期限匹配及风险分担上的成本变得非常低，中介机构将因为没有存在的必要而消失。这种依靠互联网摆脱了金融中介机构的金融新模式，就是互联网金融。

黄旭、兰秋颖等人[2]提出，国内外学术界之前并没有出现"互联网金融"这一概念，相关的研究内容多以"电子金融"（Electronic Finance，E-Finance）作为关键词，[3]用以描述20世纪90年代前后开始的第一轮互联网革新。"互联网金融"可以理解为"电子金融"的升级版。

霍学文[4]认为，互联网金融是互联网技术融入金融领域的产物，互联网企业跨界金融，引入了新颖的技术和产品，有利于降低服务成本、扩大服务范围、增加服务类别、提高资源配置效率、降低交易成本，有助于加速金融产品创新、提高金融产品的风险控制和定价能力、促进监管自动化。

中国人民银行金融稳定分析小组提出，互联网金融是互联网与金融的结合，是借助互联网和移动通信技术实现资金融通、支付和信息中介功能的新兴金融模式。[5]广义的互联网金融既包括作为非金融机构的互联网企业从事的金融业务，也包括金融机构通过互联网开展的业务；狭义的互联网金融仅指互联网企业开展的、基于互联网技术的金融业务。

可见，对于"互联网金融"这一概念，学术界的理解与认知经历了一个逐步发展、逐步深入的过程。本文所说的"互联网金融"，仅指互联网企业开展的金融业务。

2. 互联网金融的现状[1]

目前，我国互联网金融主要包括互联网支付、对等连接（Peer to Peer，P2P）网络借贷、非 P2P 的网络小额贷款、众筹融资、基于互联网的基金销售等几大业态。

（1）互联网支付方面。截至目前，共有 269 家第三方支付机构获得了央行许可，其中提供互联网支付业务的有 100 余家，业务范围包括网上购物、缴费、基金理财、航空旅游、教育、保险、社区服务、医疗卫生等领域。2013 年，支付机构共处理互联网支付业务 153.38 亿笔，金额总计达到 9.22 万亿元。

（2）P2P 网络借贷方面。我国的 P2P 网络借贷从 2006 年起步，截至 2013 年年末，全国范围内活跃的 P2P 网络借贷平台已超过 350 家，累计交易额超过 600 亿元。从规模和经营状况看，平台公司的门槛较低，注册资本多为数百万元，从业人员总数多为几十人，单笔借款金额多为几万元，年化利率一般不超过 24%。

（3）非 P2P 的网络小额贷款方面。以阿里巴巴公司提供的"阿里小贷"为例，截至 2013 年年末，阿里金融旗下三家小额贷款公司累计发放贷款 1500 亿元，累计客户数量超过 65 万家，贷款余额超过 125 亿元。除此之外，京东商城、一号店、唯品会、苏宁云商等企业也陆续推出了相似的金融服务。

（4）众筹方面。众筹融资在我国起步时间较晚，其中"天使汇"自创立以来累计有 8000 个创业项目入驻，通过审核挂牌的企业超过 1000 家，创业者会员超过 20000 人，认证投资人 840 人，融资总额超过 2.5 亿元。

（5）基于互联网的基金销售方面。基金公司基于第三方支付平台的基金产品（市场称为"宝宝类"产品）受到了消费者的青睐，以支付宝"余额宝"和腾讯"理财通"为例，截至 2014 年 1 月 15 日，"余额宝"规模突破 2500 亿元，用户数量超过 4900 万；"理财通"1 月 22 日登录微信平台，不到 10 天规模就突破 100 亿元。

---

[1] 这部分的相关数据，除有特别说明的外，均源于中国人民银行金融稳定分析小组 2014 年出版的《中国金融稳定报告（2014）》（中国金融出版社）。

3. 互联网金融对商业银行的挑战

从交易额的角度来看,互联网金融还处于发展初期,总体规模还难以与商业银行相比,但其增长速度却让商业银行为代表的传统金融机构深感压力。

王光宇[6]认为,互联网金融提出的最大挑战,在于其很大程度上改变了传统货币金融理论的框架,资金供需双方可以借助于互联网直接完成匹配。这既是传统货币金融理论的一次前沿创新,也是现行金融业的一场"范式革命"。

姜奇平[7]指出,支付拥有金融、信息的双重基因,而互联网金融恢复了支付的信息功能,能够低摩擦地实现生产者与消费者的一对一供求匹配。因此,支付正在成为银行业与互联网业走向未来的共同入口,而互联网支付已经在用户习惯方面走在了商业银行的前面,这就对商业银行的发展提出了挑战。

梁璋、沈凡[8]认为,从当前互联网发展的现状看,互联网企业在商业模式创新、平台渠道建设、金融服务体验和监管政策导向等方面比商业银行的既有模式和机制具有优势,这些优势构成了其核心竞争力。

谢尔曼、黄旭[9]提出,互联网企业在跨界经营过程中所表现出的对无钞、无卡支付场景的创造力,对信息获取、分析的整合力,对"众包"思想的理解力,对网络平台规模效应的洞察力,共同构成了互联网企业的核心竞争力,也是互联网企业挺进金融领域的"底气"所在。

综观理论界对于互联网金融核心竞争力的分析,研究者们无一例外地将"信息"在金融中的重要地位与互联网企业在对"信息"进行获取、管理、挖掘、运用方面的优势结合起来,这是因为商业银行的信用中介地位,事实上就是由其隐性的信息中介身份所支撑的。可以说,金融机构信用中介能力的强弱,很大程度上取决于其信息治理的效率、成本和效用。近年来,互联网企业通过开源社区迅猛发展,低成本地获得了强大的信息处理能力,并在信息的获取和运用两端不断扩张,在网络空间形成了独有的"信息核心竞争力"。

进一步分析互联网企业的信息核心竞争力,可将其分为信息获取、信息存储处理、信息运用三个层次。在这三个层次上,互联网企业相对于商业银行的优势不尽相同。

在存储处理能力层次，互联网企业的优势在于架构灵活、响应快速、成本低廉的分布式高可用性服务器集群，商业银行可以通过吸纳开源技术和研发人员进行快速赶超。

而在信息获取、信息运用这两个层次，互联网企业借助商业模式的差异，形成了更高的竞争壁垒。对于互联网企业（特别是电子商务企业）而言，由于买卖双方的询价、交流、交易支付、发货、物流送达、确认收货等过程都在网络平台上进行，交易全过程的资金流、信息流、物流信息都完整地留在了数据库当中，这些积累的数据又为平台进一步优化服务、开创新型金融业务提供了源源不断的数据分析支撑。商业银行长久以来关注的重点是交易数据（即资金流）和部分交易信息（即信息流），对于物流信息，只能通过有限的电子渠道进行自动传输，一些业务场景下甚至还需要人工填写、录入。这种业务模式上的差异，使得商业银行在短期内难以准确、高效、可靠地获取物流信息，从而难以实现"三流合一"的信息获取和应用。

可见，商业银行提高信息治理能力，一方面要在信息存储处理层次持续投入，在成本、效率等方面实现对互联网企业的赶超；另一方面，更要注重构建"三流合一"的基础设施、业务模式，从根本上获得信息治理能力的优势地位，巩固自身"信息中介"的地位，提高"信用中介"的竞争优势。

二、商业银行建设物流体系的必要性

物流体系是商业银行构建"三流合一"的重要基础设施，是商业银行接触客户、感知客户的重要渠道，是商业银行实现网点转型、主动服务客户的重要途径。认真思考商业银行自主物流体系建设，在当前互联网金融竞争态势下显得十分必要。

1. 自建物流体系，是商业银行构建"三流合一"重要的基础设施

互联网企业的"三流合一"，是伴随其在互联网上搭建的"应用平台"而"与生俱来"的，互联网竞争中的马太效应，使互联网"平台"日益成为互联网金融的竞争焦点。[10]例如，阿里巴巴通过其核心的电商业务，搭建了完备的"电商+信息+金融"的平台；百度通过其核心的搜索业务，正在全面布局"搜索+信息+金融"的平台；腾讯通过其核心的社交及娱

乐业务，正在谋求向着"社交娱乐+信息+金融"的平台转型；其他互联网金融平台（如P2P、金融垂直搜索、个人资产管理等），也在积极利用互联网的扁平化优势，通过账户绑定、信息合作等方式，以"抱团取暖"的战略联合搭建小团体内的网络平台。网络世界的金融业务，正在逐步被互联网企业的平台战略所蚕食。

作为应对互联网企业的举措之一，一些商业银行着手搭建自有的电子商务平台，以期在更多的应用场景和非金融业务中，进一步发挥商业银行的资源整合作用，更加有效地整合匹配生产者、销售渠道和消费者的供需信息，从而服务商业银行自有的存量客户，吸引更多的外源性增量客户。与此同时，商业银行可以通过上述平台，不断获取、积累客户的行为数据、交易数据和物流数据，并对相关数据进行存储、整理，形成"三流合一"的数据资源。在此基础上，进一步与商业银行多年来在金融领域丰富的业务数据积累进行整合，从而进一步分析、挖掘，生产出更有价值的数据资产，从源头上扩展商业银行的信息维度，强化商业银行的信息治理能力，巩固商业银行的信息中介地位。

然而，就目前的发展而言，商业银行自建的电子商务平台在物流方面尚处于"受制于人"、相对被动的地位。以商家对消费者（Business to Customer，B2C）交易平台为例，货物送抵买家的"最后一步"，很大程度上决定了客户对电商平台的满意度，而目前银行系电商大多采用"入驻卖家自主寻求快递服务提供商"的方式，对于"三流合一"的要求尚存在一定的距离。例如，一方面，入驻银行系电商平台不同的卖家往往会依据商品类型、收货人目的地、物流成本等因素选择不同的快递服务提供商，而电商平台本身又尚未实现快递服务提供商物流配送数据的实时同步，这一现实情况，往往造成客户在银行系电商的购买过程中，不但不能在收货方面接受统一服务，削弱其对电商平台的认知度，而且导致一些商品不能让客户进行实时、准确的查询；另一方面，由于电商平台对于入驻商家的进货供应链信息尚不能完全掌握，因此并不能发挥电商平台的供应链强化作用，一定程度上浪费了网络平台的开发和运行维护资源。对于银行而言，这一现状也影响了数据收集的全面性和实时性。因此，迫切需要自建物流体系，规范、完善相关数据标准，让商业银行及其客户可以享受到引入物流数据所带来的效益。

2. 自建物流体系，是商业银行接触客户、感知客户的重要渠道

京东商城是国内知名的电商平台之一，对于自营商品100%采用自有物流配送，是其能够在激烈的市场竞争中快速扩张的重要支撑。自有物流配送，不仅可以为客户带来统一的服务体验，更可以通过精心培训的快递员，将京东的服务理念和态度通过面对面的方式直接传达给客户，也能将客户的需求或意见反馈给企业，同时，京东的快递员也可以充当京东增值服务（如退货、物品取件、白条业务审核等）的提供者和服务员。可见，设计合理的物流体系不仅可以实现"企业→客户"的货物、信息通路，也可以实现"客户→企业"的信息反馈，还可以成为扩展服务、为客户提供增值业务的新渠道。

长久以来，商业银行的非物理网点渠道都集中在自助机具（如自动取款机（ATM）、远程柜员系统（VTM）等）、电话、短信和网络渠道上，近年来，随着货币电子化、服务渠道自助化的不断深入，商业银行客户（特别是年轻客户）前往银行网点的频率不断下降。商业银行能够接触客户、倾听客户、理解客户的渠道和时间呈现快速衰减趋势，这让商业银行本来就略显被动的客户感知面临更加严峻的挑战。

自建物流体系能为解决上述两个问题提供一条新颖的路径。一方面，自建物流体系可以培养商业银行自有的快递业务员，并将其作为商业银行的主动接触点，结合银行系电商的相关服务，有效提高与客户的接触频率，提升银行系电商的客户认知度和满意度；另一方面，自建的物流体系可在与客户进行面对面接触的同时，广泛收集客户对于商业银行产品设计、服务质量、金融知识推广、企业形象宣传等方面的意见和建议，有力地提升其聆听客户、感知客户的水平，进一步提升产品创新的效能，不断改善服务质量。

3. 自建物流体系，是商业银行实现网点转型、主动服务客户的重要途径

随着网络技术的快速发展，商业银行的形态将发生巨大变革，"资金流中心"→"资金流+信息流中心"→"资金流+信息流+物流中心"的发展过程将不可避免。在互联网金融快速膨胀的背景下，如何有效提高网点的业务服务水平和业务量、减少网点的经营成本、提升网点的效能，是商业银行面临的一项重大课题。传统的"坐商"经营策略亟待向"行

商"策略转变，网点转型、线上线下一体化的经营变革显得越来越迫切。尽管"网点转型"在本轮互联网金融浪潮之前就已经被提到商业银行的改革路线图中，但广大用户对于互联网渠道的认知水平与偏好程度，还是大大超出了人们的预期。历年"双 11"各大电商不断刷新销售记录，就是有力的佐证。

在此背景下，商业银行迫切需要寻求一种能够协同线上线下渠道、全面提高营销能力的新方法，通过渠道创新，将原来"被动等待客户上门"的营销方式转变为"主动发现客户、主动营销、主动推广产品"的新模式。传统的物理网点受限于选址、面积、人员配置等因素，其主动营销的能力面临天花板，而现有的互联网渠道在主动服务客户方面的能力也是有限的，而以配送货物为主要任务的物流配送员则为此类主动营销任务的开展提供了新思路。

一方面，商业银行可以尝试建立快递员层次的金融业务从业人员资质认定细则，将传统意义上的物流配送员培养、训练成为商业银行产品和服务的宣传员、销售员，把深入社区的快递员培养成为能够快速响应客户需求、为客户提供知人、知心服务的客户经理，通过面对面的渠道开展交叉营销、资信审核等业务，提升相关业务的办理能力，在更广范围、更深层次开展线上线下一体化的服务协同，有效推进商业银行网点由"坐商"向"行商"的转变；另一方面，通过自建物流，挖掘银行网点的物流服务潜力，还可提高客户前往网点的主动性，为业务营销制造新场景。例如，客户的购物特别是具有较高私密性、高价值的商品，可由银行网点来承担部分配送和托管服务。

三、商业银行物流体系建设的演进路径

1. 商业银行物流体系建设的根本是实现货物流转过程的可记载、可追溯、抗抵赖，将沿着"金融核心需求→电子商务需求→用户日常需求"的路径演进

"三流合一"的核心价值，就在于将三种数据流进行整合，从而实现资金、货物和信息可追溯与抗抵赖，从而为相关的金融服务提供高可用度、高可信度的信息支持。与之对应的物流体系的核心，就是将货物流转的过程以数字化的方式加以记载，可与信息流、资金流的信息进行匹配和

印证。

当前，无论是商业银行还是专业的物流企业，都由于技术和管理的原因，不能做到对货物流转信息的全程记载。因此，对于商业银行而言，其自有物流体系建设的重点应放在打破"货物流转与信息流转融合程度不高"的现状，为商业银行金融业务或者银行互联网平台业务提供线上线下真实同步的、高效可靠的物流信息化，辅助商业银行和相关审计部门依据物流数据加快交易及金融业务的运转流程。在这一过程中，商业银行应扬长避短，利用物流业务的后发优势，做好顶层设计，同时发挥自身积累多年的信息化能力，统筹用户的需求与商业银行发展的需求，从金融核心需求出发，逐步演进到电子商务需求和用户日常需求，最终实现线下货物流转过程的全程数据映射。

金融业务的核心需求，就是商业银行存、贷、汇等核心业务的数据支撑。在这一阶段，商业银行可利用自建物流体系，对供应链上的信息进行收集、汇总、分析、挖掘，为相关金融业务的资信审核、信用评估、额度控制、风险防范等环节提供真实有效的原始数据及分析模型。

电子商务的需求主要包括实时性的客户订单预测、高准确率的物流路径优化、低损耗率的货物打包方法等，在这一阶段，随着商业银行终端服务的不断扩展，数据量快速膨胀，对于数据分析、整理、管理方面的需求不断增加，这就需要商业银行及时制订出高效的数据管理方案加以规范。

用户的日常需求为商业银行的增值服务和数据应用注入了无限的想象力，商业银行在这一阶段应该本着"开放、合作、共赢"的方针，广泛引入优秀的第三方机构进行合作，以共享、开放的数据平台，为合作机构提供数据、模型、存储等方面的基础支持，通过后端的数据整合来获得核心的数据中枢地位。

2. 商业银行自建物流体系，需要整合大数据处理、传感器、智能仓储、智能运输等先进技术，将沿着"大数据平台整合→异构传感器数据整合→智能仓储、运输"的路径演进

物流信息具有典型的"异构、非结构化、数据量大"的特点，与商业银行高度标准化的数据治理风格具有很大的差异。因此，尽管商业银行多年来在数据仓库和数据分析平台搭建、运用方面积累了丰富的经验，其成功运用传统的数据仓库架构却并不完全适合物流体系的建设。以国内四大

国有商业银行为例，尽管从20世纪末21世纪初就已经开始了数据大集中的方案设计和实践，并已将数据仓库和业务系统进行了整合，但是一直以来，商业银行对数据的治理和运用都是以结构化和标准化程度较高的数据作为基础。在具体应用上，也是以金融类同构数据作为核心进行管理、分析、运用。而物流业务牵扯到的数据类型比金融业务更广、更复杂，其信息系统需要应对更加多元化的数据类型和数据资源。如货物配送、路径优化和实时监控这一具体应用，其中涉及的车辆类型、发动机情况、燃油消耗、路况信息、驾驶路径规划、货物状态监控等类型的信息结构各不相同，数据流强度高，数据结构差异很大，这就要求必须在建设之初就设计好整个信息系统的架构，使之不但能够融合、处理商业银行既有的标准化金融信息，也必须能够兼容多元、高维、异构的物流信息。

具体而言，应该按照三步走的战略规划，逐步提升物流体系信息化、自动化的程度。

（1）应借鉴互联网企业利用个人计算机（PC）服务器搭建分布式数据仓库的经验，以分布式大数据平台建设作为切入点，借助开源、免费的软件架构和廉价、高性能、高可用度的云计算平台作为技术基础，通过外购云服务或自建私有云的方式，迅速扩充信息系统的数据容量和吞吐量，积累足够强大的数据存储、分析能力。

（2）应将物联网的相关理论和实践经验引入自建物流体系中，将智能传感器、进场通信等技术引入，逐步构建覆盖业务各个环节的智能传感器网络，并针对传感器网络的实时性处理要求，对信息分析平台加以改进，使其能够实时响应异构传感器的数据。

（3）应按照物联网的运行规律，逐步将异构传感器、智能仓储、智能运输、地理信息系统（GIS）等相关系统的数据整合利用起来，形成可以为物流及金融相关服务提供可信数据的信息中心，并争取提出相关领域的数据标准，形成真正智能的运输网络、货物流通网络、物流信息网络。

3. 商业银行自建物流体系，不等于"商业银行创立物流企业"，而是将沿着"合作→细分→持股→控股"的路径演进

众所周知，除了营业网点体系中的现钞运输外，商业银行的绝大多数服务和产品并不需要大规模的物流业务，因此，银行业务与物流业务之间的差异相当明显。而对于商业银行这类几乎没有物流业务基础的机构，让

其在目前物流行业竞争日趋激烈的环境中从零开始建立物流企业是不现实的。商业银行物流体系的建立，必然是经历一个由合作转向持股、控股的发展过程。

初期，可以通过"商业银行+物流企业"或者"商业银行+物流企业联盟"的方式，围绕金融核心业务（如仓单融资、订单融资等业务的资信自动化审核）展开合作。合作双方在预先约定的范围内，以有偿或信息交换的方式，将物流企业的信息系统与商业银行的数据库进行对接，并将经物流企业认定评估过的可信信息融入商业银行较为核心的资信审核、信用评估、风险定价、风险控制、内部审计等具体业务当中。

之后，商业银行将与物流企业（包括现钞配送、护卫企业）在更深的层次和更多的细分领域开展合作，通过持股、项目投资等方式开展基于商业银行平台的具体业务（如银行系电商平台快递、贵金属商品、高净值商品储存/配送等业务），扩展物流服务的应用场景，并将各项应用过程当中的物流信息和客户行为信息加以收集，统一归集到商业银行自建的异构信息仓库当中，形成"核心金融业务+垂直细分金融服务"的一体化物流服务平台和信息整合平台。

后期，随着业务的不断扩展，有条件的商业银行将通过控股的方式，进一步加深对物流行业的渗透。通过控股，商业银行可以获得更多的发言权，并可借此开展具有开创性的组织架构和人力资源调整。例如，可尝试通过制订相关人力资源培养方案，让符合不同参与门槛的物流配送人员参加相应的商业银行业务培训，并通过考核给予合格的物流配送人员相应的金融从业资质，最终构建出"网点+通信网络+自助设备+物流配送员"的线上线下一体化的产品营销、服务体系，提高"三流合一"的整合度，进而提升商业银行"信息中介"的核心竞争力。

四、结语

商业银行"信用中介"功能的强弱，很大程度上取决于其"信息中介"能力的大小。在互联网金融的大潮之下，互联网企业不断挑战商业银行"信息中介"的地位。商业银行只要做好顶层设计，发展平台战略，着力建设现代化的物流体系，将其打造成商业银行"线上+线下"服务的重要基础设施，并发展成为接触客户、感知客户的重要渠道以及实现网点转型、主动服务客户的重要途径，就能形成物流、资金流、信息流"三流合一"的核心竞争力，引领互联网金融发展。

参考文献：

[1]谢平，邹传伟. 互联网金融模式研究[C]. 北京：中国金融四十人论坛，2012.

[2]黄旭，兰秋颖，谢尔曼. 互联网金融发展解析及竞争推演[J]. 金融论坛，2013（12）：3-11.

[3]CLAESSENS S., GLAESSNER T., KLINGEBIEL D.. Electronic Finance：Reshaping the Financial Landscape Around the World [J]. Journal of Financial Services Research，2002，22（1-2）：29-61.

[4]霍学文. 发展互联网金融提升金融核心竞争力[J]. 互联网金融，2013（1）：8-15.

[5]中国人民银行金融稳定分析小组. 中国金融稳定报114告（2014）[M]. 北京：中国金融出版社，2014：5.

[6]王光宇. 互联网金融蓬勃兴起[J]. 银行家，2013（1）：20-21.

[7]姜奇平. 把握支付的基因变异——解析互联网金融的DNA [J]. 互联网周刊，2013（9）：30-33.

[8]梁璋，沈凡. 国有商业银行如何应对互联网金融模式带来的挑战[J]. 新金融，2013（7）：47-51.

[9]谢尔曼，黄旭. 商业银行再造互联网金融[J]. 中国金融，2013（24）：62-63.

[10]黄旭，谢尔曼. 银行必争之地：互联网金融综合平台的演进和建设[J]. 银行家，2014（8）：90-93.

大数据下的互联网金融创新发展模式

杜永红[1]

摘 要：在以网络化和数据化为特征的新经济时代，金融与大数据交叉融合发展。大数据是金融的核心资产，通过从海量的数据中快速获取有价值的信息以支持商业决策，进一步推动金融业发展；大数据促进互联网金融模式的不断创新，使互联网金融企业实现精准营销、规避风险、优化经营绩效、提高运营效率；利用大数据技术可逐步解决金融格局演变、信用评估、风险防控、信息安全等的一系列难题。

关键词：金融；互联网金融；大数据；发展模式

随着互联网的高速发展，数据量呈爆炸式增长，传统数据处理技术已无法解决大量的、不规则的、"非结构性"的数据。中国拥有最庞大的人群基数和复杂多变的应用市场，因此，解决这种由大数据所引发的问题，探索以大数据为基础的解决方案，是国家产业升级、效率提升的重要决策。金融业是大数据的使用者与产生者，交易、价格、业绩报表、行业企业统计数据、市场调研、消费者研究报告、媒体报道等都是数据的来源。金融业高度依赖于信息技术的创新，是最为典型的数据驱动行业，金融业在大数据价值潜力指数中排名第一。银行、证券、保险、信托、直投、小贷、担保、征信等金融以及个人对个人（P2P）、众筹等新兴的互联网金融领域，正在利用大数据进行一场颠覆性的变革。[1]

---

[1] 作者简介：杜永红（1969—），女，陕西省西安市人，西京学院副教授，主要研究方向为电子商务。

一、大数据与互联网金融的关系

自从 2011 年 5 月麦肯锡全球研究院发布报告《大数据：创新、竞争和生产力的下一个新领域》后，大数据和云计算成为人们持续关注的热点。大数据具有四大特点：数量大（Volume）、类型多（Variety）、商业价值高（Value）和处理速度快（Velocity）。大数据技术成为解决问题的主要方法，即通过收集、分析大量数据获取有价值信息，并通过实验、算法和模型，发现其规律性，获得有价值的见解，最终形成新的商业模式。

互联网金融是一种创新的金融模式，它依托于大数据和云计算，主要包括第三方支付、P2P 网贷、众筹等多种业态模式，拥有资源开放化、成本集约化、利率市场化、渠道自主化、用户行为价值化等优点。

大数据彻底改变了传统的金融服务和金融产品，用户体验方式、业务处理和经营管理模式正在发生变化，对金融服务体系的组织结构、数据需求与管理方式、用户特点以及信用评估和风险防控等多方面产生巨大影响，金融体系呈现多样化发展态势。

大数据促进了传统金融的三大创新：高频次交易、社交情绪分析和从海量数据中进行信贷风险评估。

二、国内互联网金融的发展现状分析

1. 我国互联网金融发展历程

国内互联网金融发展可划分为四个阶段。第一阶段：2005 年以前，互联网为金融机构提供网络技术服务与技术支持，即构建网络银行，实现网上支付和网上贷款；第二个阶段：2005—2011 年，互联网与金融相结合，从技术领域走向金融领域，第三方支付平台进入规范发展阶段，网络借贷公司提供小额贷款服务；第三阶段：2012—2013 年，互联网金融快速发展，P2P 网络借贷平台井喷式增长；第四阶段：2014 年至今，互联网金融逐步转移到移动互联网金融阶段，通过移动互联网，可以完成支付、缴费、网购等，电子商务与物联网的发展，改变着整个金融产业流程。

互联网金融对传统金融行业提出了新的挑战，迫使传统金融机构重视新兴信息技术的运用，使传统金融交易和服务持续升级：互联网金融提供了几乎全部类型的银行信贷、证券交易、保险理财等服务；以第三方支付为切入点，电子商务企业进入网络小额信贷等金融领域，如腾讯的微信支付和阿里巴巴的支付宝等。

2. 我国互联网金融发展现状

互联网金融下的交易过程变得简单、快捷，互联网金融下的金融定价和资源配置有了根本性的变化，现有金融运行格局正在演变。资金供求双方无须经过银行、证券公司或交易所等传统金融中介市场，直接在网上发行和交易贷款、股票、债券等，信息处理和风险评估以大数据分析和高速算法为基础，给出资金需求方的信用评价和动态违约概率，通过互联网进行金融交易、风险等级评估、期限预测与匹配等。

金融的本质是货币的发行、资金的筹集、融通以及支付结算，当前互联网金融模式大致分为筹集类、融通类、第三方支付以及货币类互联网金融服务平台，细分模式如表1所示。

表1　互联网金融业态模式[2]

类型	包含内容	行业特点	实例
资金筹集	众筹	创意类项目的发起者通过在线平台向投资者筹集资金	大家投
	P2P网贷	个人或个体商户基于互联网平台进行贷款	人人贷
	电商小贷	电商企业利用平台积累的企业数据完成小额贷款需求的信用审核并放贷	阿里小贷
资金融通	银行业互联网化	利用互联网平台发展银行理财业务	招商银行
	证券业互联网化	利用互联网平台发展证券业务	国泰君安
	基金业互联网化	利用互联网平台发展基金业务	天弘基金
	保险业互联网化	利用互联网平台发展保险业务	众安在线
货币支付	第三方支付	独立于商户和银行的在线支付和结算平台	支付宝
货币发行	虚拟货币	通过计算机技术生成的非实体货币	比特币

互联网金融依托互联网、大数据和云计算，拓展金融生态领域的边界，为小微企业的融资提供了高效、便捷的途径，迅速增长的小微企业融资需求也促进了互联网金融的发展与壮大。

三、基于大数据的互联网金融创新发展的必要性

大数据的真实价值就如同漂浮在海洋中的冰山，第一眼只能看到冰山一角，绝大部分都隐藏在表面之下。[3]对于互联网金融来说，大数据从客户需求、市场透明度和风险控制等方面为金融产品和金融服务的创新提供了新的渠道。

1. 通过海量数据采集与分析实现精准营销

互联网金融借助互联网平台所产生的庞大用户和海量数据，通过数据挖掘和关联性分析，预测投资者与消费者对产品和服务的反应，有的放矢，提升客户转化率，实现互联网金融业务的精准营销。同时，互联网金融客户群体快速增长，倒逼传统金融企业转变观念，进行传统业务的转型升级。

2. 通过大数据技术形成有价值的社交商业链

在大数据和云计算的保障下，互联网金融客户的信息通过社交网络生成和传播，被搜索引擎组织、排序、检索，通过数据分析最终形成有价值的信息链，作为信用评估的重要依据；电子商务平台利用买卖双方的交易信息，观察用户搜索、浏览、决策、交易全过程，判断用户的行为和潜在需求，洞察市场动向，监测平台商家经营状况，设计有针对性的互联网金融产品。如阿里巴巴入股新浪微博，实现了社会化媒体与电子商务交易平台的合作，形成了社交商业链，为互联网金融企业提供更加全面、细节化的数据支撑。

3. 通过大数据挖掘风险控制创新方式

互联网金融企业通过大数据挖掘，自建信用评估系统。互联网金融企业的风险控制大致有两种模式，一种是类似于阿里巴巴的风控模式，通过自身系统大量的电商交易以及支付信息数据建立封闭系统的信用评估和风控模型；另一种则是众多中小互联网金融公司把数据提供给中间征信机构，再从征信机构分享征信信息。如征信机构从P2P网贷公司和线下小贷公司采集动态大数据，为互联网金融企业提供重复借贷查询、不良用户信息查询、信用等级查询等服务。[4]

互联网金融打破了时空的限制，既迎合了我国互联网普及和信息消费

升级的新趋势，也满足了客户希望获得更加方便的金融服务的迫切需求，大数据、云计算等现代信息科技快速发展，使那些无法从传统银行贷款的小微企业或个人获益，并通过良性竞争刺激传统银行跟上时代和科技的步伐，从而带给客户更优质的产品和服务。

四、基于大数据的互联网金融发展中的瓶颈

互联网金融是新生事物，在诸多优势和便利凸显的同时，也存在着风险控制的难题。随着互联网金融产品及发展模式的不断创新，涌现了一部分不具备合法合规机制的互联网金融公司，如少数 P2P 平台在缺乏相对风控能力、监管力度不足的情况下，打着"创新"旗号行非法吸收公众存款、非法集资之实，累积了不容忽视的金融风险。

1. 大数据对个人信息的大量获取导致了隐私和安全问题

随着个人所在或行经位置、购买偏好、健康和财务情况的海量数据被收集，再加上金融交易习惯、持有资产分布以及信用状况等信息，机构投资者和金融消费者能获得更低的价格、更符合需要的金融服务，从而提高了市场配置金融资源的能力。但同时，金融市场乃至整个社会管理的信息基础设施变得越来越一体化和外向型，对个人隐私、信息安全和知识产权构成更大风险，大数据的隐私问题远远超出了常规身份确认风险的范畴。[5]

2. 大数据技术不能代替人类价值判断和逻辑思考

大数据是人类设计的产物，大数据的工具并不能使人们摆脱曲解、隔阂和成见，数据之间关联性也不等同于因果关系，大数据还存在选择性覆盖问题。如社交媒体是大数据分析的重要信息源，但其中年轻人和城市人的比例偏多；波士顿的 StreetBump 应用程序对城市路面坑洼统计信息，从驾驶员的智能手机上收集数据，得到的样本可能会缺失年老和贫困市民聚集区域的情况；在 2010 年，美国股票市场行情回暖，股民情绪从恐惧转向复苏，但 MarketPsy Capital 基金的分析模型未及时更新，仍以恐惧为基础，没有纳入对趋势变化的考虑，结果该年度该基金亏损 8%。

此外，通过社交网络所获得的大数据，其信用评估不能简单地应用于金融信用；而且数据采集量越大，带来的"数据噪音"也越多，可能会产

生一定的负面效应。

3. 基于大数据开发的金融产品和交易工具对金融监管提出挑战

大数据带给金融的创新之一是高频交易，它占据了交易的很大一部分。但高频交易也可能会引发大量抛售，如2010年5月的"闪电暴跌"令美国道琼斯工业平均指数突然大跌。此外，大数据中的一个数据点出错也可能导致"无厘头暴跌"，2013年4月23日美联社的推特（Twitter）账号发出美国总统奥巴马遭遇恐怖袭击的虚假消息，结果导致股市暴跌。

同样的暴跌，但原因不同。如果监管机构意识不到这两者的区别，不改变市场监管的方式，将面临新制定的规则只能解决陈旧问题的风险。

五、探索大数据下互联网金融的创新发展模式

1. 打造以垂直搜索为核心的互联网金融服务平台

互联网金融服务平台最大的价值在于其渠道价值。依托大数据技术，聚集产业链上下游企业，构建产业联盟平台，汇聚多种金融产品和金融服务，向用户提供垂直搜索功能，用户通过对比进行挑选。互联网金融服务平台为用户提供全面的行业信息、精准的金融产品，为互联网金融企业提供智能化的金融产品销售服务，从而深度挖掘和满足用户的个性化需求，解决交易过程中的信息不对称问题，实现资金供需双方信息交流、业务对接和利益共赢。

互联网金融服务平台在拥有自己的品牌和积累足够的客户群体后，将成为传统商业银行、信托、基金以及网贷、众筹融资等重要营销渠道。

2. 发展互联网金融C2B模式

客户对商家（C2B）模式强调客户的主导性并以客户为中心，其核心是通过聚合分散分布但数量庞大的用户形成一个强大的采购集团，以此来改变商家对客户（B2C）模式中用户"一对一出价"的弱势地位，使单个用户能够以大批发商的价格购买单个商品，有效降低购买成本。[6]

互联网金融企业通过大数据对客户行为、习惯、需求进行智能分析，为客户量身设计金融产品和金融服务，满足客户对金融业务的多元化需求，提升用户个性化体验，逐步形成互联网金融领域的C2B模式。互联网金融的C2B模式是互联网金融的发展趋势之一，但同时也面临金融服务成

本、资金门槛、监管约束及风险控制等问题。

3. 提供普惠金融服务的民营互联网银行模式

互联网银行依托移动互联端，其资本来源于民间，向小微企业和个人提供普惠金融服务。互联网银行利用网络平台和中介优势扩张其业务领域，运用已有的庞大客户群体和成熟的产业链发展供应链金融，利用大数据技术分析社交媒体等构建风控体系，与传统银行之间展开差异化竞争，在服务流程、服务质量上凸显自身优势。

互联网银行利用互联网技术，突破时间、空间、介质等方面的限制，正朝着多元化、网络化方向发展。

4. 发展基于线下担保、数据开放的 P2B 模式

P2P 网贷的风险控制能力差、监管不到位，频现信用链条崩溃、跑路等现象。发展基于线下担保、数据开放的个人对企业（P2B）模式，针对中小微企业提供融资服务，借贷方由担保机构提供担保，可在一定程度上保障投资人的权益。

P2B 模式在经营活动中涉及个人投资者、借贷企业、P2B 网贷平台、第三方资金托管以及担保机构等，P2B 平台主要为有理财需求的个人投资者和有借贷需求的中小微企业搭建"桥梁"。首先，P2B 平台引进第三方资金托管和融资担保机构作为战略合作伙伴，利用大数据进行详细的贷前审核，公布平台自有的信用评估模型及信用评分，将风险防控、项目经营状况公示于平台。在 P2B 网贷平台上，投资者自行选择投资项目，向融资项目投标，将资金转入第三方资金托管账户；借贷企业向 P2B 平台提出融资需求，担保机构对融资标的提供担保，担保公司要求借贷企业提供线下抵押品进行反担保，经 P2B 平台审核通过后，发布融资信息。该模式特点是固定时间段内的投资标的较少，参与的投资人很多，风险高度聚集，第三方资金托管和担保机构分散了 P2B 平台融资风险。

5. 构建商业银行"四位一体"的商业服务新模式

在大数据和云计算环境下，传统商业银行必须进行战略转型，构建智慧银行、移动金融、电商金融、在线融资"四位一体"的商业服务新模式，推动传统商业银行的互联网金融创新发展。

利用大数据技术，整合网点资源，加快智慧银行旗舰店、商业区或社

区小型体验银行、后台一体化的运营服务保障体系的建设；丰富手机银行的功能，集支付结算、移动生活服务、理财融资等多元应用于一体，培育新的业务增长点；加强商业联盟，推进电子商务和金融服务的深度融合，建立网络购物、网络融资、消费信贷三者合一的综合电商平台；利用电商平台资金流、信息流、商流、物流四合一的优势，推出多种在线融资产品，以应对互联网金融对银行间接融资的冲击；利用大数据分析客户的财务情况、信用等级，降低中小微企业信贷风险，以在线融资业务促进资产业务转型。

六、大数据下的互联网金融发展对策

1. 丰富第三方支付平台业务类型，提供多元化增值服务

随着我国金融业的深入发展，第三方支付平台在不断丰富自身业务类型，探索与其他行业合作的方式，参与企业的经营活动、财务管理、供应链管理等多个领域。

在融资授信方面，第三方支付平台拥有固定的客户群和海量的交易数据，利用大数据技术为产业链的上下游企业提供授信服务，解决信息不对称问题，并通过资金的闭环运行防控风险；在金融理财方面，可借鉴余额宝与天弘基金的模式作为第三方支付平台与基金理财产品的合作开辟新途径；在财务管理方面，可将支付功能嵌入财务管理软件中，为中小型企业提供资金支付服务的同时，了解企业财务收支情况；在营销方面，互联网金融企业积累了一定的信息流和数据，拥有自己的营销渠道，可在支付的基础上为客户提供营销增值服务，实现精准营销定位；在服务行业方面，互联网金融企业提供面向垂直行业的供应链融资，其业务已经涵盖航空运输、金融保险、旅游服务、医疗教育等多个商业领域，可针对这些行业特点制定相应的解决方案。

2. 重点发展垂直型众筹平台，加强众筹项目的流程管理

具有专业背景投资人的大量汇集促成了垂直型众筹网站的产生，垂直型众筹网站利用大数据分析筛选出具有投资价值的项目，形成完整的生产和营销链，更能突出其专业性、精准定位的优势，成为连接创业者与消费者的强有力纽带。

众筹项目的风险不仅在于投资项目的选择,还在于投后管理。众筹平台应及时披露经营信息,参与异常事件处理、协商重大事件及项目失败后的资产处置,使企业流程管理完善化、标准化与透明化。众筹平台可更深地介入创业项目的流程管理,向创业联盟平台演变,兼具创业辅导、孵化器、流程管理和资产处置中介的职责,提供支持创业的全方位服务,共同开发出全链条的综合解决方案,形成众筹平台独有的核心竞争力。[7]

3. 实现虚拟货币的双向流通功能,提高互联网金融行业的运行效率

伴随着互联网金融的不断发展变化,虚拟货币逐渐被人们所熟知。以比特币为例,从2012年开始,约有4.33亿美元风投资金投向比特币公司,微软公司和戴尔公司是接受比特币支付的最大零售商。比特币的应用可以看作是未来虚拟货币的一个发展趋势,虚拟货币将逐渐向互通互兑阶段过渡。

国内虚拟货币的特点是种类繁多,但在流通方面存在着局限性,不能在整个互联网环境中使用,如Q币、百度币等。实现不同种类的虚拟货币通兑,加强现实和虚拟网络环境中的双向流通,将其应用于数字资本协议许可的众多商业领域,可提高互联网金融行业的运行效率。在不同国家之间的虚拟货币兑换时,应与汇率挂钩,最终实现虚拟货币在全球范围内流通。同时还要利用大数据和云计算,加大对虚拟货币监管力度,注重风险防控和信息安全等问题。

4. 以大数据技术为基础,构建完善的信用评级机制

随着互联网金融的井喷式爆发,由于信用数据审核不严谨、信息不对称而导致的网贷平台违约、资金断裂等现象不断出现。这说明传统的征信模式很难满足大数据时代的要求,大数据征信将是征信体系的发展趋势。

以大数据技术为基础采集多源数据,既要继承传统征信体系的决策变量,重视深度挖掘授信对象的信贷历史;又要将能够影响用户信贷水平的其他因素考虑在内,如社交网络信息、用户申请信息等,实现大数据深度和广度的高度融合;还要采用先进机器学习的预测模型和集成学习的策略,进行数据挖掘和信息分析,提高信用评估的决策效率,降低风险违约率;最后打通线上线下,建立完备和科学的风控体系,为客户投资安全提供坚实保障,解决国内互联网金融和普惠金融的信用风险管理问题。

5. 传统商业银行战略转型，构建内涵式的智慧发展模式

传统商业银行重规模轻效率、重数量轻质量、重业务轻管理的外延粗放型经营方式不再适应"新常态"的经济发展形势，必须进行战略转型，构建内涵式的智慧发展模式。

首先以大数据和"泛资产"管理的理念，打通贷款、投行、理财等业务的界线，借助金融市场拓展跨境金融、资产交易、泛证券化、结构性融资等新型业务的空间，打造"新常态"下商业银行竞争的战略制高点；[8] 二是利用互联网和平台化的思维，加快传统商业银行业务模式的创新，将金融服务融入企业经营决策中，建立以银行融资与结算为核心的集经营管理、财务核算、信息交流为一体的网络金融平台；三是实现金融产品和金融服务的多元化，为客户定制综合类金融解决方案，从面向单一客户扩展至全产业链的客户群体；四是利用大数据延伸商业银行客户服务触角，挖掘低净值的"长尾"客户群业务，精准定位客户个性化金融业务需求，打造以"客户+数据"为经营中心、强调交互式营销的新型经营模式；五是将风险评估机制从贷后监控逐步前移至贷前和贷中审批环节，利用大数据对行业和市场深入调研，设计组合式风险防范措施，提升风险预警和监测水平。

6. 构建多元化的全局防控风险网络，为用户提供完善的反欺诈服务

应用数据挖掘技术从多来源、高价值的数据中发现欺诈活动的统计特征及潜在的关联特征，并结合设备指纹、生物探针等技术的特征值构建特征矩阵，构建数学模型，使用合适的机器学习算法对数据集进行训练和测试，从而确定风险阈值和规则权重，以达到预测风险用户、实现风险行为实时管控的目的；通过设备追踪识别、IP地理风险识别、代理检测、高危设备/IP黑名单匹配、注册频率检测等方式，全面实时准确识别各类垃圾注册以及账户被盗等异常行为，确保每一次识别精准度达到百分之百，从而更好地保护每一位用户的安全；实时监控、实时分析，对于互联网上发生的垃圾注册、账户盗用等实时监控，将用户IP等信息与独家拥有的黑名单地址相匹配，进一步准确判断，降低风险。

在以网络化和数据化为特征的新经济时代，金融与大数据交叉融合。大数据有助于提升金融市场的透明度，通过从海量的数据中快速获取有价

值的信息以支持商业决策，进一步推动金融业发展；大数据促进互联网金融企业实现精准营销、规避风险、优化经营绩效、提高运营效率，增强企业融资的便捷性和经济性；同时，利用大数据技术逐步解决金融格局演变、信用评估、风险防控、信息安全等的一系列难题。

参考文献：

[1]佚名.《中国金融大数据白皮书》提出大数据将推动互联网金融创新[J].互联网天地，2014（8）：28.

[2]沈虹杉，谭杨杨，等.2014中国互联网金融行业深度研究报告[R].成都社信财富股权投资基金中心，2014.

[3]维克托·迈尔·舍恩伯格，肯尼思·库克耶.大数据时代[M].杭州：浙江人民出版社，2013：1.

[4]姜抒扬.大数据背景下互联网金融价值创新的探讨[J].商场现代化，2014（7）：203-204.

[5]雷曜，陈维.大数据在互联网金融发展中的作用[EB/OL].（2013-07-01）.http：//magazine.caixin.com/2013-07-01/100549824.html.

[6]钟向群.中银C2B开放上线探索"团购"电商模式[EB/OL].（2014-01-14）.http：//www.ebrun.com/20140114/89867_2.shtml.

[7]谢平.互联网金融报告2014[R].博鳌亚洲论坛，2014.

[8]邵平：商业银行只有加快战略转型才能迎来华丽转身[EB/OL].（2014-12-18）.http：//bank.hexun.com/2014-12-18/171537505.html？from=rss.

互联网普惠金融发展趋向

——一种制度性创业视角[1]

徐二明　谢广营[2]

摘　要：包括互联网基金理财产品、P2P 网络借贷、众筹融资等在内的互联网金融在我国迅速发展，是对我国传统金融体制的一种制度性创新，需要获得组织的合法性，并确立新的组织制度。在此过程中，互联网普惠金融企业必须拥有普惠与用户思维、免费与流量思维、傻瓜型与简约思维、迭代与跨界思维，而移动型组织、社区型组织、利基型组织、开放型组织将成为互联网普惠金融企业的主要组织业态。

关键词：互联网普惠金融；制度性创业；互联网基金理财产品；P2P 网络借贷；众筹融资

一、引言

2015 年 3 月 1 日，央行继 2014 年年底利率下调后再次调低金融机构人民币存贷款基准利率并扩大存款利率浮动区间，具有较高收益率的互联网普惠金融产品又一次迎来良好发展机遇。而早在 2013 年 8 月，国务院发布的《关于促进信息消费扩大内需的若干意见》就已提出，到 2015 年，

---

[1] 本文受国家自然科学基金资助项目"中国企业创业中制度缺失与战略反应的研究"（项目编号：71372157）、国家自然科学基金重点项目"中国转型经济背景下企业创业机会与资源开发行为研究"（项目编号：71232011）的资助。

[2] 作者简介：徐二明（1949—），男，辽宁省抚顺市人，中国人民大学商学院教授，博士生导师，主要研究方向为战略管理、制度性创业。谢广营（1987—），男，河北省承德市人，中国人民大学商学院博士生，主要研究方向为制度性创业与互联网金融。

电子商务交易额要超过18万亿元,网络零售交易额要突破3万亿元。[1]互联网与电子商务是未来时代发展的主流方向之一,2013年以来,互联网金融在我国迅速发展,普惠理念使其获得社会各界的广泛关注与支持。互联网金融为金融业借助互联网和移动通信技术实现资金融通、支付和信息中介功能的新型金融模式,[2]是中国特有的经济产物。与国外金融业通过互联网技术自然延伸金融服务不同,中国互联网金融是长期金融抑制及非市场化利率环境下[3]金融业通过互联网突破束缚的爆发式增长结果。普惠金融是互联网金融重要发展方向之一,互联网金融的发展有利于发展普惠金融、弥补传统金融服务的不足。制度性创业者选取这一行业,重要原因在于其外部经济性的普惠效果更容易使之获得合法性。以余额宝为代表的货币基金产品及其他P2P理财产品、众筹借贷产品,为借贷双方带来切实经济利益,从而获得增长的动力。作为制度性创业的一次成功实践,互联网普惠金融突破了现有金融体制的束缚,创新了金融服务的普惠理念,最终被产学研各界所接受。然而,作为新兴增长行业,互联网普惠金融还有很多不完善的地方,资本的趋利性使得行业内存在着很多不安全因素,政府部门的监管也应逐渐完善。创业成功后,互联网普惠金融将走向何方,如何持续地获得组织合法性和长远发展,制度性创业视角也许能提供一些有用的启示。

二、互联网普惠金融发展现状及问题

根据中国人民银行金融稳定分析小组在《中国金融稳定报告(2014)》中给出的定义,互联网金融是互联网与金融的结合,是借助互联网和移动通信技术实现资金融通、支付和信息中介功能的新兴金融模式。广义的互联网金融既包括作为非金融机构的互联网企业从事的金融业务,也包括金融机构通过互联网开展的业务。狭义的互联网金融仅指互联网企业开展的、基于互联网技术的金融业务。[4]互联网金融的市场定位主要在"小微"层面,具有"海量交易笔数,小微单笔金额"的特征,这种小额、快捷、便利的特征,具有普惠金融的特点和促进包容性增长的功能,其主要业态包括互联网支付、P2P网络借贷、非P2P的网络小额贷款、众筹融资、金融机构创新型互联网平台、基于互联网的基金销售等。其中,互联网基金理财产品、P2P网络借贷、众筹融资三类主要互联网金融产品面向的客户群体为平民阶层且发展迅速，是互联网普惠金融领域的代表。

1. 互联网基金理财产品的发展现状及问题

在互联网基金理财产品领域，余额宝凭借阿里巴巴集团雄厚的实力支撑和良好的流动性及相对银行活期存款较高的收益，成为这一领域的领头羊。天弘基金官方网站公布的数据显示，截至2014年12月31日，天弘增利宝货币基金（余额宝）规模为5789亿元，在2013年和2014年第一季度的爆炸式发展基础上，2014年下半年余额宝进入了规模平稳增长的成熟期。余额宝2014年各季末规模均保持在5000亿元以上，较为平稳，年末稳增至5789亿元，第四季度实现净申购，第四季末相对于第三季末规模增加8%。第四季度用户用余额宝消费额明显增加，受"双十一"影响，单季度消费金额达3700亿元，消费笔数6.77亿，消费金额相较于第三季度增加79%，提现金额相较于第三季度减少4%。[5]历经2013年和2014年的沉淀，余额宝已经逐渐为消费者所接受、认可，成为互联网基金理财产品的行业标杆和重要支柱。

互联网基金理财产品是互联网普惠金融的主打产品，它使基金理财产品不再是只属于富人的专利，国内的金融抑制和非市场化利率环境为其提供了发展的空间，从当前来看，互联网理财产品领域有着较好的发展前景，且行业比较稳定，余额宝、理财通、京东小金库等主要基金理财产品也具备较好的流动性和可变现性。然而，互联网基金理财产品也存在着一定的潜在风险与困境。传统基金理财产品都有一定的赎回期限，余额宝等新型货币市场基金虽然表面上规避了这一问题，却仅仅是因为将大部分资金投资于银行的大额存单、短期应收账款等容易变现的产品，对银行的依赖性比较强，且在发生用户集体挤兑的情况下也存在着较大的破产风险。随着银行对互联网基金理财产品的投资内容和用户资金转出的限制增多，其必然结果是互联网基金理财产品的收益率降低。2014年下半年以来，主流互联网基金理财产品的收益率均处于5%以下。另外，若互联网基金理财产品同传统基金产品一样，将资金主要投资于资本市场，其变现性和风险性问题又会导致部分用户难以接受，互联网基金理财产品面临着两难的境地。

2. P2P 网络借贷的发展现状及问题

P2P 网络借贷（以下简称"网贷"），是互联网普惠金融领域的另一项重要产品，当前受到市场热捧。P2P 网贷 2007 年即已开始进入中国，但直至 2013 年互联网金融爆发式增长以前，一直未能获得社会重视。互联网基金理财产品进入人们视野之后，更为直接地将资本市场的供需双方连接起来的 P2P 网贷开始吸引人们眼球，其对市场而言意味着更低的交易成本，对投资者而言具备更高的投资收益，一些愿意承担风险的平民消费者开始投资该领域。《中国互联网金融报告（2014）》数据表明，2013 年以前，P2P 网贷平台数量不足 200 家，成交总额约 200 亿元，网贷投资人规模约 5 万人。2014 年 6 月，P2P 网贷平台数量达到 1263 家，半年成交金额接近 1000 亿元，接近 2013 年全年成交金额；有效投资人超过 29 万，比 2013 年增长约 3 倍。[6] 2015 年 3 月 1 日，网贷之家发布《中国 P2P 网贷行业 2015 年 2 月月报》，报告数据表明，2015 年 2 月 P2P 网贷行业整体成交量达 335.14 亿元，是 2014 年同期的 3.18 倍。同时，该报告预计 2015 年 P2P 网贷行业总成交量将突破 6000 亿元。[7]

收益与风险并存，具备较高收益率的 P2P 网络借贷自然伴随着较高的风险。这种风险一方面由投资项目固有的经营风险构成；另一方面也存在着部分 P2P 网络借贷平台经营不规范、违背市场规律吸取资金甚至诈骗等。据零壹数据统计，仅在中国大陆地区，截至 2015 年 2 月 28 日，出现问题的 P2P 网络借贷平台已经多达 522 家，约占其统计平台总数的 1/4。[8] 借款人的资金使用如何保证在借贷限定的范围内；征信体系如何构建；P2P 网络借贷平台如何才能规范运行，合理控制风险；政府和监管部门应如何监管，才能既确保 P2P 网络借贷在法律规则下正常运行，又不挫伤网贷平台和平民投资者的热情，这些已经成为 P2P 网贷领域亟须解决的重要问题。

3. 众筹融资的发展现状及问题

众筹融资，是互联网普惠金融领域中服务于小微融资和投资群体的一种专业互联网融资模式，主要通过众筹融资平台进行。相比于互联网理财产品和 P2P 网贷，由于服务对象的特殊性与局限性，这一领域融资规模还比较小，但其意义在于作为一种补缺性互联网普惠金融产品，对于扶持小微项目和创业者有着极其重要的作用，同时也使得具有战略眼光的投资人能够尽早发现新的可行性较高的投资项目并获取收益。《中国众筹模式运行统计分析报告（2014年上半年）》数据表明，2014年上半年，中国众筹领域共发生融资事件1423起，募集资金18791.07万元。其中，股权类众筹事件430起，募集资金15563万元，股权众筹融资项目以初创期企业为主，投资阶段主要为种子期和初创期；奖励类众筹事件993起，募集资金3228.07万元；综合类众筹平台实际供给事件为708起，垂直类众筹平台供给事件为285起，综合类平台发生的实际供给事件数量约为垂直类众筹平台供给事件数量的2.5倍。从单个项目实际融资规模来看，股权类众筹实际融资规模最大，2014年第一季度，股权众筹实际募集资金4725万元，平均单个项目成功融资16.88万元；4月，6个项目完成融资950万元，平均单个项目融资规模近160万元；5月，平均单个项目融资规模65.41万元，较4月有所下降；6月，平均单个项目融资规模为69.1万元，较5月略有上升。从投资人平均单笔投资金额来看，2014年第一季度，单个投资人每笔投资金额为12.63万元，4月为17.92万元，5月为16.35万元，6月为14.5万元，表现为总体上升、间有回落的趋势。[9]

众筹领域的发展刚刚起步，但也存在着一些潜在的问题。如当前我国的众筹法律体系并不完善，股权众筹投资人的进入退出机制没有良好的保障；"领投＋跟投"的股权众筹制度增加了风险控制的难度且导致初创企业股东众多、协调困难；众筹平台数量较多但质量难以保证、规模不大、效率不高；众筹项目申请人的资格和信用认证体系不健全；众筹项目的执行缺乏监管、投资者维权困难等。这些问题，互联网普惠金融企业均需认真考虑并探索解决方法，才能保证行业的长远持久发展。

三、互联网普惠金融与制度性创业理论

1. 制度性创业理论

一般来讲，制度这个概念包含两个层次的含义：一是指在一定历史条件下所形成的社会政治和社会经济方面的基本体系；二是指要求人们共同遵守的行动规范或准则。[10]企业是组织生产经营、配置资源的基本功能单

位,是国民经济运行的主体,企业制度规范的是经济运行层次的经济关系,是关于企业组织、运营、管理等一系列行为的规范和准则,是指关于企业的创立、运行、撤并等方面以及处理企业有关各方权利、责任、利益关系的规则、方式或模式,是企业组织形式、经营方式和管理制度等方面的总称,属于一般制度范畴。

制度理论认为,企业在由规范、价值观和理所当然假设形成的社会框架下运作,这个框架决定了什么样经济行为是可以接受和适当的。该理论认为,人类行为动机是出于社会正义和社会义务需要,超越了经济行为最优化,遵守社会期望有助于组织成功和生存。制度化行为没有明显经济或技术目的,因为它的持久性不能用理性选择框架解释。制度理论基本假定是企业都倾向于遵守来自内外部环境的占有优势地位的规范、传统、社会影响,这就导致了企业之间结构和行为的同质性,成功的企业是通过遵守社会规则而获得支持和发展的企业。[11]但长期同质性阻碍了企业创新,组织生态学原理主张适者生存,企业要获得持续竞争优势和发展,就需不断进化。变革或创新现有制度,是企业获取新竞争优势的源泉之一。

制度性创业,是战略管理及创业管理领域新兴研究领域,20世纪80年代末迪马乔(DiMaggio)[12]正式提出制度分析概念。迪马乔认为,制度性创业是指组织或个人认识到变革现有制度或创建新制度潜在利益,建立并推广获得认同所需规则、价值观、信念和行为模式,创造、开发并利用营利性机会获取收益的过程,它揭示了对制度安排具有独特兴趣并且能够利用资源杠杆变革现有制度或创建新制度的制度性创业者的一系列活动过程。制度性创业理论自20世纪80年代被提出以来,受到了国内外诸多学者重视和不断研究。从制度性创业动因、[13-15]制度性创业主体[16-18]到制度性创业过程、[19-21]制度性创业效果,[22-23]制度性创业理论框架体系已经基本建立。虽然理论框架体系并不完善,尚需在实践的检验中进一步发展充实,但该理论框架对个人和组织的创业实践有着重要的指导意义。

2. 互联网普惠金融中的制度性创业

从宏观层面上讲,互联网金融行业乃至互联网普惠金融行业是对我国金融体制的一种创新,虽然在本质上并没有改变传统金融行业的借贷属性,但基于互联网的广泛触角和普惠的金融理念对传统金融服务业产生了较大的冲击，正在蚕食传统金融服务业的借贷根基，对于推动利率市场化有着积极作用。这种源于体制上的制度创新，塑造了互联网普惠金融这一新兴行业，成为制度性创业的最新成功实践。从微观层面上看，制度化程度较低的新兴互联网金融场域能够为具备制度性创业特质和企业家精神的制度性创业者提供较充分的创业空间、较少的限制条件和较多的创业收益，他们认识到变革现有金融制度、利用互联网创建新的普惠金融体系能够带来巨大的潜在收益，通过建立并推广获得认同所需规则、价值观、信念和行为模式，创造、开发并利用营利性机会获取收益。

制度性创业者在开展制度性创业时，一般要同时开展两种活动：创造新制度和建立联盟。[24]其中，建立联盟的主要目的是获取支持和合法性。合法性是指在一个社会构建的规范、价值、信念和定义的体系中，一个实体的行为被认为是可取、恰当、合适而又普遍的。新制度被创造后，能否被社会认可是一个关键问题，唯有取得合法性，才能长期生存和发展。[25]互联网普惠金融的创业者以普惠为理念，同最广泛的社会大众群体建立联盟关系，具备坚实的群众基础，从而影响政府的宏观调控和行业市场监管决策，为最终取得组织合法性奠定基础。从创业过程来看，新兴场域的制度性创业过程一般要经历理论化、扩散化和制度化三个过程。[26]从当前我国互联网普惠金融的发展情况来看，正在经历前两个过程，并向制度化过程发展。产学研各界的密切关注、普惠性带来的社会效益和扩散已经基本表明互联网普惠金融初期的制度性创业过程是成功的。目前，重要的是如何使这一行业获得稳定发展并以制度化的形式保存下来，即进入制度性创业的第三个阶段。这个阶段是一个比较困难的阶段，因互联网普惠金融在理论化和扩散化方面的积淀时间并不长，市场环境、法律环境、宏观政策环境、社会文化环境等诸多因素还存在着一定的不确定性。但制度化又是互联网普惠金融企业发展的一个必然要求，主要原因在于制度规则具有神话功能，能够促使组织形成，获得合法性、资源和稳定性，提高组织生存的可能性。[27]结构与制度环境神话趋同的组织相比于主要为生产和交换需求而构建的组织更能减少内部协调与控制，降低内部交易成本。实践中，互联网普惠金融企业需要在各种不确定的环境影响因素中探索既能够制度化，又能够应对外部不断变化环境的组织形式。

制度性创业的目的是获取收益，途径是取得组织合法性，最终结果是建立新的组织制度。在这一过程中，互联网普惠金融企业如何抓住现有的市场机遇，获取收益并制度化，是其面临的重要难题。IBM与微软的竞争、微软与谷歌的竞争、摩托罗拉与诺基亚的倒闭重组等近几十年的一系列典型事件表明，外部环境是多变的，固守原有的资源与能力很可能导致失败，成功企业的核心能力在于能够抓住市场机遇与变化，迅速抢占市场。对互联网普惠金融行业而言，保持创业型企业的敏锐触角尤为重要，运用何种思维进行思考，如何评估外部环境和建立、调整或变更组织形态，是关系其制度性创业成败的关键因素。

四、互联网普惠金融未来发展的几个命题

互联网普惠金融的成功创业，从本质上讲是互联网思维在普惠金融领域制度性创业的成功。思维决定着看待和处理事务的方式，进而决定着企业的战略策略和执行过程。当今时代，尤其是在互联网领域，唯一不变的就是变。作为初创企业，互联网普惠金融企业面临着多变的市场环境和不确定的发展方向。不确定性既是机遇，又是挑战。对于刚刚通过制度性创业获取成功的互联网普惠金融企业而言，它们自身具备敏锐的环境触角和尚未完全定型的组织结构，从而相比于其他传统组织类型企业更能适应外界环境的变化。互联网普惠金融企业只有具备前瞻性的互联网思维，保持创业精神与创业热情，充分考虑互联网的发展趋势并与之密切结合，从中发掘各种潜在的市场机会，才能抓住发展的机遇，制定正确的战略策略，更好地完成从理论化、扩散化到制度化的制度性创业过程。在此，基于制度性创业视角和现有互联网普惠金融研究成果并结合互联网的发展特点，我们提出互联网普惠金融未来发展的几个命题，为互联网普惠金融的进一步研究提供一些理论基础。其中，命题1至命题4是对互联网普惠金融企业发展思维的预测，命题5是对互联网普惠金融制度化过程的预测，命题6至命题9是对互联网普惠金融企业未来组织业态的预测。

命题1：互联网普惠金融企业必须拥有普惠与用户思维

普惠是互联网普惠金融在创业时选择的最重要的思维方式，为获取组织合法性奠定了牢固基础。普惠的含义是让最广泛的大众群体获得实惠，

通过获取广泛的群众基础取得组织合法性。互联网普惠金融出现以前，金融理财产品是中产阶级和富人的专利，而处于长期金融抑制和负利率环境下的大众群体只能看着其资产贬值、缩水，这在一定程度上也加剧了我国贫富两极分化。发展中国家的金融抑制政策是一种常见现象，但随着经济社会的发展和人民群众物质文化水平的提高，人民大众对银行的低利率政策越发不满，投资理财需求在不断增加。用户思维是指从用户角度去认识、理解和看待世界。互联网普惠金融企业正是采用了用户思维，才发现市场中潜在的互联网普惠金融创业机会，进而通过将普惠的理念付诸实践，满足人民大众的金融服务产品需求，获得用户支持，取得制度性创业的初步成功。在营销学上，顾客是上帝，强调用户体验与用户满意；从政治形态上看，我国是社会主义国家，是人民民主专政政权，法律保障最广大人民群众的根本利益。因而，从未来长期发展看，普惠与用户思维是互联网普惠金融企业吸引和保持客户的最重要法宝，也是其应对多变的外界环境和可能的政府及市场监管并获取合法性的关键武器。

命题2：互联网普惠金融企业必须拥有免费与流量思维

免费，是互联网领域广泛应用的一种市场策略，绝大多数成功的互联网企业都经历了从免费到收费的过程，或在免费业务的基础上开设增值服务，如微软、谷歌、阿里巴巴、腾讯等。从国内当前互联网发展形势来看，免费已经成为消费者的主导理念。免费服务做得好，消费者才有可能愿意花钱购买增值收费服务。这是一个顾客体验的过程，更是一个吸取流量的过程。从国内主流互联网企业的成功经历来看，只要拥有了足够多的用户，就拥有了市场份额和风险投资基金的支持，同时也就具备了潜在的营利能力。从这个角度看，互联网普惠金融企业在创业期和理论化、扩散化阶段，免费与流量思维非常重要。相比于传统金融服务业的各项服务收费及进入门槛要求，互联网普惠金融企业应当抓住市场机遇，通过免费与零门槛要求吸引客户群体，增加流量，扩大市场份额，加固自己的客户基础。

命题3：互联网普惠金融企业必须拥有傻瓜型与简约思维

互联网普惠金融企业服务的客户一开始就定位于平民阶层。这一阶层相比于中产阶层与富人阶层，其典型特征是知识文化水平相对较低，尤其是缺乏投资理财观念及相关知识。这决定了在服务产品设计方面，互联网普惠金融企业一定要走平民化道路，降低产品与服务的理解难度，简化操作流程，提供傻瓜式的产品与服务。另外，互联网普惠金融产品在为消费者提供相对于传统金融服务产品较高收益的同时，也具备较高的风险。从而，在产品与服务傻瓜化、一站化的同时，互联网普惠金融企业仍需要据实清晰地向客户告知各种可能的潜在风险，并将这种告知用尽可能容易理解的形式表达出来，简约而不简单。这在互联网普惠金融企业制度性创业的初级阶段极为重要，也是其未来发展所必须重视的一种思维方式。

命题4：互联网普惠金融企业必须拥有迭代与跨界思维

变化与机遇是互联网时代的主要特征。在互联网时代，企业产品的一个主要特点就是更新换代越来越快，从微软的XP到VISTA到win7到win8，从苹果的iphone4到iphone5再到iphone6，从小米的"米1"到"米2"到"米3"到"米4"，无论是世界老牌跨国企业，还是国内新兴手机企业，产品迭代速度越来越快，不能快速响应市场需求推出新产品的企业只能被市场所淘汰。产品迭代主要受技术推动和客户需求拉动两方面因素影响，对于互联网普惠金融企业来讲，如何开发并响应客户需求，进而通过技术与管理创新推出合适的产品和服务，对于其抢占市场份额尤为重要。在迭代思维下，产品的跨界思维也就变得容易理解。互联网是一个真正的无边界事物，其触角可能发展延伸到任何一个实体领域。互联网普惠金融建立于互联网的基础之上，继承了互联网跨界思维与兼容能力的优质基因，更容易通过产品与服务跨界拓展市场，开发新的客户。

命题5：互联网普惠金融制度组织形式的数量，将经历从扩散到同构的倒U型发展过程

新生的互联网普惠金融，在获取合法性的过程中，随着理论化和扩散化的不断发展，接触的新环境不断增加，面临的潜在机会也迅速增加。制度性创业者在利用潜在的营利机会进行制度性创业的过程中，产生了新的制度组织形式。这些新创的制度组织形式将呈现出一种百花齐放、百家争鸣的态势。组织生态学理论认为，物竞天择、适者生存是组织生存发展所必须遵守的客观规律。随着互联网普惠金融理论和实践的不断发展，新兴制度组织所存在的组织场域和制度环境也逐渐成熟，行业内竞争加剧，一些不能较好地适应组织环境的新兴互联网普惠金融制度组织形式，将逐渐被市场所淘汰。在激烈竞争中生存下来的制度组织形式，为了谋求更多的

合法性，也将通过强制、模仿和规范这三种主要的制度趋同机制而逐渐进行制度同构，最终形成一种或几种覆盖互联网普惠金融较大领域的通用制度组织形式以及少数针对特定细分市场和客户群体的特殊制度组织形式。互联网普惠金融组织制度形式的种类，将呈现出倒 U 型曲线的发展趋势。

命题 6：移动型组织将是互联网普惠金融企业未来的主要组织业态之一

移动化是未来互联网发展的主流方向之一，随着智能手机和平板设备的普及，越来越多的互联网产品与服务开始移动化。中国互联网络信息中心 2014 年数据统计报告显示，仅手机网络购物一项，截至 2014 年 12 月底，用户即已达到 2.36 亿人。[28] 移动型组织的含义是指互联网普惠金融提供的产品和服务重心将愈来愈多地转向移动客户端，利用移动化的便利性推广产品和服务，通过与顾客日常生活的紧密结合增强组织合法性。这种移动型组织将在致力于移动客户端及产品和服务推广的同时，使其产品和服务也具备更好的流动性、兼容性，即增加产品服务的灵活变现性、与其他组织机构产品和服务的兼容性。同时，随着移动客户端功能的完善和业务市场的细分，内部组织机构也可能会根据业务市场的转变而进行调整，以响应来自客户端大量客户的不同需求。

命题 7：社区型组织将是互联网普惠金融企业未来的主要组织业态之一

马斯洛的需求层次理论认为，人有交往和归属需要。互联网的发展和普及，使得网络社区越来越流行。人们在网络社区中相互交流、学习，并从中满足自己的交往和归属需要。网络社区的发展为商业发展开拓了新的视野，一些大型电子商务网站在做电子商务的同时，开始兴建并维护自己的网络社区。尤其是随着移动化社区终端和聊天软件技术的成熟，互联网网络社区开始和移动终端相结合，成为许多用户日常生活的一部分。社区化对互联网普惠金融有着尤为重要的意义。从当前发展阶段来看，互联网普惠金融还未被社会全面认可，正处于快速发展期，潜在的可开拓市场还很庞大。中国互联网络信息中心数据表明，截至 2014 年 12 月，我国互联网理财产品用户规模已增至 7849 万人，使用率为 12.1%，较 2014 年 6 月增长 1465 万人，使用率也相应提高 2%。在此背景下，互联网普惠金融企业可以通过组建互联网社区加强与顾客的互动交流，并且促进现有客户间的相互交流，进而推动制度性创业的扩散阶段更快、更有效率地完成，越来越多的互联网普惠金融企业将意识到这一点。从组织业态上看，企业内部将会出现专门负责管理与维护互联网社区的部门，并进行相关的职能调整。构建社区型组织不仅有助于互联网普惠金融理论的扩散化，从群众基础角度来看，也为互联网普惠金融企业获取组织合法性以应对可能的市场和政府监管奠定基础。正因为考虑到互联网普惠金融的普惠影响，政府和市场在制定监管政策时不得不谨慎应对。

命题8：利基型组织将是互联网普惠金融企业未来的主要组织业态之一

市场细分是企业市场营销管理的重要内容。企业由于资源、环境的限制，除个别大企业外，基本不可能在行业内的整个市场开展竞争。这时，对市场进行细分尤为重要。通过市场细分与市场定位，企业可以选择一个能充分发挥其资源优势与核心能力的利基市场，并取得细分市场内的竞争优势。对于互联网普惠金融企业来讲，制度性创业刚刚取得成功，市场不确定性与风险较大，且企业缺乏在整个市场进行竞争所需的资源和能力，因而，选择一个利基市场，将会成为多数市场跟随者的选择。从当前来看，基金理财、P2P网贷和众筹融资是三个主要的利基市场，同时，也存在着一些专业从事信用卡分期、征信数据、信息平台等小型利基市场的互联网普惠金融企业。从长期发展来看，深入挖掘和细分客户市场是行业走向成熟后的必然，对现有市场进行再细分或者定位于新的利基市场的互联网普惠金融企业将进一步增加，各企业在其利基市场中获取核心竞争力并完成整个市场的布局和补缺，利基型互联网普惠金融企业将成为互联网普惠金融领域内一种普遍的组织业态。

命题9：开放型组织将是互联网普惠金融企业未来的主要组织业态之一

互联网时代的一个典型特征是开放。开放意味着包容，意味着流量。在制度性创业的前期，开放性对于理论化和扩散化阶段具有重要意义。通过开放化，互联网普惠金融企业可以吸取来自各方的多种知识，从中去其糟粕取其精华，为完善互联网普惠金融理论做出贡献。另外，开放型组织不仅意味着吸收容纳来自其他领域的文化和知识，还意味着将互联网普惠金融的触角延伸到更多的社会生活领域，如将互联网普惠金融产品与线下理财产品相结合、与房地产等实体领域相结合等。通过与外界的不断交换和碰撞，互联网普惠金融企业可以将业务扩展到更为广阔的市场领域，并促进其理念的广泛传播，从而完成制度性创业的理论化和扩散化，获取组织合法性。开放型组织是互联网普惠金融企业的一种典型组织形式，互联网普惠金融企业需要秉承互联网开放的视角与外界环境充分交流融合，并从中寻找机会和规避风险，实现长期持续发展。从这个角度看，开放型组织将是互联网普惠金融企业自始至终的一种组织业态，其在制度性创业前期的主要作用是促进理论化的完善和扩散化，而在制度化阶段的主要作用是探索各种潜在的市场机会并规避不确定性和风险。

五、互联网普惠金融制度性创业过程总结及预测模型

受长期金融抑制和非市场化利率影响，我国的互联网普惠金融具备与西方发达国家不同的特点。西方发达国家的互联网金融是金融业和互联网的缓慢结合，是一个持续渐进的过程。而在我国，得益于互联网的高速发展，制度性创业者利用互联网技术取得了互联网普惠金融创业的初步成功，由此缓解了社会整体的金融抑制压力并推动了利率市场化进程。另外，互联网普惠金融对传统金融服务业有着较强的依赖性，且其自身也存在较高的风险性，加之相关的法律法规并不完善，企业运营的制度模式尚未完全建立，发展面临着较大的不确定性。

从互联网普惠金融的发展现状及存在的问题出发，依据制度性创业理论，从我国的金融抑制和非市场化利率背景切入，可以分析互联网普惠金融领域制度性创业者建立识别市场机会，并在与大众顾客及传统金融机构建立联盟基础上创造互联网新制度的制度性创业过程。互联网普惠金融作为新兴场域，其制度性创业一般要经过理论化、扩散化和制度化三个发展阶段，最终目的是获取组织合法性并形成制度化组织。在此过程中，普惠与用户思维、免费与流量思维、傻瓜型与简约思维、迭代与跨界思维将有助于企业塑造应对互联网普惠金融未来不确定性环境并抓住发展机遇的思维模式，形成正确的企业观、经营观。而移动型组织、社区型组织、利基型组织和开放型组织将有可能是互联网普惠金融企业未来发展的4种主要组织业态形式，企业借以吸引和维系客户并持续获取组织合法性。从制度性创业角度出发，总结互联网普惠金融制度性创业过程并预测其发展趋向，绘制互联网普惠金融制度性创业过程及趋向图（如图1所示）。

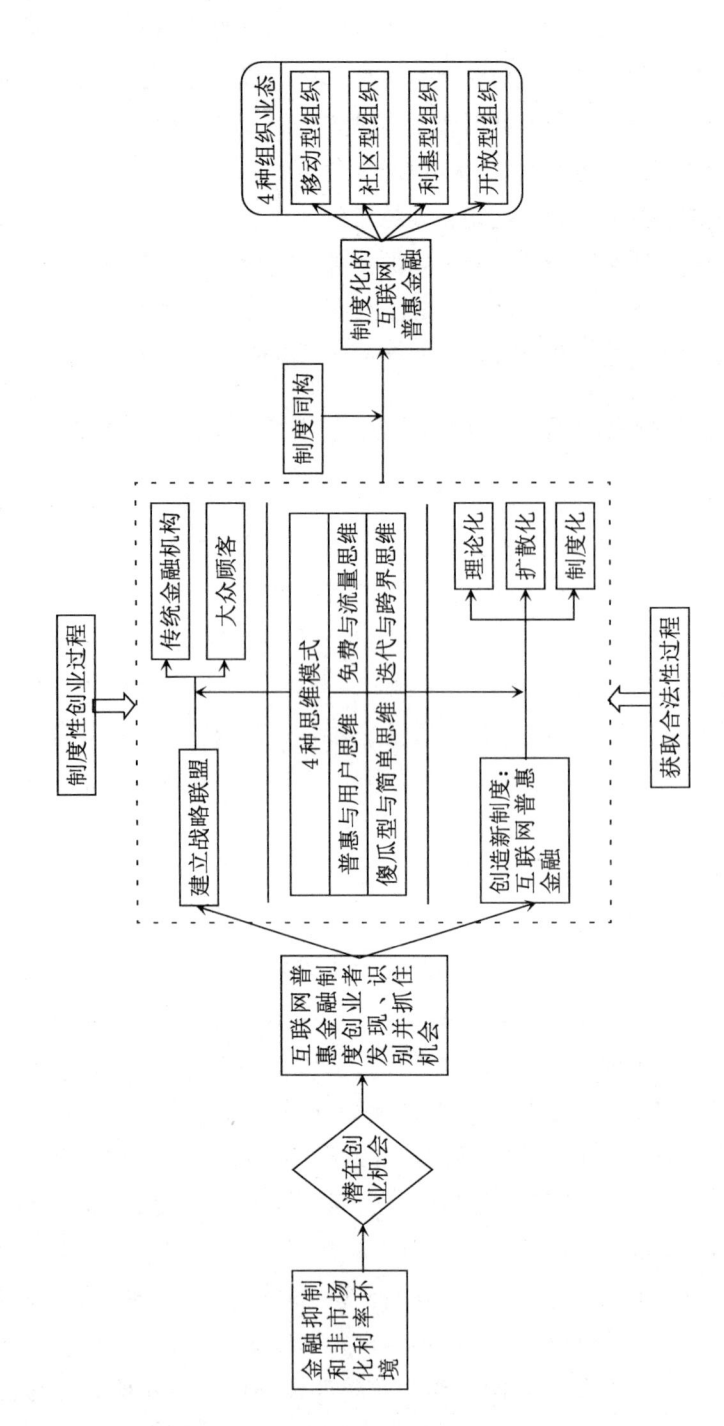

图1 互联网普惠金融制度性创业过程总结及预测模型

在图 1 中，制度性创业者发现互联网普惠金融市场中潜在的创业机会并进行制度性创业和获取合法性的过程是一条主线，最终将通过制度同构形成制度化的互联网普惠金融行业。普惠与用户思维、免费与流量思维、傻瓜型与简约思维、迭代与跨界思维贯穿于制度性创业和获取合法性过程，并对企业建立战略联盟活动及创造新制度活动产生直接影响。经过不断的制度同构和获取组织合法性，互联网普惠金融行业终将建立一套较为完善的组织制度，包括移动型组织、社区型组织、利基型组织和开放型组织。

互联网的未来是多变而又充满机遇的，总体说来，互联网普惠金融企业唯有保持敏锐的触角和积极应对变化的组织形式，才能度过制度性创业的制度化阶段，获得长期可持续发展的能力。在这一过程中，部分互联网普惠金融企业也许采用文中所提到的一种或几种思维模式，抑或采取后续出现的更新的思维模式。在最终组织业态方面，也有可能会出现与 4 种典型组织业态不同的情况，但从总体上看，我国互联网普惠金融行业的整体发展过程、思维及趋向，将呈现出同互联网普惠金融制度性创业过程总结及预测模型中所示情形相似的发展过程。在一定程度上，这一模型可以为我国互联网普惠金融行业的发展提供理论基础和实践指导，具备一定的应用价值和较丰富的管理寓意。

参考文献：

[1]国务院办公厅. 国务院关于加快促进信息消费扩大内需的若干意见[R]. 北京，2013.

[2]谢平，邹传伟. 互联网金融模式研究[J]. 金融研究，2012（12）：11－22.

[3]陈斌开，林毅夫. 金融抑制、产业结构与收入分配[J]. 世界经济，2012（1）：3－23.

[4]中国人民银行金融稳定分析小组. 中国金融稳定报告 2014［R］. 北京，2014.

[5]天弘基金. "问马知羊"天弘余额宝年末规模 5789 亿元喜迎羊年［EB/OL］.（2015－01－05）. http：//fund. cnfol. com/jijindongtai/20150105/ 19842069. shtml.

[6]新华社《金融世界》，中国互联网协会. 中国互联网金融报告（2014）［R］. 北京，2014.

[7]网贷之家. 中国 P2P 网贷行业 2015 年 2 月月报[R]. 上海，2015.

[8]零壹财经. 2 月全国 P2P 平台概况：行业处于蛰伏期，山东继续高速发展

[EB/OL]. [2015-03-02]. https://www.11186.com/news/detail/16279.

[9]清科集团,众筹网. 中国众筹模式运行统计分析报告(2014年上半年)[R]. 北京,2014.

[10]唐良智,刘志学. 创业与企业制度[M]. 北京:中国青年出版社,1995:1-3.

[11] DIMAGGIO P., POWELL W.. The Iron Cage Revisited: Institutional Isomorphism and Collective Rationality in Organizational Fields [J]. American Sociological Review, 1983 (2): 147-160.

[12] DIMAGGIO P.. Interest and Agency in Institutional Theory [M] // L. G. Zucker (Ed.). Institutional Patterns and Organizations: Culture and Environment. Cambridge, MA: Ballinger, 1988: 3-22.

[13] BECKERT J.. Agency, Entrepreneurs, and Institutional Change: The Role of Strategic Choice and Institutionalized Practices [J]. Organization Studies, 1999 (5): 777-799.

[14] SEO M. G., CREED W. D.. Institutional Contradictions, Praxis, and Institutional Change: A Dialectical Perspective [J]. Academy of Management Review, 2002 (2): 222-247.

[15] DORADO S.. Institutional Entrepreneurship, Partaking, and Convening [J]. Organization Studies, 2005 (3): 383-414.

[16] GARUD R., JAIN S., KUMARASWAMY A.. Institutional Entrepreneurship in the Sponsorship of Common Technological Standards: The Case of Sun Microsystems and Java [J]. Academy of Management Journal, 2002 (1): 196-214.

[17] GREENWOOD R., SUDDABY R.. Institutional Entrepreneurship in Mature Fields: The Big Five Accounting Firms [J]. Academy of Management Journal, 2006 (1): 27-48.

[18] MUTCH A.. Reflexivity and the Institutional Entrepreneur: A Historical Exploration [J]. Organization Studies, 2007 (7): 1123-1140.

[19]、[26] GREENWOOD R., SUDDABY R., HININGS C. R.. Theorizing Change: The Role of Professional Associations in the Transformation of Institutionalized Fields [J]. Academy of Management Journal, 2002 (1): 58-80.

[20] SUDDABY R., GREENWOOD R.. Rhetorical Strategies of Legitimacy: Conflict and Conformity in Institutional Logics [J]. Administrative Science Quarterly, 2005 (1): 35-67.

[21]、[24] BATTILANA J., LECA B., BOXENBAUM E.. How Actors Change Institutions: Towards A Theory of Institutional Entrepreneurship [J]. The Academy of Manage-

ment Annals, 2009 (1): 65 – 107.

[22] KING B., SOULE S.. Social Movement as Extra-institutional Entrepreneurs: The Effects of Protest on Stock Price Returns [J]. Administrative Science Quarterly, 2007 (3): 413 – 442.

[23] TOLBERT P. S., DAVID R. J., SINE W. D.. Studying Choice and Change: The Intersection of Institutional Theory and Entrepreneurship Research [J]. Organization Science, 2011 (5): 1332 – 1344.

[25] SUCHMAN M.. Managing Legitimacy: Strategic and Institutional Approaches [J]. Academy of Management Review, 1995 (3): 571 – 610.

[27] MEYER J. W., ROWAN B.. Institutionalized Organizations: Formal Structure as Myth and Ceremony [J]. American Journal of Sociology, 1977 (2): 340 – 363.

[28] 中国互联网络信息中心. 中国互联网络发展状况统计报告[R]. 北京, 2015.

移动支付推动普惠金融发展的应用分析与政策建议[1]

焦瑾璞[2]

摘 要：目前我国普惠金融工作面临的最大难题是如何满足广大欠发达农村地区的金融服务需求，移动支付的发展为破解这一难题提供了机遇。我国农村地区移动互联网网民规模庞大并快速增长，基本实现了无线通信网络全覆盖。移动支付的发展使金融业务移动互联网化，促使互联网金融业务不断创新，同时也存在着安全、消费习惯、政策和商业模式方面的问题。为此，应支持移动支付应用创新，带动移动金融业务快速发展；优化完善相关政策制度，鼓励移动支付在普惠金融方面的应用；加强金融消费权益保护，确保移动金融服务规范发展。

关键词：普惠金融；移动支付；金融需求；互联网

一、引言

"普惠金融"的理念在于通过加强政策扶持和完善市场机制，为社会所有阶层和群体提供便捷、高效、全方位的金融服务，尤其是要为那些金融体系还没有覆盖到的边远贫困地区和社会低收入阶层提供服务，确保所

---

[1] 本文根据作者在"2014 中国农业发展论坛"发言整理而成，发表时未经作者审阅。

[2] 作者简介：焦瑾璞（1966—），男，中国人民银行金融消费权益保护局局长，经济学博士，研究员，兼任中国金融会计学会秘书长、学术委员会委员，中国国际经济关系学会副秘书长，中国人民银行金融研究所博士后科研流动站学术委员会委员，中国农业大学博导，厦门大学教授，国务院扶贫开发领导小组专家咨询委员会委员，主要研究方向为金融改革、货币政策、金融监管、农村金融和小额信贷等。

有有需要的群体都能以合理的价格获取较广泛的金融服务。

在我国，当前普惠金融工作面临的最大难题在于如何有效满足广袤、欠发达的农村地区的金融服务需求。截至2012年年末，全国农村人口约6.4亿人，占总人口的比重为47.4%；农民工总量为2.6亿人，其中外出农民工1.6亿人。长期以来我国农村金融服务供给严重不足，在很大程度上制约了农村经济社会发展，成为强化我国城乡二元结构的一个重要因素。

信息技术的发展尤其是以手机为载体的移动支付的快速兴起，极大地促进了金融服务模式、内容和工具的创新，为破解农村金融服务这道难题提供了难得的机遇。

二、农村金融服务现状

2003年以来，我国政府出台了一系列优惠政策和改革措施，农村金融市场开放迈出了重要步伐，农村金融基础设施建设取得明显成效。

据初步统计，截至2012年年底，农村地区开立单位银行结算账户1157.7万户，开立个人银行结算账户23.6亿户；农村地区共发行各类银行卡13.53亿张；布放转账电话（即电话POS）257.63万台；助农取款服务点合计超过66万个，覆盖行政村超过40万个；全国共为1.48亿农户建立了信用档案，并对其中9784万农户进行了信用评定，已建立信用档案的农户中获得信贷支持的近8524万户，贷款余额1.76万亿元。[1]

然而，农村金融体系高成本、不可持续等问题尚未得到根本性解决，部分地区金融服务竞争不充分、金融服务种类单一和金融服务定价偏高的现象较普遍。

一方面，部分地区还只能提供基本的存、贷、汇"老三样"服务，在便捷性、多样性和服务价格等方面难以充分满足农村实际需要；另一方面，在城市已较为发达的证券、保险等金融产品在农村地区还比较薄弱，没有与银行信贷、银行卡、银行理财等产品形成相互结合、相互促进的发展局面。

---

[1] 数据来源于《中国农村金融服务报告（2012）》。

三、移动支付发展情况

移动支付（手机支付）是指用户使用移动终端（通常为手机），接入通信网络或使用近距离通信技术完成信息交互，使资金从支付方向受付方转移，从而实现支付目的的一种支付方式。

移动支付可以通过多种技术手段来实现。目前，主流的技术有 SMS、IVR、WAP/WEB 移动互联网、USSD 和 NFC 等技术。除了这几种主流技术之外，移动支付的实现手段还包括蓝牙、红外线、二维码、声波、外接刷卡器等。

按通信方式，移动支付可以分为远程支付和近场支付。远程支付，亦称为线上支付，是指利用移动终端通过移动通信网络接入移动支付后台系统完成支付行为的支付方式。近场支付，是通过移动终端，利用近距离通信技术实现信息交互，从而完成支付的非接触式支付方式。

从技术的发展程度上看，目前移动支付的技术已相对成熟，可以支撑移动支付的商业化。

1. 国外发展情况

移动支付在不同国家和地区的发展水平与普及程度存在很大差异，各国根据自身情况选择了不同的技术实现方式和商业模式。

在以欧美日韩为主的发达地区，现代金融服务业已十分发达，手机支付在实现远程支付的基础上，已将工作重心放在了近场支付应用上，进一步增强客户的支付体验。其中，日韩的移动支付发展最为成熟；而西欧、美国等近场支付发展相对缓慢。

在印度、非洲为主的发展中国家和地区，手机支付以 SMS、USSD 技术的远程支付方式为主，使欠发达地区居民能够更加方便地获取最基本的金融服务。

印度手机用户群体庞大，截至 2012 年 3 月，印度的手机用户数已经达到 9.19 亿个，同时印度共有 60 万个村庄，但只有 5 万个村庄有金融机构服务。因此，印度央行敦促银行业向乡村和近郊拓展业务。银行业希望通过与移动运营商的合作来加快其向偏远地区提供金融服务的步伐。

非洲虽然在经济上的发展相对落后，但在移动支付上却是最活跃的市场之一。

非洲拥有接近 5 亿手机用户，非洲的手机普及率预计 2014 年将达到

56%；金融服务在非洲的农村地区不发达，据统计有超过60%的农村地区人口没有银行账户。非洲国家如此巨大的市场需求让电信运营商和银行都积极地发展移动支付业务，目前在非洲有超过4000万人使用移动支付。

2. 国内发展情况

在我国移动支付市场上，有三大参与方，即以银联为代表的金融机构、运营商和以支付宝为代表的第三方支付机构。在商业模式上出现了银联、运营商和第三方支付各自主导的局面。银联、运营商和第三方支付机构各有优势，前者拥有完善、成熟的资金清算系统，后两者都拥有庞大的客户资源与销售渠道。多方合作竞争依然存在。

2012年我国手机用户已突破10亿个，互联网数据中心（IDC）预测，至2013年年底我国智能手机用户数将超过5亿个。2013年我国第三方移动支付市场交易规模达12197.4亿元，同比增速707.0%。远程移动互联网支付在整体移动支付中的占比达到93.1%。❶

四、移动支付推动普惠金融发展应用分析

1. 发展的有利因素

随着手机性能和无线互联网技术的发展，手机逐渐成为提供金融服务最理想的渠道，具有便捷、成本低和覆盖广等优势特征。手机处理银行业务所需要的花费仅为面对面处理业务费用的1/5左右。

此外，农村地区发展移动支付业务还具备以下有利条件。一是农村地区移动互联网网民规模庞大并快速增长。截至2012年年底，农村网民中手机上网的比例达75.3%，比城镇高3.3个百分点。农村手机网民规模达11722万人，比2011年增加2028万人，增长20.9%，增速快于城镇手机网民（13.6%）的增长速度，也快于农村网民整体增长速度（14.6%）；二是政策及产业各方强力驱动；三是农村无线通信网络基本实现全覆盖。四是互联网商业模式和机构的移动互联网化。

2. 可改善的农村金融服务

随着移动支付的发展，农村居民足不出户就能够享受到更便捷、丰

---

❶ 数据来源于艾瑞咨询。

富、高效的金融产品和服务,这主要体现在以下两个方面。

一是金融业务移动互联网化。网上银行替代了一半以上的柜台业务,由于农村地区电脑普及率不高,网上银行一直很难在农村地区获得大规模推广。截至2012年年底,农村家庭宽带用户渗透率约为10.7%,但手机渗透率超过60%,这为农村移动支付的发展提供了良好环境。

二是互联网金融业务创新发展。通过移动互联网方式向农村提供互联网金融服务,不仅使农村居民能享有更加丰富多彩的各项服务,如网上购物、缴费(水电煤缴费、罚款缴纳等)、彩票购买、保险和基金购买等,而且还大幅降低了信息不对称程度和交易成本,有助于解决农户信贷难的问题。

3. 面临的主要问题

移动支付产业链条较长,涉及金融、电信等多个行业的参与方,协调实施难度较大。主要有以下几个方面的问题。

一是安全问题。安全问题是影响移动支付最普遍的关键因素,安全包括很多环节,如存储安全、传输安全、认证安全等。当手机仅仅当作通话工具时,密码保护并不是很重要,但作为支付工具时,移动信息化提高了手机等手持终端的重要程度,设备丢失、密码被攻破、病毒发作等问题都会造成重大损失。

二是消费习惯问题。目前农村地区仍以现金交易为主,人们对消费方式的固有认识和习惯导致手机支付发展缓慢,特别是农村留守老人很难接受手机支付。况且,与肯尼亚等发展中国家相比,我国农村地区金融基础设施良好,农村居民基本都开立了银行账户或办理了银行卡,各类银行卡受理终端规模庞大,因此农村居民对移动支付产品的需求并不十分迫切。

三是法律政策以及行业规范问题。我国在电子支付领域没有完善的法律体系,支付参与方的责任与分工都缺少明确的法律规定。同时,行业运营方面也没有可靠的行业操作规范,只能靠不断的用户体验和测试使用来订立并完善规范标准,而这一摸索过程必定使移动支付应用面临一定的法律风险与经营风险。此外,应对短信金融欺诈等移动支付领域的风险事件,我国暂时还缺乏有力的法律和技术保障,一旦产生纠纷和侵权,很难在法律上有准确的定义和判断。

四是商业模式不清晰的问题。移动支付市场存在多种参与主体,各方都希望在支付产业链中占据主导地位,导致各类资源无法有效整合,衍生出不同的产业标准，直接造成产品的通用性和易用性较差。移动支付市场还缺乏成熟的盈利模式，如何发展出符合各方利益的共赢机制和商业模式仍是亟待解决的问题。

4. 发展目标与路径探讨

（1）发展目标

利用现代信息技术，积极推动金融服务创新，不断拓展金融服务的广度和深度，快速缩小城乡居民在金融服务方面的差距，促进城乡一体化建设。换言之，就是过去通过传统物理网点建设难以有效解决的城乡间金融服务差距的问题，要在移动互联网时代彻底予以解决，达到城乡金融服务基本均衡。

（2）发展路径

结合我国农村实际和移动支付发展趋势，农村地区移动支付发展路径可能如下：一是由多套模式并存向主流模式转化过渡。随着智能机和3G通信网络在农村的普及，移动支付将逐步向移动互联网方式过渡；二是先发展远程支付，后实现近场支付。在相当长的一个时期内，农村移动支付都将以远程支付方式为主；三是逐步丰富涉农行业应用服务。移动支付将成为构建农村地区信息化生活的重要平台。

五、主要的政策建议

1. 支持移动支付应用创新，带动移动金融业务快速发展

一是鼓励创新并尊重市场选择。尊重市场参与各方的创新精神，允许多种模式并存，并接受市场的检验；二是加强移动支付安全技术研究；三是利用移动支付大力拓展涉农行业应用。积极拓展移动支付在万村千乡、新农保、新农合和休闲农业等行业项目中的应用。

2. 优化完善相关政策制度，鼓励移动支付在普惠金融方面的应用

一是进一步完善移动支付相关法律法规。借鉴国际经验，加快推进包括个人信息保护、电子签名、电子认证等方面的立法；二是持续优化农村地区移动支付发展基础环境。优化升级无网点银行服务，通过助农取款服务点满足农民小额转账、汇款、取现、缴费等基础性、必需性的金融服务需求；三是激励移动支付服务机构积极开拓农村市场。

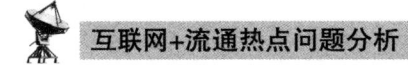

3. 加强金融消费权益保护，确保移动金融服务规范发展

不能再采取传统的审慎监管模式来抑制金融创新，而要以行为监管和金融消费者保护为主，从维护消费者切身利益的角度出发，建立健全移动支付业务的金融消费权益保护机制。

一是强化支付机构的信息披露义务和主动提示义务，充分提示收费项目及标准、业务风险、售后服务、民事责任等与消费者有重大利害关系的内容；二是完善的投诉受理处理机制；三是市场主体的内控要求和稳健经营；四是必要的金融基础知识教育。

P2P 物流金融借贷平台及其融资模式创新[1]

于 博[2]

摘 要：随着互联网与电子商务的繁荣，存货质押等传统物流金融业务越来越无法满足链上企业的融资需求了，需要开拓更多以大型物流企业为平台的新型物流金融模式。而模式创新的关键在于，如何通过重构物流与资金流之间的关系来更好地借助物流载体实现金融机构与借款企业的高效衔接，因此重新反思物流企业在金融服务方面的功能与价值，设计适合物流金融发展特征的新型融资模式，成为物流金融发展与创新的重要方向。文章基于供应链金融及互联网金融背景，创新性地提出了以物流企业为运营主体、融合 P2P 网络融资功能的第三方物流信息平台，可将物流企业独特优势融入供应链金融服务，实现物流、信息流、资金流高效集成，为供应链发展提供系统全面的解决方案。文章参照"先存后贷、低息互助"住房储蓄设计原理及资产证券化原理开发的用于解决中小企业融资难题的 P2P 物流金融"先存后贷"新型融资模式，在为物流金融业务创新指明全新发展方向的同时，也为中小企业提供了全方位的贸易与融资服务，有助于全面增强供应链整体竞争力。

关键词：物流金融；业务创新；P2P 融资平台；先存后贷

一、引言

互联网与电子商务的繁荣不仅促使物流业呈现出爆发式增长，也促使

---

[1] 本文系国家自然科学基金"企业探索性创新与开发性创新的协调机制及其对绩效的影响研究"（项目编号：71102012）的部分研究成果。在本文写作过程中，颜铭佳协助搜集资料并做了大量工作，特此表示感谢。

[2] 作者简介：于博（1979—），男，天津市人，天津财经大学经济学院金融信息化研究中心副主任，美国加州州立大学访问学者，博士，主要研究方向为公司金融。

学术界重新反思物流业在供应链竞争中的角色和地位。与此同时，区别于美国的政府主导模式，我国物流金融的发展始终以物流企业为主导。因为，随着供应链上资金流量的不断提高，供应链上下游企业对大型物流企业的依赖与日俱增，物流企业正在凭借其特殊的资源优势快速成长为推动物流金融发展与创新的主导力量及核心载体。[1]在上述背景下，存货质押等传统物流金融业务已经越来越无法满足链上企业的融资需求了，因此必须开拓更多以大型物流企业为平台的新型物流金融模式。本文认为，模式创新的关键在于如何通过重构物流和资金流关系来更好地借助物流载体实现金融机构与借款企业的高效衔接。于是，重新反思物流企业在金融服务方面的功能与价值，设计适合物流金融发展特征的新型融资模式，便成为物流金融发展与创新的重要方向。特别是在当前互联网金融快速发展的条件下，有效整合物流金融与互联网金融的创新模式，推动物流金融模式下的融资机制创新，不仅有助于提高金融服务实体经济的能力，而且有助于深化金融领域改革与创新，提高金融系统效率。

为此，本文以供应链金融及互联网金融为背景，创新性地提出了以物流企业为运营主体、融合P2P网络融资功能的第三方物流信息平台，力争实现货物流、信息流、资金流"三流合一"。在此基础上，本文参照"先存后贷、低息互助"住房储蓄设计原理及资产证券化原理，开发了用于解决中小企业融资难问题的P2P物流金融先存后贷融资模式，力争为物流金融业务创新提供理论思路与实施途径。

二、文献综述

互联网的兴起带动了电子商务的蓬勃发展。由于电子商务在本质上是信息流、资金流与物流的融合，因此电子商务的爆发式增长也引发了支付领域（资金流）及供应链领域（物流）的革命，前者表现为支付与传统金融的分离（支付脱媒）及第三方支付的兴起，后者表现为物流服务向金融服务的延伸，即物流金融的快速发展。上述两种革命体现了互联网对传统产业关系的重构与整合，刻画了信息革命改造金融服务模式的过程，也为学术界研究物流金融发展趋势与创新模式提供了新的方向。

从发展进程上看，早期的物流金融模式是存货质押融资业务。早期研究文献也大多集中于对仓单质押融资的分析。该模式下，仓单作为质押物，物流仓储企业被引入物流金融服务过程，并作为主要参与和监管主体,这使银行与借款企业间信息不对称的程度大大降低,提高了融资业务的效率。然而,由于物流企业参与程度有限,银行多以质押存货冻结的静态质押为主,仓单质押融资对企业运营能力支持程度相对有限。

此后,罗齐、朱道立[2]提出了融通仓业务以解决供应链上下游企业之间融资难的问题。其中,融通仓被定义为"以周边中小企业为主要服务对象,以流动商品仓储为基础,涵盖中小企业信用整合与再造、物流配送、电子商务与传统商业的综合性服务平台"。闰俊宏和许祥秦、[3]王勇和邓哲锋[4]也以融通仓为研究对象,分析了其作为供应链金融基本融资模式对解决中小企业融资难问题的重要意义。融通仓作为第三方物流企业提供的综合性服务平台,不仅能够协调银行、借款企业以及供应链上下游企业间的合作,解决中小企业融资难问题,而且能够促使物流企业融入供应链体系,这不仅提升了链上企业物流服务的专业化水平,也为物流金融的发展提供了有益的初期尝试。

随着物流企业逐渐成为主导供应链金融的服务主体,物流金融开始成为一个独立的概念并逐渐演变成金融创新研究的重要方向。邹小芫、唐元琦[5]对物流金融的定义为:"一个面向物流业运营过程,通过应用和开发各种金融产品有效组织和调剂物流领域中货币资金的运动。"冯耕中[6]分析了物流金融的创新形式,并将商业模式、质押品种选择、信贷合约设计创新归纳为物流金融领域的创新方向。张晶蓉[7]从风险监管角度,对物流金融发展过程中的法律风险、操作风险、信用风险、市场风险等风险类型及其防范策略进行了分析。

伴随着互联网及电子商务的逐渐繁荣,物流企业在传统产业链及供应链中的角色和功能开始出现新的变化,学术界也开始认识到传统的供应链关系正在经历互联网的冲击与改造,这一改造的重要标志就是物流企业开始凭借自身独特优势逐渐整合供应链上的各种资源并参与"整个"供应链运作,从而推动物流、资金流、信息流在整个链上的无缝化运行。上述改造意味着,物流企业不仅要提供综合性、集成化的物流基础业务,还要深度参与甚至主导供应链上的物流、融资、信息管理等各个环节,甚至要以自身为中心,建立起与银行及链上借贷企业间的沟通机制及合作桥梁,从而实现以物流金融为中心的供应链资源整合。对此,徐学锋和夏建新、[8]夏露和李严锋[9]分析了物流金融(作为供应链金融的重要创新形式)的强大生命力及其对供应链经济的促进作用。

在上述研究基础上，本文力求分析物流企业构建物流金融 P2P 平台的可行性及具体方式，进而设计基于该平台的物流金融融资模式。该模式作为融通仓的创新方案，能更好地满足物流金融发展需求，也迎合了互联网时代金融创新的发展趋势，为物流企业的业务创新提供了新的理论视角与实践路径。

三、"先存后贷"物流金融 P2P 融资模式设计

本文的一项重要创新就是提出了物流金融 P2P 融资模式，该模式依托大型物流企业建立的物流信息化平台，通过借助"先存后贷"融资模式来平滑供应链内部不同企业间的资金供需矛盾，即通过建立整个供应链下的内部资本市场来实现企业与企业之间自助式的资金协调与资金优化（从而体现 P2P 的特征与本质），进而达到对整个供应链内部资金使用效率的重构。基于上述分析，本文接下来首先分析大型物流企业建立物流信息化平台的动因及条件，其次分析"先存后贷"P2P 融资机制及其运行机制，最后对物流金融 P2P 融资平台融资机制进行一定的扩展分析。

1. 动因分析

由物流企业创立和运营 P2P 网络借贷平台，并将之作为物流、资金流、信息流的"集成管家"，从而保证供应链上物资信息的无缝化对接，实现金融机构与借款中小企业的双赢合作，是本文对物流行业资源整合分析的起点，也是进行融资模式创新的基础。然而，物流企业是否具有构建 P2P 网络借贷平台的动因呢？

首先，随着互联网经济的快速发展，物流行业面临的竞争日益激烈，基础类运输服务的平均利润率目前大约只有 2%。为提高企业营利能力，物流企业有动力将经营范围向金融服务领域延伸，这一方面有利于扩展营利渠道，另一方面有利于从同质化服务中更好地树立核心竞争力。

其次，大型物流企业的金融服务创新有利于在尚未发展成熟的物流金融领域占据先行者优势，提高企业在物流行业中的地位及影响力。

最后，在供应链关系日益紧密的今天，传统的集中于存货质押融资领域的物流金融服务已经不足以充分体现企业的服务创新能力了，物流企业更需要全程参与供应链生产销售环节，全面管理链上的物流、资金流及其附

载的交易信息。换言之，物流企业亟须开发创新性物流融资业务，以因地制宜地提高金融服务的灵活性；亟待通过金融创新重构供应链格局，优化产业链运营效率，将自身定位从服务载体升级为服务主体，提升行业价值。

2. 条件分析

（1）物流企业拥有良好的客户基础和信息资源

大型物流公司与供应链中的核心企业以及下游中小企业之间往往具有稳定的业务关系，且与上下游客户存在信息共享，能更加便利地获取更多中小企业的经营及财务信息，对企业的了解更加真实深入。因此，物流企业作为供应链经济中信息资源的"天然载体"，拥有得天独厚的优势来开发集成整个供应链主体的网络借贷P2P平台，并通过与银行进行有效的数据对接，开展针对下游中小企业融资难问题的特色化借贷服务。

一般而言，中小企业多为大型企业的下游，当中小企业拿到大企业订单时，会产生资金需求来购买原材料或扩大生产规模，以满足对上游企业的产品供应。订单的存在保证了它的还款能力，减少了贷款的违约风险。物流企业在为供应链上下游企业提供物流服务的同时，可将其承载的所有物流和交易信息在该网络借贷P2P平台上进行整合管理，这样可以大大降低融资中信息不对称的程度，有利于更准确地进行信贷评级，从而降低操作成本与信用风险。

（2）P2P物流金融平台具有明显的融资成本优势

2007年国家发展和改革委员会及中国银行业监督管理委员会对中小企业融资进行的联合调研结果显示，中小企业融资成本最低约为10%，远高于大企业的贷款成本。[10]李建军和胡凤云[11]关于中小企业融资结构的调研分析数据表明，截至2012年年末，样本中小企业通过银行信贷等正规金融渠道进行融资的比例为59.4%，通过影子银行系统进行融资的比例为40.6%；通过正规银行等渠道的平均融资成本为9.7%，通过影子银行系统的平均融资成本为18.28%，综合平均融资成本为13.21%。根据斯蒂格利茨－韦斯（Stiglitz-Weiss）模型可知，当面对大量贷款需求时，银行往往无法辨别每个贷款者的风险，因此为防止逆向选择，银行将对贷款人实行信贷配给。而作为依赖于大型物流公司运作管理，同时具有担保公司担保以及第三方独立监管机构监督的P2P网络借贷平台，则具有更高的信用评级，在向银行与其他金融机构融资时，比众多单个中小企业享有更高的贷款信任度，从而能够以较低的利率贷到更大额度的资金来为 P2P 平台上的中小企业提供融资服务。

（3）可对 P2P 平台上的部分信贷资产证券化

假设 P2P 平台上发放 60 亿元的贷款，这些贷款作为具有稳定未来现金流的资产，可以对部分信贷进行资产证券化，P2P 平台贷款自留额为 Y 亿元，贷款证券化 X 亿元（X + Y = 60 亿元）。由于获得贷款的会员中小企业具有不同的信贷等级和还款期限，这些信贷通过多样化组合可形成各种期限以及收益和风险不同的流动性证券。这部分资产经评级机构审计评级后可贴现给商业银行、基金公司、保险公司等投资人。如此运作，P2P 平台与仅仅持有这些债权相比有了更多的流动性，不仅能够回笼部分资金，而且可以作为扩大信贷规模的一种有力渠道。另外，部分信贷证券化不仅是一种融资方式，也是一种转移风险的手段。它把原来集中在 P2P 平台的中小企业的违约风险与相应收益一起分散给了众多的证券投资者，从而增强了 P2P 平台防范风险的能力，降低了风险的危害程度。

3. 先存后贷 P2P 融资模式运行原理

（1）先存后贷模式的基本原理

先存后贷模式的运行原理如下：假设有 10 个中小企业，每个都需要贷款 20 万元用于扩大生产，且每个企业每年均有 2 万元盈余利润作为发展基金。可见，如果仅仅依靠自有资本实现该投资，每个企业都要等待 10 年。但是，如果 10 个企业都将自己每年的发展基金放到一个共同的资金池里，那么第一年就能够有一个企业开始扩张生产。第二年，每个企业继续向共同的资金池投入 2 万元（此时第一个企业由存款变为还款），于是又能够有一个企业得到 20 万元的贷款。以此类推，10 个企业中将有 9 个企业能够提前得到资金，只有第 10 个企业等待时间未变。与每个企业等待 10 年相比，参与共同的储金发展集体，平均只需要（1 + 2 + 3 + 4 + 5 + 6 + 7 + 8 + 9 + 10）/10 = 5.5 年即可实现融资，平均节省 4.5 年。这一融资模式可由物流企业通过开发专业的 P2P 网络借贷平台来实现运营，再辅之以专业的统计精算方法，形成公平的规则程序，就能保证参与企业得到公平对待，并确保该体系持续平稳运转。

（2）具体运作方式

首先，具有融资需求的中小企业需要在 P2P 融资平台上进行初始注资

（相当于存款），从而成为会员。其次，参考中德住房储蓄的存贷模式，[12]对存贷期限与额度进行规范。例如，凡需要获得低息贷款的企业，只有当所注入资金达到所需贷款额一定比例，且参加储蓄满足一定期限时，才有资格申请与P2P平台签订贷款合同。贷款合同额由存款额（即存款的本息和）与贷款额两部分构成，其中贷款额大约占合同额的一半。合同一经签署，会员即拥有了日后从该P2P平台得到固定利率贷款的权利。

P2P平台上中小企业先存后贷的融资模式具体如图1所示。

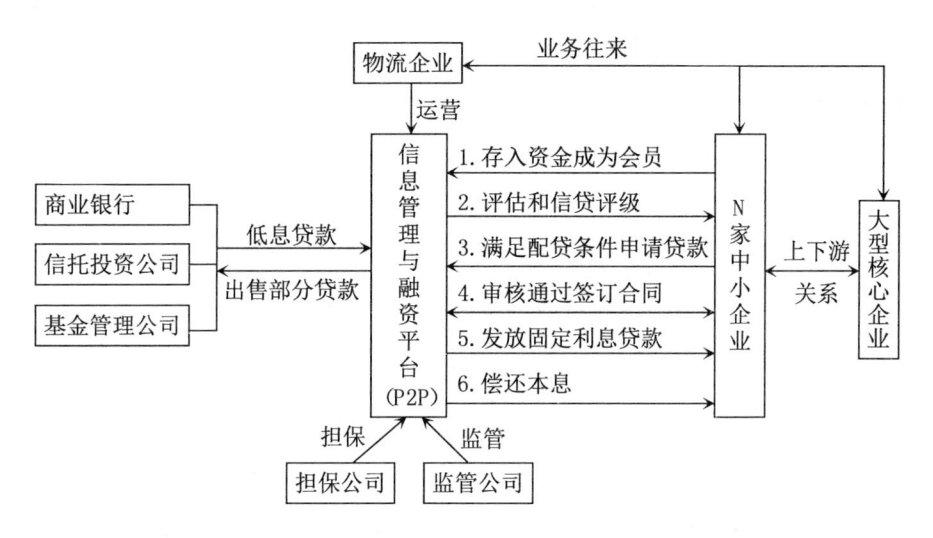

图1　物流金融P2P平台上先存后贷融资模式的设计

（3）信贷评级与风险管理

由于各中小企业的规模和信用等级存在明显差异，因此需要对参与物流金融借贷平台的会员企业进行信贷评级，并根据企业信贷等级的不同给予差别化"配贷条件"。例如，可根据企业规模、资金周转速度、历史贸易记录等信息将会员企业划分为表1所示的几种类型。

表1　物流金融P2P借贷中的信用评级类型

信贷等级	所占比例	存款利率	最低存款期限	存贷比例	贷款利率
A类中小企业	60%	1.25%	6个月	1：1.2	5.25%
B类中小企业	25%	1.25%	9个月	1：1.1	5.70%
C类中小企业	15%	1.25%	12个月	1：1	6.10%

此外，还需要对会员企业进行资金贡献度评估，即P2P平台每月对会员企业存款额及其对资金池的贡献度进行评价值计算，并根据评价值大小来评定借款企业资格与贷款分配次序。其中，评价值的计算可参考下面的公式：

$$评价值 = \frac{利息额 \times 评价值系数 \times 成绩系数}{总合同额}$$

其中，评价值系数是对不同等级中小企业间的平滑，而成绩系数则是对资金积累额高于最低存款额的那部分的奖励。资金累积越多越快，评价值就越高，相应的可贷金额就越高。因此，在P2P平台上，除了所包含的这些会员企业与该物流企业的日常货运信息外，所规定的最低存款额和最短存款期限实质上也是一种有效的信用建立方式。

物流企业作为P2P平台运营商和供应链上的物流服务提供商，通过P2P平台上贸易与资金信息的整合分析，可对平台上会员中小企业生产经营状况及资信水平进行深入而全面的了解，使之提供的评级与增级服务具有真实可信的数据信息作为评价基础，与企业实际情况比较相符，从而确保评级与增级的客观公平性。由物流企业提供此项服务还可大大降低操作成本，避免信息不对称造成的信用风险，从而保证物流金融P2P平台的可持续发展。

4. 基于物流金融P2P平台的批发—零售融资模式分析

P2P网络借贷平台作为融资中介，还可依托其运营商（大型物流企业）的公司声誉和资金背景来实现融资代理功能，即通过与担保公司合作，来向商业银行等金融机构执行贷款操作。由于平台融资具有更高的信贷等级，因此能够以更低的利率"批发"到资金，并将之以"零售"的方式转移给P2P平台上以贸易订单为基础具有融资需求的企业。

由于批发—零售模式的融资过程将违约风险完全暴露给物流企业（融资中介），因此需要对融资风险进行防控。本文认为，可以参考资产证券化方式，在P2P平台向会员企业发放贷款后，对其持有的部分信贷进行资产证券化处理，并通过向基金、保险等金融机构出售投资组合来增强流动性，分散风险。上述批发—零售模式的物流金融网贷平台关系结构如图2所示。

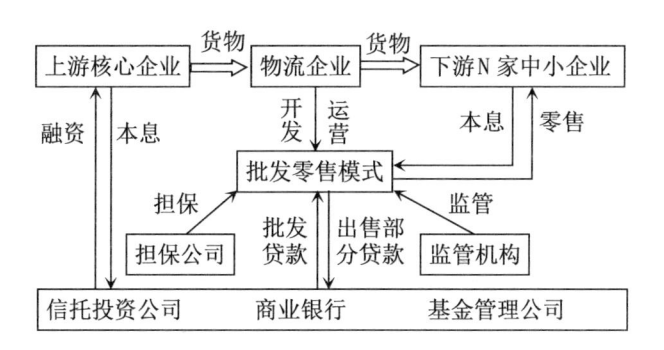

图2　物流金融P2P平台上的批发—零售融资模式

5. 物流金融P2P融资平台的运营特征分析

(1) 固定利率，多存多贷

物流金融P2P平台为会员中小企业提供的存贷款利率都是固定利率，存贷款合同签订后，利率可免受资本市场波动影响。且根据评价值公式，会员企业存款越多，可获得的贷款额度越高，即存10万元，可以得到20万元的贷款，存20万元可得到40万元的贷款。同时，贷款合同注明贷款用途限定于企业购买原材料、设备等固定资产的实体投资方面，以提高生产力，扩大生产规模，而不允许用于金融资产投资。

(2) 需要担保，配贷可转

会员企业接受配贷后，还需要为该物流金融P2P平台提供相应的贷款担保。中小企业担保的主要形式除不动产抵押、质押外，还可便利地将库存货物、产成品等存货作为动产质押，且相较于银行，物流企业在此凸显了自身在存货管理及存货变现等方面的优势。同时，中小企业在满足贷款条件后，如果不准备接受配贷，还可作为担保人将配贷权转让给其他企业以赚取一定收益，而P2P平台则收取一定的服务费。

(3) 短期接替，预先贷款

P2P平台会员企业在其他配贷条件（如最低存款期限）尚未满足，但已达到最低存款要求的情况下，出现了紧急资金需求，P2P平台可以安排该企业在自己的合作银行取得短期接替贷款，或直接从P2P平台获得短期接替贷款。待该企业满足全部配贷条件后，可再从P2P平台获得固定低息贷款，将短期贷款接替过来。在未获得配贷资格之前的短期贷款期间，企业只需支付贷款利息，待中小企业从P2P平台得到配贷后，再每月向其偿还应付的贷款额。

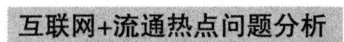

如果有中小企业刚刚加入 P2P 平台成为会员就马上需要贷款,此时 P2P 平台可立即安排企业从自己合作的商业银行或直接从 P2P 平台上得到预先贷款,但利率与当时的市场贷款利率相同,在此期间中小企业同样只需偿还贷款利息。待该企业满足配贷条件之后,再从 P2P 平台上取得固定低息贷款以偿还预先贷款。

四、模式的可行性与创新性分析

1. 可行性分析

(1) 物流企业的角度

物流行业的竞争不断压缩基础运输服务的利润空间,物流金融业务有望成为大型物流企业主要的利润增长点。大型物流企业在物流与信息流方面的成熟与专业性推动着其资金流模式的产生与发展,针对供应链上中小企业的特点,物流企业创建信息集成的 P2P 网上融资平台,在为上下游企业提供物流服务时,运用其对买卖双方经营状况的深入了解以及先存后贷模式在信用建立方面的优势,使信用评估成本和风险大大降低。在货物运输过程中,物流企业实际上控制了货物,如果出现违约,P2P 平台可以对货物进行快速处理变现,且专业化程度较高的物流公司对所运货物市场具有全面的了解和成熟的业务关系,可使存货变现更加便利,降低违约风险。同时,由于物流企业与供应链上下游各企业存在长期合作关系,具有广泛而稳定的客户基础,因此建立物流金融 P2P 借贷平台可以吸引大批具有合作意愿的中小企业加入,减少营销宣传成本,赢得市场份额。并且,为客户提供金融服务的物流供应商也能更好地树立在客户群中的积极形象,形成核心竞争优势。

(2) 中小企业的角度

从企业经营的具体情况看,资金对中小企业发展至关重要,甚至事关经营成败。然而,由于中小企业经营过程的不确定性以及信息不对称等问题的存在,银行对中小企业存在"惜贷"现象。而本文的融资模式创新能够较好地解决中小企业融资成本高、渠道窄等问题。本模式下,由于贷款利率的制定更为灵活且更富有弹性,加之物流企业的全程参与,因此融资成本将显著低于商业银行的贷款利率水平,与此同时固定利率的融资模式也有助于防范成本波动带来的经营风险。此外,中小企业在从原材料采购到最终产品出售的整个过程中都保留着大量的库存货品,这就意味着资金占用,而本模式中的存货动产担保使信贷评估审核程序更加便利,也使贷款成功率大大提高。本模式还具有较高的灵活性,配贷权可转以及短期接替、预先贷款能够满足各中小企业多样化的融资需求。

2. 创新性分析

(1) 物流金融的互联网方式创新

要借助物流企业自身独特优势参与并主导供应链金融,结合先进互联网 P2P 技术创建并运营物流、资金流、信息流集成的网络借贷平台。而且,相较于单个分散的中小企业,该 P2P 平台能够在其他金融机构那里享受到较高的贷款信任度,具有明显优势以更低利率获得它们的资金支持,同时可减少中小企业融资的交易成本和违约风险,既能为中小企业提供全新融资渠道巩固供应链上的资金薄弱环节,又能使物流企业从金融增值服务中获得利润回报,真正实现多方共赢。

(2) 资产证券化转移风险

对 P2P 平台上的部分信贷进行资产证券化,并通过对不同等级的信贷进行多样化组合处理,可形成多层次、不同期限的收益风险投资组合,再将流动性证券贴现出售给保险公司等金融机构,使 P2P 平台可以快速获得融资,同时转移部分风险。

(3) 与先存后贷模式的融合

在该 P2P 网络借贷平台上,中小企业通过先存后贷模式获得融资,这是住房储蓄原理在物流金融融资业务中的创新应用。将企业流动资金注入该 P2P 平台相当于购买了一份未来的贷款承诺权,配合前文所述的配贷权转让、短期接替、预先贷款等特点,可使物流金融更加灵活地为中小企业规划财务管理、进行生产扩张提供资金支持。

(4) 对中小企业评级划分的改进

由于不同的中小企业规模与经营状况差异明显,不能实行统一的贷款利率,因此在住房储蓄模式基础上进行改进,根据物流金融 P2P 平台所掌握的信息对会员中小企业进行信贷评级,并设计等级化的配贷条件和贷款利率,可更好地控制风险,使收益与风险相匹配,避免平均主义,实现公平与效率相平衡。

(5) 企业自助互助成长

该物流金融体系的主体是一个由物流企业主导、大量会员中小企业共同参与而形成的自助互助集体，参与该 P2P 平台的会员企业通过先存后贷模式，先将自有流动资金注入同一个资金池，以使一部分中小企业获得固定低息贷款用于企业经营，也使企业自身获得未来申请贷款的权利，通过这个 P2P 平台，形成中小企业自助互助的良好环境氛围。

五、结论

物流金融 P2P 平台作为第三方综合服务平台，将物流企业独特优势融入供应链金融服务，实现了物流、信息流、资金流的高效集成，为供应链发展提供了系统而全面的解决方案。通过借鉴住房储蓄先存后贷模式，本文创造性地针对链上中小企业融资难问题设计出了物流金融 P2P 平台上先存后贷的新型融资模式，该模式在为物流金融业务创新提供全新发展方向的同时，也为中小企业提供了全方位的贸易与融资服务，且有助于全面增强供应链的整体竞争力。这种创新的融资方式可使物流企业、中小企业及其他金融机构等各方参与者均能从中受益，实现多方共赢，因此对物流企业金融创新具有重要的借鉴意义。

参考文献：

[1] 汤曙光，任建标. 银行供应链金融：中小企业信贷的理论、模式与实践[M]. 北京：中国财政经济出版社，2010：51－60.

[2] 罗齐，朱道立，陈伯铭. 第三方物流服务创新：融通仓及其运作模式初探[J]. 中国流通经济，2002（2）：3－4.

[3] 闫俊宏，许祥秦. 基于供应链金融的中小企业融资模式分析[J]. 上海金融，2007（2）：14－16.

[4] 王勇，邓哲锋，徐鹏. 基于参与各方相互关系的融通仓运作模式研究[J]. 华东经济管理，2010，24（2）：128－132.

[5] 邹小芫，唐元琦. 物流金融浅析[J]. 浙江金融，2004（5）：20－21.

[6] 冯耕中. 物流金融业务创新分析[J]. 预测，2007，26（1）：49－54.

[7] 张晶蓉. 物流金融风险分析及防范对策[J]. 物流科技，2010（9）：3－5.

[8] 徐学锋，夏建新. 关于我国供应链金融创新发展的若干问题[J]. 上海金融，2010（3）：23－26.

[9]夏露,李严锋.物流金融创新助力供应链和谐发展[J].物流工程与管理,2013,35(5):11-14.

[10]汪华.物流金融服务创新研究[D].上海:复旦大学,2008:12.

[11]李建军,胡凤云.中国中小企业融资结构、融资成本与影子银行信贷市场发展[J].宏观经济研究,2013(5):7-11.

[12]李云才.中德住房储蓄银行业务经营模式研究[D].长沙:湖南大学,2010:13-15.

大数据下的云会计特征及应用[1]

樊燕萍 曹薇[2]

摘 要：大数据引发了思维模式和发展模式的改变，大数据联合云会计引领会计信息化模式变革。大数据下会计数据的特殊性主要体现在会计数据的空间分离、安全性、及时获取性、相关性等方面；大数据下云模型可以解决云会计核算中的不确定性和模糊性问题；大数据下的云会计应用应加强云会计计算平台建设，完善云会计计算的功能与服务，建立云会计下会计信息安全风险评估机制，确保云会计数据的安全。

关键词：大数据；云会计；云模型；会计数据

当今，我们每个人都在接收很多数据，也在制造很多数据。人类社会的数据种类和规模正以前所未有的速度增长，人类的生存、发展方式可以归结为获取信息、处理信息，而这就是智力。对数据的认识史就成了人类的发展史。数据不等于信息，数据不等于智慧。目前，大数据现象正以前所未有的速度颠覆人们探索世界的方法，引起各领域的深刻变革。

大数据并不仅仅指其数据量之大，更代表着其潜在的数据价值之大。大数据现象，通常用来形容人们创造的大量结构化和非结构化数据，具有 4V 特点。即数据体量巨大（Volume），数据规模不是用 GB、TB 为单位而是用 PB 为单位来衡量；类型繁多（Variety），不仅包括数字这样结构化的

---

[1] 本文受国家社会科学基金项目"煤炭产业战略并购研U究"（项目编号：11BJY071）资助。

[2] 作者简介：樊燕萍（1971—），女，山西省临县人，太原理工大学副教授，硕士生导师，管理学博士，主要研究方向为公司并购、会计决策等。曹薇（1985—），女，山西省襄汾县人，太原理工大学教师，硕士生导师，数学博士，主要研究方向为管理决策理论与方法。

数据，而且主要包括图像、声音等非结构化的数据，如网络日志、视频、图片、地理位置信息等；处理速度快（Velocity），数据产生与处理需要具有实时性；同时，其价值密度低（Value），数据量呈指数增长的同时，隐藏在海量数据的有用信息却没有以相应比例增长。

目前，随着云计算的发展和普及，云计算对企业会计信息化应用和建设模式产生了较大影响，为中小企业的发展提供了便利条件。云计算环境下的会计工作，其实质是利用云技术在互联网上构建的虚拟会计信息系统，完成企业的会计核算和会计管理等内容。而所谓的云会计就是利用云计算技术和理念构建的会计信息化基础设施和服务，其内涵可从软件服务提供商与企业用户两个方面来理解。[1]

一、文献综述

1. 大数据时代的数据研究

数据无处不在，充斥于社会生活中的每一个角落。目前，随着数据生成的自动化以及数据生成速度的加快，需要处理的数据量急剧膨胀。李国杰、程学旗[2]阐述了大数据的研究现状与重大意义，探讨了大数据的科学问题，介绍了大数据应用与研究所面临的问题与挑战；宗威、吴锋[3]在梳理大数据基本特征的基础上，结合中国当下企业发展现状及大数据在国内的发展态势，从流程、技术和管理视角讨论了大数据时代企业保证数据质量的挑战、重要性及应对措施；韩晶[4]针对目前大数据服务的研究还处于概念讨论阶段，提出大数据研究所面临的挑战，并就大数据服务的理论模型、服务模型、实现方法等进行了系统研究；俞立平[5]首次提出了大数据经济学的概念，认为大数据经济学具有智能经济学的特点；陶雪娇等[6]在分析大数据相关概念、特点的基础上，阐述了大数据技术特别是数据挖掘方面在大数据时代面临的挑战；孟小峰、慈祥[7]阐述了大数据处理的基本框架，并就云计算技术对于大数据时代数据管理所产生的作用进行分析，最后归纳总结了大数据时代所面临的新挑战。

2. 云会计的研究

"云会计"一词最早由程平、何雪峰[8]提出，是指构建于互联网上，并向企业提供会计核算、会计管理和会计决策服务的虚拟会计信息系统。

在会计领域,云会计作为一种新兴的基于云计算技术和理念的会计信息化模式,可实现企业信息系统的有效集成,提高企业的管理能力,增强企业的竞争优势。虽然云会计为实现企业会计信息化提供了一种新的途径,但要应用于企业会计工作中仍面临着多种问题,[9]会计信息是否安全仍是企业选择云会计时最为担忧的问题之一。[10]纵然有很多困难,但建立基于云计算的企业管理信息系统也将成为下一代企业信息化的发展趋势,把云计算应用于会计信息系统可助推企业会计信息化建设,降低企业成本,完成企业的会计核算和会计管理等内容。[11]

上述众多学者虽然已对大数据下的数据进行了研究,而且也有众多学者从不同角度对云会计进行了研究,但鲜有学者对大数据下的云会计特征及应用进行研究,本文将对此展开论述。

二、大数据下的会计数据处理

"大数据现象"还引发了思维模式和发展模式的改变,大数据分析应从寻求事物的因果关系转向寻求其相关关系。这种深层次的终极关系要从事物间的同构性中寻找。如果两个问题的结构是同构的,那么对该对象会有相似的属性和操作,对该结构成立的命题,在另一个与之同构的结构上也成立。实际上,同构是数学研究中在研究对象之间定义的一类映射,它能揭示出这些对象的属性。若两个数学结构之间存在同构映射,那么这两个结构就称为同构。研究同构的主要目的是为了把数学理论应用于不同的领域。

一般地,单从结构上讲,同构的对象是完全等价的。数据反映的是具有同构关系的两个序列的信息。一个对象的运动轨迹通过另一个序列的载体编码来表达。认识者获得的不是对象本身的绝对映像,而是离开了对象,从对象中抽象出来的、关于对象运动轨迹的数据。数据反映的是具有同构关系的两个或多个序列相互关系的信息,大数据更像是一种连续不断的论证和数据流、信息流、知识流。这使人们意识到,知识永远不会被完全确定,永远不会终止。大数据的出现或许让人工智能超越人类成为可能。

1. 会计数据的特点

会计数据来源广泛,连续性强,数据量大,存储周期长,类型较为复杂，输入时要进行严格的审核。虽然其工作比较简单，但准确性要求非常高，信息输出频繁且量大，输出形式多种多样。会计数据直接黏合在业务数据之中，不能够脱离业务数据而存在，脱离了业务数据就失去意义。因此，会计数据具有无形性与黏性。

2. 大数据下会计数据的处理

企业要参与全球化、网络化、信息化的经济竞争，首先必须融入全球信息网络组织之中，而企业要转变成网络型企业，必须能对信息进行有效收集、分类、处理、分析。如今，面对大数据规模，必然要求企业会计工作由传统形式的信息化模式发生革命性变化，而云会计的出现恰能解决这一难题。

3. 大数据下会计数据的特殊性

大数据下会计数据的特殊性主要体现在以下几个方面。

（1）会计数据出现空间分离。大数据下会计数据的存储与其所在物理位置出现空间上的分离，因为大数据下会计数据并非存储在企业所在地的计算机内，而是存储在互联网的数据中心或云存储平台上。大数据下会计数据通过浏览器进入会计软件就可以获取，并不受空间的限制。另外，大数据下会计数据的形式发生变化，转化为以非结构性为主的会计数据，比如图像、视频、办公文档、XML 或 HTM 等，而传统的会计数据主要以数值型数据为主，使用度量衡单位或自然数计量。

（2）会计数据的安全性受到挑战。会计数据存储在云环境下，使得会计的安全性以及完整性面临着严重挑战。相关统计表明，当前有 70% 左右的企业并不愿意将企业的会计数据信息存储在云环境下，担心企业的会计数据泄露。

（3）会计数据以服务形式提供。大数据下会计数据的使用者与提供者相分离，使用者向提供者购买相关的服务，用户可以按照自身需求向提供者订购服务，按照享受服务的数量或者使用时间的长短付费。

（4）会计数据可以及时获取。大数据下会计数据可以通过网络在云计算平台上获取，方便快捷，有利于实现会计信息的移动管理以及会计信息共享。另外，异地办公的财务会计人员可以随时随地处理企业会计数据，[12]不受时间与空间的限制，及时做出相关决策。

(5) 大数据下更重视会计数据分析的效果，而小数据时代由于信息相对缺乏，更加关注数据的精确性。在大数据下，某个数据的精确性并不会对整个数据的分析造成不利影响，大数据下会计数据分析带来的收益超过小数据下确保会计数据精确性带来的收益。据相关统计，在小数据下，如数据为500万时，简单的计算结果并不理想，但是在大数据下，如数据达到10亿时，简单算法的准确率显著提高，达到95%。

(6) 大数据下更注重会计数据的相关性，通过相关关系而非因果关系从而了解经济事项。大数据下对会计数据的分析主要是通过分析相关性从而预测经济事项发展趋势，而非弄清经济事项发生的原因。[13] 小数据下，更加关注会计数据所能反映的企业财务状况、经营成果和现金流量，而大数据下通过对会计数据的分析，可以与企业的产品研发、供应链管理、人力资源管理以及企业战略等联系起来，整体上提高企业竞争力。

4. 大数据下的云模型

信息数量巨大且来源庞杂、快速，非结构性强，含有很多不确定性、随机性和模糊性，是大数据时代的特点。人们分析研究认知问题的核心是把数学计算运用到海量数据上来预测事情发生的可能性、随机性，所以通常用"概率"来表达，而难以给出"精确"的判断。这时，必然要采用云模型，以云的数字特征来反映其主要内涵和外延。云模型可以描述人们对问题了解的两种不确定性：模糊性，即对问题的边界不清，是这样还是那样，或即定量不确定；随机性，即此事件发生的概率不清，或即定性不确定。云模型可实现定性与定量之间的转换。

云模型是由李德毅[14]院士提出的把随机性和模糊性集成到一起的一种模型，它是用语言值表示的定性概念与定量表示之间的不确定转换模型。云模型的定义如下。

设 U 为定量数据论域，C 为 U 上的定性概念，若定量值 $x \in U$，且 x 是概念 C 的一次随机实现，x 对于 C 的确定度为 $y = \mu c(x)$，是具有稳定倾向的随机数，则云滴 (x, y) 在论域 U 上的分布称为云（或云模型）。

云的数字特征用期望 Ex、熵 En 和超熵 He 来表示，这三个数值反映了定性概念的定量特征。而在云模型中最重要的一种是正态云模型，它具有良好的数学性质，可以用来表示自然科学和社会科学中大量的不确定现象。

正态云定义：若 x 满足 $x \sim N(Ex, En'^2)$，其中 $En' \sim N(En, He^2)$，且对于定性概念 C 的确定度满足 $\mu c(x) = e^{\frac{-(x-Ex)^2}{2En'^2}}$，则 x 在论域 U 上的分布称为正态云。

正态云模型用一组参数来表达定性概念的数字特征，用来反映概念的不确定性。云由云滴组成，一个云滴是定性概念的一个数值化的表示。云的厚度（或宽度，或密集度）反映了确定度随机性的大小。在以上讨论的正态分布和模糊度概念的基础上，令这组参数为：

期望值 Ex 是概念在论域中的中心值，是最能代表这个定性概念在论域中的中心值，是云中心对应的 x 值。

熵 En 是定性概念模糊度的度量，是信息不充分程度的度量，即不清楚的范围（或称为裕度）的大小。熵越大，裕度越大。

超熵 He，为熵的熵，是熵的模糊度的度量，超熵越大，云滴的离散度越大，即确定性的随机性越大，云的"厚度"也越大。

所以正态云的期望曲线是一个正态曲线，故离中心值（即 Ex）较远区域的元素可以忽略不计（所谓"3σ"原则）。

上述云的数字特征的概念，通常称为概念 $C(Ex, En, He)$。

$$f(x) = \int_{-\infty}^{\infty} \frac{1}{2\pi He |y|} exp\left[-\frac{(x-Ex)^2}{2y^2} - \frac{(y-En)^2}{2He^2}\right] dy$$

云模型可实现大数据下云会计大量不确定性核算中定性与定量之间的转换。

三、大数据下的云会计应用对策

随着云计算、数据仓库、数据挖掘技术的突飞猛进及物联网的发展，人、机、物的控制和管理都以信息为核心，那么云计算模式也为会计大数据的处理带来了方便和突破口。云会计计算为企业提供了两种服务模式，即"按需使用"和"按使用多少付费"。[15] 在大数据时代，就对策研究而言，要求我们增强数据分析能力，有效地实现对未来的预测。这个过程实际上要求我们将信号转化为数据，将数据分析为信息，将信息提炼为知识，以知识促成决策和行动。海量数据的复杂性增加了大数据处理的难度，人们为了从数据中发现知识并加以利用，指导决策，必须对数据进行深入的分析，而不仅仅是生成简单的报表，只有依托云会计平台进行分析，才可以提高企业财务决策的科学性。

1. 云会计的特点

云计算是信息社会的一种新产物，把云计算应用于会计数据的研究，就产生了云会计。财政部发布的《会计改革与发展"十二五"规划纲要》中明确提出，将全面推进会计信息化工作作为实现会计管理科学化、精细化的重要措施。云计算应用于会计信息系统可助推企业会计信息化建设，云会计是企业发展的长足动力，所以云会计在企业财务中的应用是亟待解决的问题之一。

云会计重点对应于企业的管理会计和财务决策，让企业把工作的重心聚焦到经营管理而将会计信息化的建设与服务外包，这种模式将进一步推动会计工作向前发展。

云会计涉及云服务的提供商以及企业用户，云服务的提供商不仅为企业用户提供相关的云会计业务服务，如会计核算系统、管理信息系统、企业决策系统等业务系统，而且为企业用户提供相关的云会计服务平台，如云会计的数据库服务、会计信息化开发应用等平台，企业用户通过付费的形式享受云会计服务（如图1所示）。

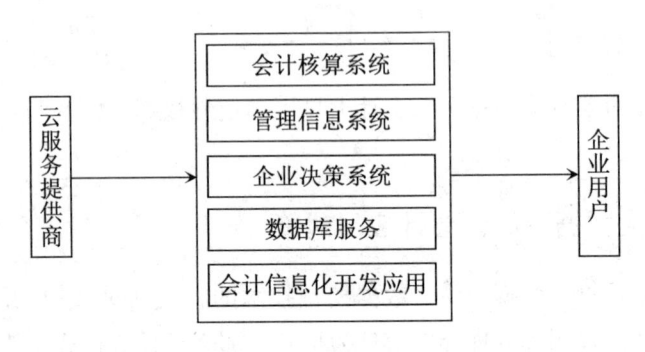

图1 云会计的基本概念

2. 大数据下云会计的应用及其优势

在大数据时代，云会计在企业会计信息化中的应用具有较大优势。企业管理者能利用云会计进行业务信息和会计信息的整理、融合、挖掘与分析，整合财务数据与非财务数据，提高企业财务决策的科学性和准确性；同时大数据下的云会计可以借助主流的大数据处理软件工具，对来自企业内部和外部海量的结构化数据和非结构化数据进行过滤，并以众多历史数据为基础进行科学预测；云会计还可根据这些海量数据，将其应用于企业成本控制系统，分析企业生产费用构成因素，为企业进行有效的成本控制提供科学的决策依据。

（1）应用于大数据时代的信息化建设，实现企业会计信息化建设的外部协同。企业云会计信息化运营平台运算资源部署在云端，使企业所有的会计信息处理需求都可以通过网络在云计算平台的服务器集群中以最快的速度共同响应并完成。云会计可以实时控制财务核算，及时生成企业的财务数据，实现企业财务信息同步和共享。大数据时代企业会计信息化建设需要大量地同银行、税务、会计师事务所、供应商和客户等多方共享，使用传统的会计信息化建设模式很难与外部协同。云会计信息化平台通过广泛互联、灵活控制，不仅做到与会计准则保持一致，还可以实现网上报税、银行对账、审计、交易、与上下游企业和用户之间的会计信息系统集成，从而有效实现大数据时代企业会计信息化建设的外部协同。

（2）应用于大数据时代成本控制系统，降低企业会计核算成本。大数据时代企业会计核算需满足新的商业模式，尤其是创新的互联网商业模式。"按需使用、按使用多少付费"的商业模式能够满足会计云计算服务需求者（企业信息化）的利益需要。云会计以软件服务方式提供，企业用户按需购买、按使用资源多少或时间长短付费。企业不必为服务器、网络、数据中心和机房等基础设施投入巨大的费用，不会占用企业过多的营运费用，并能及时获得最新的硬件平台和稳固的软件平台以及业务运行的最佳解决方案。已经在运行的"基础架构即服务（IaaS）""平台即服务（PaaS）""软件即服务（SaaS）"等云会计，通过对应的服务构成，整合提供云会计综合服务，在充分满足互联网商业模式的同时，有效降低大数据时代的会计核算成本。如利用云计算技术的软件即服务（SaaS）来构建云会计的会计核算系统、会计管理系统、会计决策系统、统一访问门户（Portal）以及其他与会计信息系统相关的业务系统；利用平台即服务（PaaS）来构建云会计的数据库服务以及会计信息化开发应用环境服务平台；利用数据即服务（DaaS）、基础实施即服务（IaaS）构建云会计的存储及数据中心的应用环境；利用硬件即服务（Haas）来构建服务器集群，形成有效的弹性计算能力，最后形成基于互联网的云会计系统。[16]

(3) 应用于企业财务流程再造，确保企业财务战略顺利实施。与传统的财务信息系统账表驱动不同，大数据时代财务流程应用流程再造的思想是：将实时信息处理嵌入业务处理过程中，企业在执行业务活动的同时，将业务数据输入管理信息系统，通过业务规则和信息处理规则生成集成信息，基于这种模式构建的财务信息系统称为"事件驱动"的财务信息系统。云计算的发展将推进财务流程全部移到线上。在云计算系统的支持下，企业将数据存储在云中，业务流程可以实现将购销业务、生成合同、会计人员记录业务等信息传至云端，云端存储数据并自行运算，形成报表以及各种指标数据；管理层及税务部门、会计师事务所等外部协同部门都可以共享云空间的数据，满足各自需要。可扩展商业报告语言 XBRL，可以实现企业数据的自动归集，报表使用者通过 XBRL 访问企业数据。公司管理层可以在实现以上财务流程再造的同时，确保企业财务战略及公司战略的顺利实施。

3. 促进云会计在企业中应用的相关对策

云会计能够降低企业在会计信息化方面的成本，提升企业的竞争力。因此提出以下相关的对策建议，从而促进云会计在企业中的应用。

(1) 加强云会计计算平台建设。云会计计算平台建设是企业实现云会计计算的保障，而云会计计算平台建设需要资金以及技术支撑，而且研发的风险大，开发周期长。因此政府应出台相关政策支持鼓励国内的 IT 企业自主研发云会计计算系统，通过政府补助或优惠措施切实解决 IT 企业资金难的问题。国内的 IT 企业应结合我国企业的实际情况研发云会计计算系统，另外，也应借鉴外国知名的成熟的云会计计算平台比如美国的谷歌、亚马逊等 IT 成熟公司的经验，从而研发出适用于我国企业的云会计计算平台。

(2) 完善云会计计算的功能与服务。目前国内的云会计服务运营商提供的软件功能比较单一。如目前的软件仅仅是为企业提供了在线记账或现金管理等基本功能，并不能真正满足企业的需求。因此有必要完善财务软件的功能与服务，比如增加基于云计算的在线财务预测、分析、决策支持等智能功能与服务，从而满足企业的多样化需求。另外，应提供个性化服务，比如在线定制服务以及灵活的自定义功能，[17] 满足企业自身的个性化需求。

（3）建立云会计下的风险评估机制。企业只有在认为会计信息安全的情况下才会应用云会计。企业经营方式、组织形式以及管理模式的不同，对云会计安全的可信度要求不同，而且在市场竞争环境发生变化的情况下，云会计服务提供者根据使用者安全需求以及业务需求设置的各种云会计组合的安全性也随之变化，因此有必要建立云会计下会计信息安全风险可信度评估机制，[18]了解云会计信息系统可能存在的缺陷以及潜在的威胁，满足企业对多变的安全性的需求，消除企业对云会计安全性的担心，从而促进企业应用云会计。

（4）确保云会计数据的安全。数据安全是云计算技术中面临的主要难题，云会计数据的提供商和使用者应当合力解决这一问题。云会计数据的提供商应当加大研发资金和人力投入，设计可靠的云会计信息系统，通过在网络接口建立有效的防火墙，从而有效防止网络黑客、计算机病毒的攻击。[19]云会计数据的使用者应当建立健全企业内部控制机制，强化授权审批制度，对云会计数据的访问应设置密码，且不能过于简单，或者通过身份认证等方式增强企业会计信息的安全性，有效避免或减少会计信息泄露对企业造成的不利影响。此外，相关部门应完善确保数据安全性、云会计服务运营商资格认证、云会计服务条款等方面的相关法律法规，为云会计的应用提供制度保障。

参考文献：

[1]、[16]《中国总会计师》编辑部. 会计 + 云计算 = "云会计"[J]. 中国总会计师, 2012（7）：26 - 28.

[2]李国杰, 程学旗. 大数据研究：未来科技及经济社会发展的重大战略领域——大数据的研究现状与科学思考[J]. 中国科学院院刊, 2012, 27（6）：247 - 257.

[3]宗威, 吴锋. 大数据时代下数据质量的挑战[J]. 西安交通大学学报（社会科学版）, 2013, 33（5）：38 - 43.

[4]韩晶. 大数据服务若干关键技术研究[D]. 北京：北京邮电大学, 2013.

[5]俞立平. 大数据与大数据经济学[J]. 中国软科学, 2013（7）：177 - 183.

[6]陶雪娇, 胡晓峰, 刘洋. 大数据研究综述[J]. 系统仿真学报, 2013, 25（S1）：142 - 146.

[7]孟小峰, 慈祥. 大数据管理：概念、技术与挑战[J]. 计算机研究与发展, 2013, 50（1）：146 - 149.

[8]程平,何雪峰."云会计"在中小企业会计信息化中的应用[J].重庆理工大学学报(社会科学版),2011,25(1):55-59.

[9]刘爽,谢武.云会计在企业会计信息化中的应用研究[J].会计信息化,2012(5):62-64.

[10]、[18]程平,周欢,杨周南.云会计下会计信息安全问题探析[J].会计之友,2013(9):28-31.

[11]《中国总会计师》编辑部.云会计:会计信息化的新变革[J].中国总会计师,2012(7):26-28.

[12]张玲.大数据时代云计算对企业会计信息化的冲击[J].电子测试,2013(19):145-146.

[13]许金叶,许琳.构建会计大数据分析型企业[J].会计之友,2013(8):98-100.

[14]李德毅,刘常昱.论正态云模型的普适性[J].中国工程科学,2004(8):28-34.

[15]毛华扬.海量数据带来会计变革[N].中国会计报,2013-06-07(13).

[17]吕橙,易艳红.云计算在会计信息化建设中的SWOT分析[J].管理信息化,2013(4):103-104.

[19]黄建蓬.云计算与中小企业会计信息化[J].科技广场,2013(10):148-151.

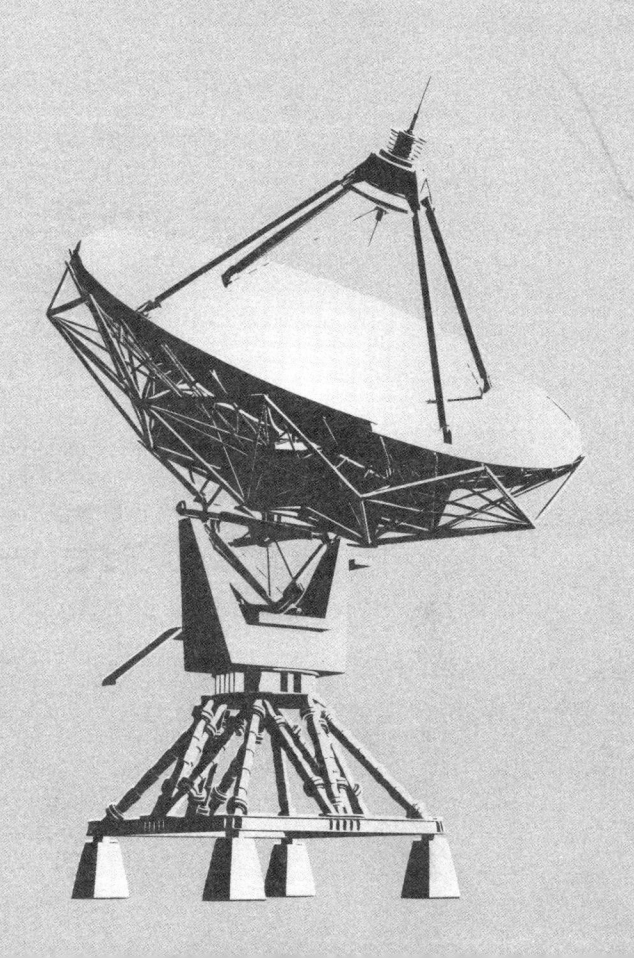

附 录

国务院关于积极推进"互联网+"行动的指导意见

各省、自治区、直辖市人民政府，国务院各部委、各直属机构：

"互联网+"是把互联网的创新成果与经济社会各领域深度融合，推动技术进步、效率提升和组织变革，提升实体经济创新力和生产力，形成更广泛的以互联网为基础设施和创新要素的经济社会发展新形态。在全球新一轮科技革命和产业变革中，互联网与各领域的融合发展具有广阔前景和无限潜力，已成为不可阻挡的时代潮流，正对各国经济社会发展产生着战略性和全局性的影响。积极发挥我国互联网已经形成的比较优势，把握机遇，增强信心，加快推进"互联网+"发展，有利于重塑创新体系、激发创新活力、培育新兴业态和创新公共服务模式，对打造大众创业、万众创新和增加公共产品、公共服务"双引擎"，主动适应和引领经济发展新常态，形成经济发展新动能，实现中国经济提质增效升级具有重要意义。

近年来，我国在互联网技术、产业、应用以及跨界融合等方面取得了积极进展，已具备加快推进"互联网+"发展的坚实基础，但也存在传统企业运用互联网的意识和能力不足、互联网企业对传统产业理解不够深入、新业态发展面临体制机制障碍、跨界融合型人才严重匮乏等问题，亟待加以解决。为加快推动互联网与各领域深入融合和创新发展，充分发挥"互联网+"对稳增长、促改革、调结构、惠民生、防风险的重要作用，现就积极推进"互联网+"行动提出以下意见。

一、行动要求

（一）总体思路

顺应世界"互联网+"发展趋势，充分发挥我国互联网的规模优势和应用优势，推动互联网由消费领域向生产领域拓展，加速提升产业发展水平，增强各行业创新能力，构筑经济社会发展新优势和新动能。坚持改革创新和市场需求导向，突出企业的主体作用，大力拓展互联网与经济社会各领域融合的广度和深度。着力深化体制机制改革，释放发展潜力和活力；着力做优存量，推动经济提质增效和转型升级；着力做大增量，培育新兴业态，打造新的增长点；着力创新政府服务模式，夯实网络发展基础，营造安全网络环境，提升公共服务水平。

（二）基本原则

坚持开放共享。营造开放包容的发展环境，将互联网作为生产生活要素共享的重要平台，最大限度优化资源配置，加快形成以开放、共享为特征的经济社会运行新模式。

坚持融合创新。鼓励传统产业树立互联网思维，积极与"互联网+"相结合。推动互联网向经济社会各领域加速渗透，以融合促创新，最大程度汇聚各类市场要素的创新力量，推动融合性新兴产业成为经济发展新动力和新支柱。

坚持变革转型。充分发挥互联网在促进产业升级以及信息化和工业化深度融合中的平台作用，引导要素资源向实体经济集聚，推动生产方式和发展模式变革。创新网络化公共服务模式，大幅提升公共服务能力。

坚持引领跨越。巩固提升我国互联网发展优势，加强重点领域前瞻性布局，以互联网融合创新为突破口，培育壮大新兴产业，引领新一轮科技革命和产业变革，实现跨越式发展。

坚持安全有序。完善互联网融合标准规范和法律法规，增强安全意识，强化安全管理和防护，保障网络安全。建立科学有效的市场监管方式，促进市场有序发展，保护公平竞争，防止形成行业垄断和市场壁垒。

（三）发展目标

到2018年，互联网与经济社会各领域的融合发展进一步深化，基于互联网的新业态成为新的经济增长动力，互联网支撑大众创业、万众创新的作用进一步增强，互联网成为提供公共服务的重要手段，网络经济与实体经济协同互动的发展格局基本形成。

——经济发展进一步提质增效。互联网在促进制造业、农业、能源、环保等产业转型升级方面取得积极成效，劳动生产率进一步提高。基于互联网的新兴业态不断涌现，电子商务、互联网金融快速发展，对经济提质

国务院关于积极推进"互联网+"行动的指导意见

增效的促进作用更加凸显。

——社会服务进一步便捷普惠。健康医疗、教育、交通等民生领域互联网应用更加丰富,公共服务更加多元,线上线下结合更加紧密。社会服务资源配置不断优化,公众享受到更加公平、高效、优质、便捷的服务。

——基础支撑进一步夯实提升。网络设施和产业基础得到有效巩固加强,应用支撑和安全保障能力明显增强。固定宽带网络、新一代移动通信网和下一代互联网加快发展,物联网、云计算等新型基础设施更加完备。人工智能等技术及其产业化能力显著增强。

——发展环境进一步开放包容。全社会对互联网融合创新的认识不断深入,互联网融合发展面临的体制机制障碍有效破除,公共数据资源开放取得实质性进展,相关标准规范、信用体系和法律法规逐步完善。

到2025年,网络化、智能化、服务化、协同化的"互联网+"产业生态体系基本完善,"互联网+"新经济形态初步形成,"互联网+"成为经济社会创新发展的重要驱动力量。

二、重点行动

（一）"互联网+"创业创新

充分发挥互联网的创新驱动作用,以促进创业创新为重点,推动各类要素资源聚集、开放和共享,大力发展众创空间、开放式创新等,引导和推动全社会形成大众创业、万众创新的浓厚氛围,打造经济发展新引擎。（发展改革委、科技部、工业和信息化部、人力资源社会保障部、商务部等负责,列第一位者为牵头部门,下同）

1. 强化创业创新支撑。鼓励大型互联网企业和基础电信企业利用技术优势和产业整合能力,向小微企业和创业团队开放平台入口、数据信息、计算能力等资源,提供研发工具、经营管理和市场营销等方面的支持和服务,提高小微企业信息化应用水平,培育和孵化具有良好商业模式的创业企业。充分利用互联网基础条件,完善小微企业公共服务平台网络,集聚创业创新资源,为小微企业提供找得着、用得起、有保障的服务。

2. 积极发展众创空间。充分发挥互联网开放创新优势,调动全社会力量,支持创新工场、创客空间、社会实验室、智慧小企业创业基地等新型众创空间发展。充分利用国家自主创新示范区、科技企业孵化器、大学科技园、商贸企业集聚区、小微企业创业示范基地等现有条件，通过市场化方式构建一批创新与创业相结合、线上与线下相结合、孵化与投资相结合的众创空间，为创业者提供低成本、便利化、全要素的工作空间、网络空间、社交空间和资源共享空间。实施新兴产业"双创"行动，建立一批新兴产业"双创"示范基地，加快发展"互联网+"创业网络体系。

3. 发展开放式创新。鼓励各类创新主体充分利用互联网，把握市场需求导向，加强创新资源共享与合作，促进前沿技术和创新成果及时转化，构建开放式创新体系。推动各类创业创新扶持政策与互联网开放平台联动协作，为创业团队和个人开发者提供绿色通道服务。加快发展创业服务业，积极推广众包、用户参与设计、云设计等新型研发组织模式，引导建立社会各界交流合作的平台，推动跨区域、跨领域的技术成果转移和协同创新。

（二）"互联网+"协同制造

推动互联网与制造业融合，提升制造业数字化、网络化、智能化水平，加强产业链协作，发展基于互联网的协同制造新模式。在重点领域推进智能制造、大规模个性化定制、网络化协同制造和服务型制造，打造一批网络化协同制造公共服务平台，加快形成制造业网络化产业生态体系。（工业和信息化部、发展改革委、科技部共同牵头）

1. 大力发展智能制造。以智能工厂为发展方向，开展智能制造试点示范，加快推动云计算、物联网、智能工业机器人、增材制造等技术在生产过程中的应用，推进生产装备智能化升级、工艺流程改造和基础数据共享。着力在工控系统、智能感知元器件、工业云平台、操作系统和工业软件等核心环节取得突破，加强工业大数据的开发与利用，有效支撑制造业智能化转型，构建开放、共享、协作的智能制造产业生态。

2. 发展大规模个性化定制。支持企业利用互联网采集并对接用户个性化需求，推进设计研发、生产制造和供应链管理等关键环节的柔性化改造，开展基于个性化产品的服务模式和商业模式创新。鼓励互联网企业整合市场信息，挖掘细分市场需求与发展趋势，为制造企业开展个性化定制提供决策支撑。

3. 提升网络化协同制造水平。鼓励制造业骨干企业通过互联网与产业链各环节紧密协同，促进生产、质量控制和运营管理系统全面互联，推行众包设计研发和网络化制造等新模式。鼓励有实力的互联网企业构建网络化协同制造公共服务平台，面向细分行业提供云制造服务，促进创新资源、生产能力、市场需求的集聚与对接，提升服务中小微企业能力，加快全社会多元化制造资源的有效协同，提高产业链资源整合能力。

4. 加速制造业服务化转型。鼓励制造企业利用物联网、云计算、大数据等技术，整合产品全生命周期数据，形成面向生产组织全过程的决策服务信息，为产品优化升级提供数据支撑。鼓励企业基于互联网开展故障预警、远程维护、质量诊断、远程过程优化等在线增值服务，拓展产品价值空间，实现从制造向"制造＋服务"的转型升级。

（三）"互联网＋"现代农业

利用互联网提升农业生产、经营、管理和服务水平，培育一批网络化、智能化、精细化的现代"种养加"生态农业新模式，形成示范带动效应，加快完善新型农业生产经营体系，培育多样化农业互联网管理服务模式，逐步建立农副产品、农资质量安全追溯体系，促进农业现代化水平明显提升。（农业部、发展改革委、科技部、商务部、质检总局、食品药品监管总局、林业局等负责）

1. 构建新型农业生产经营体系。鼓励互联网企业建立农业服务平台，支撑专业大户、家庭农场、农民合作社、农业产业化龙头企业等新型农业生产经营主体，加强产销衔接，实现农业生产由生产导向向消费导向转变。提高农业生产经营的科技化、组织化和精细化水平，推进农业生产流通销售方式变革和农业发展方式转变，提升农业生产效率和增值空间。规范用好农村土地流转公共服务平台，提升土地流转透明度，保障农民权益。

2. 发展精准化生产方式。推广成熟可复制的农业物联网应用模式。在基础较好的领域和地区，普及基于环境感知、实时监测、自动控制的网络化农业环境监测系统。在大宗农产品规模生产区域，构建天地一体的农业物联网测控体系，实施智能节水灌溉、测土配方施肥、农机定位耕种等精准化作业。在畜禽标准化规模养殖基地和水产健康养殖示范基地，推动饲料精准投放、疾病自动诊断、废弃物自动回收等智能设备的应用普及和互联互通。

3. 提升网络化服务水平。深入推进信息进村入户试点，鼓励通过移动互联网为农民提供政策、市场、科技、保险等生产生活信息服务。支持互联网企业与农业生产经营主体合作，综合利用大数据、云计算等技术，建立农业信息监测体系，为灾害预警、耕地质量监测、重大动植物疫情防控、市场波动预测、经营科学决策等提供服务。

4. 完善农副产品质量安全追溯体系。充分利用现有互联网资源，构建农副产品质量安全追溯公共服务平台，推进制度标准建设，建立产地准出与市场准入衔接机制。支持新型农业生产经营主体利用互联网技术，对生产经营过程进行精细化信息化管理，加快推动移动互联网、物联网、二维码、无线射频识别等信息技术在生产加工和流通销售各环节的推广应用，强化上下游追溯体系对接和信息互通共享，不断扩大追溯体系覆盖面，实现农副产品"从农田到餐桌"全过程可追溯，保障"舌尖上的安全"。

（四）"互联网+"智慧能源

通过互联网促进能源系统扁平化，推进能源生产与消费模式革命，提高能源利用效率，推动节能减排。加强分布式能源网络建设，提高可再生能源占比，促进能源利用结构优化。加快发电设施、用电设施和电网智能化改造，提高电力系统的安全性、稳定性和可靠性。（能源局、发展改革委、工业和信息化部等负责）

1. 推进能源生产智能化。建立能源生产运行的监测、管理和调度信息公共服务网络，加强能源产业链上下游企业的信息对接和生产消费智能化，支撑电厂和电网协调运行，促进非化石能源与化石能源协同发电。鼓励能源企业运用大数据技术对设备状态、电能负载等数据进行分析挖掘与预测，开展精准调度、故障判断和预测性维护，提高能源利用效率和安全稳定运行水平。

2. 建设分布式能源网络。建设以太阳能、风能等可再生能源为主体的多能源协调互补的能源互联网。突破分布式发电、储能、智能微网、主动配电网等关键技术，构建智能化电力运行监测、管理技术平台，使电力设备和用电终端基于互联网进行双向通信和智能调控，实现分布式电源的及时有效接入，逐步建成开放共享的能源网络。

3. 探索能源消费新模式。开展绿色电力交易服务区域试点，推进以智能电网为配送平台，以电子商务为交易平台，融合储能设施、物联网、智能用电设施等硬件以及碳交易、互联网金融等衍生服务于一体的绿色能源网络发展，实现绿色电力的点到点交易及实时配送和补贴结算。进一步加强能源生产和消费协调匹配，推进电动汽车、港口岸电等电能替代技术的应用，推广电力需求侧管理，提高能源利用效率。基于分布式能源网络，发展用户端智能化用能、能源共享经济和能源自由交易，促进能源消费生态体系建设。

4. 发展基于电网的通信设施和新型业务。推进电力光纤到户工程，完善能源互联网信息通信系统。统筹部署电网和通信网深度融合的网络基础设施，实现同缆传输、共建共享，避免重复建设。鼓励依托智能电网发展家庭能效管理等新型业务。

（五）"互联网+"普惠金融

促进互联网金融健康发展，全面提升互联网金融服务能力和普惠水平，鼓励互联网与银行、证券、保险、基金的融合创新，为大众提供丰富、安全、便捷的金融产品和服务，更好满足不同层次实体经济的投融资需求，培育一批具有行业影响力的互联网金融创新型企业。（人民银行[微博]、银监会、证监会[微博]、保监会、发展改革委、工业和信息化部、网信办等负责）

1. 探索推进互联网金融云服务平台建设。探索互联网企业构建互联网金融云服务平台。在保证技术成熟和业务安全的基础上，支持金融企业与云计算技术提供商合作开展金融公共云服务，提供多样化、个性化、精准化的金融产品。支持银行、证券、保险企业稳妥实施系统架构转型，鼓励探索利用云服务平台开展金融核心业务，提供基于金融云服务平台的信用、认证、接口等公共服务。

2. 鼓励金融机构利用互联网拓宽服务覆盖面。鼓励各金融机构利用云计算、移动互联网、大数据等技术手段，加快金融产品和服务创新，在更广泛地区提供便利的存贷款、支付结算、信用中介平台等金融服务，拓宽普惠金融服务范围，为实体经济发展提供有效支撑。支持金融机构和互联网企业依法合规开展网络借贷、网络证券、网络保险、互联网基金销售等业务。扩大专业互联网保险公司试点，充分发挥保险业在防范互联网金融风险中的作用。推动金融集成电路卡（IC卡）全面应用，提升电子现金的使用率和便捷性。发挥移动金融安全可信公共服务平台（MTPS）的作用，积极推动商业银行开展移动金融创新应用，促进移动金融在电子商务、公共服务等领域的规模应用。支持银行业金融机构借助互联网技术发展消费信贷业务，支持金融租赁公司利用互联网技术开展金融租赁业务。

3. 积极拓展互联网金融服务创新的深度和广度。鼓励互联网企业依法合规提供创新金融产品和服务，更好满足中小微企业、创新型企业和个人的投融资需求。规范发展网络借贷和互联网消费信贷业务，探索互联网金融服务创新。积极引导风险投资基金、私募股权投资基金和产业投资基金投资于互联网金融企业。利用大数据发展市场化个人征信业务，加快网络征信和信用评价体系建设。加强互联网金融消费权益保护和投资者保护，建立多元化金融消费纠纷解决机制。改进和完善互联网金融监管，提高金融服务安全性，有效防范互联网金融风险及其外溢效应。

（六）"互联网+"益民服务

充分发挥互联网的高效、便捷优势，提高资源利用效率，降低服务消费成本。大力发展以互联网为载体、线上线下互动的新兴消费，加快发展基于互联网的医疗、健康、养老、教育、旅游、社会保障等新兴服务，创新政府服务模式，提升政府科学决策能力和管理水平。（发展改革委、教育部、工业和信息化部、民政部、人力资源社会保障部、商务部、卫生计生委、质检总局、食品药品监管总局、林业局、旅游局、网信办、信访局等负责）

1. 创新政府网络化管理和服务。加快互联网与政府公共服务体系的深度融合，推动公共数据资源开放，促进公共服务创新供给和服务资源整合，构建面向公众的一体化在线公共服务体系。积极探索公众参与的网络化社会管理服务新模式，充分利用互联网、移动互联网应用平台等，加快推进政务新媒体发展建设，加强政府与公众的沟通交流，提高政府公共管理、公共服务和公共政策制定的响应速度，提升政府科学决策能力和社会治理水平，促进政府职能转变和简政放权。深入推进网上信访，提高信访工作质量、效率和公信力。鼓励政府和互联网企业合作建立信用信息共享平台，探索开展一批社会治理互联网应用试点，打通政府部门、企事业单位之间的数据壁垒，利用大数据分析手段，提升各级政府的社会治理能力。加强对"互联网+"行动的宣传，提高公众参与度。

2. 发展便民服务新业态。发展体验经济，支持实体零售商综合利用网上商店、移动支付、智能试衣等新技术，打造体验式购物模式。发展社区经济，在餐饮、娱乐、家政等领域培育线上线下结合的社区服务新模式。发展共享经济，规范发展网络约租车，积极推广在线租房等新业态，着力破除准入门槛高、服务规范难、个人征信缺失等瓶颈制约。发展基于互联网的文化、媒体和旅游等服务，培育形式多样的新型业态。积极推广基于移动互联网入口的城市服务，开展网上社保办理、个人社保权益查询、跨地区医保结算等互联网应用，让老百姓足不出户享受便捷高效的服务。

3. 推广在线医疗卫生新模式。发展基于互联网的医疗卫生服务，支持第三方机构构建医学影像、健康档案、检验报告、电子病历等医疗信息共享服务平台，逐步建立跨医院的医疗数据共享交换标准体系。积极利用移动互联网提供在线预约诊疗、候诊提醒、划价缴费、诊疗报告查询、药品配送等便捷服务。引导医疗机构面向中小城市和农村地区开展基层检查、上级诊断等远程医疗服务。鼓励互联网企业与医疗机构合作建立医疗网络信息平台，加强区域医疗卫生服务资源整合，充分利用互联网、大数据等手段，提高重大疾病和突发公共卫生事件防控能力。积极探索互联网延伸医嘱、电子处方等网络医疗健康服务应用。鼓励有资质的医学检验机构、医疗服务机构联合互联网企业，发展基因检测、疾病预防等健康服务模式。

4. 促进智慧健康养老产业发展。支持智能健康产品创新和应用，推广全面量化健康生活新方式。鼓励健康服务机构利用云计算、大数据等技术搭建公共信息平台，提供长期跟踪、预测预警的个性化健康管理服务。发展第三方在线健康市场调查、咨询评价、预防管理等应用服务，提升规范化和专业化运营水平。依托现有互联网资源和社会力量，以社区为基础，搭建养老信息服务网络平台，提供护理看护、健康管理、康复照料等居家养老服务。鼓励养老服务机构应用基于移动互联网的便携式体检、紧急呼叫监控等设备，提高养老服务水平。

5. 探索新型教育服务供给方式。鼓励互联网企业与社会教育机构根据市场需求开发数字教育资源，提供网络化教育服务。鼓励学校利用数字教育资源及教育服务平台，逐步探索网络化教育新模式，扩大优质教育资源覆盖面，促进教育公平。鼓励学校通过与互联网企业合作等方式，对接线上线下教育资源，探索基础教育、职业教育等教育公共服务提供新方式。推动开展学历教育在线课程资源共享，推广大规模在线开放课程等网络学习模式，探索建立网络学习学分认定与学分转换等制度，加快推动高等教育服务模式变革。

(七)"互联网+"高效物流

加快建设跨行业、跨区域的物流信息服务平台，提高物流供需信息对接和使用效率。鼓励大数据、云计算在物流领域的应用，建设智能仓储体系，优化物流运作流程，提升物流仓储的自动化、智能化水平和运转效率，降低物流成本。(发展改革委、商务部、交通运输部、网信办等负责)

1. 构建物流信息共享互通体系。发挥互联网信息集聚优势，聚合各类物流信息资源，鼓励骨干物流企业和第三方机构搭建面向社会的物流信息服务平台，整合仓储、运输和配送信息，开展物流全程监测、预警，提高物流安全、环保和诚信水平，统筹优化社会物流资源配置。构建互通省际、下达市县、兼顾乡村的物流信息互联网络，建立各类可开放数据的对接机制，加快完善物流信息交换开放标准体系，在更广范围促进物流信息充分共享与互联互通。

2. 建设深度感知智能仓储系统。在各级仓储单元积极推广应用二维码、无线射频识别等物联网感知技术和大数据技术，实现仓储设施与货物的实时跟踪、网络化管理以及库存信息的高度共享，提高货物调度效率。鼓励应用智能化物流装备提升仓储、运输、分拣、包装等作业效率，提高各类复杂订单的出货处理能力，缓解货物囤积停滞瓶颈制约，提升仓储运管水平和效率。

3. 完善智能物流配送调配体系。加快推进货运车联网与物流园区、仓储设施、配送网点等信息互联，促进人员、货源、车源等信息高效匹配，有效降低货车空驶率，提高配送效率。鼓励发展社区自提柜、冷链储藏柜、代收服务点等新型社区化配送模式，结合构建物流信息互联网络，加快推进县到村的物流配送网络和村级配送网点建设，解决物流配送"最后一公里"问题。

(八)"互联网+"电子商务

巩固和增强我国电子商务发展领先优势，大力发展农村电商、行业电商和跨境电商，进一步扩大电子商务发展空间。电子商务与其他产业的融合不断深化，网络化生产、流通、消费更加普及，标准规范、公共服务等支撑环境基本完善。（发展改革委、商务部、工业和信息化部、交通运输部、农业部、海关总署、税务总局、质检总局、网信办等负责）

1. 积极发展农村电子商务。开展电子商务进农村综合示范，支持新型农业经营主体和农产品、农资批发市场对接电商平台，积极发展以销定产模式。完善农村电子商务配送及综合服务网络，着力解决农副产品标准化、物流标准化、冷链仓储建设等关键问题，发展农产品个性化定制服务。开展生鲜农产品和农业生产资料电子商务试点，促进农业大宗商品电子商务发展。

2. 大力发展行业电子商务。鼓励能源、化工、钢铁、电子、轻纺、医药等行业企业，积极利用电子商务平台优化采购、分销体系，提升企业经营效率。推动各类专业市场线上转型，引导传统商贸流通企业与电子商务企业整合资源，积极向供应链协同平台转型。鼓励生产制造企业面向个性化、定制化消费需求深化电子商务应用，支持设备制造企业利用电子商务平台开展融资租赁服务，鼓励中小微企业扩大电子商务应用。按照市场化、专业化方向，大力推广电子招标投标。

3. 推动电子商务应用创新。鼓励企业利用电子商务平台的大数据资源，提升企业精准营销能力，激发市场消费需求。建立电子商务产品质量追溯机制，建设电子商务售后服务质量检测云平台，完善互联网质量信息公共服务体系，解决消费者维权难、退货难、产品责任追溯难等问题。加强互联网食品药品市场监测监管体系建设，积极探索处方药电子商务销售和监管模式创新。鼓励企业利用移动社交、新媒体等新渠道，发展社交电商、"粉丝"经济等网络营销新模式。

4. 加强电子商务国际合作。鼓励各类跨境电子商务服务商发展，完善跨境物流体系，拓展全球经贸合作。推进跨境电子商务通关、检验检疫、结汇等关键环节单一窗口综合服务体系建设。创新跨境权益保障机制，利用合格评定手段，推进国际互认。创新跨境电子商务管理，促进信息网络畅通、跨境物流便捷、支付及结汇无障碍、税收规范便利、市场及贸易规则互认互通。

（九）"互联网＋"便捷交通

加快互联网与交通运输领域的深度融合，通过基础设施、运输工具、运行信息等互联网化，推进基于互联网平台的便捷化交通运输服务发展，显著提高交通运输资源利用效率和管理精细化水平,全面提升交通运输行业服务品质和科学治理能力。(发展改革委、交通运输部共同牵头)

1. 提升交通运输服务品质。推动交通运输主管部门和企业将服务性数据资源向社会开放,鼓励互联网平台为社会公众提供实时交通运行状态查询、出行路线规划、网上购票、智能停车等服务,推进基于互联网平台的多种出行方式信息服务对接和一站式服务。加快完善汽车健康档案、维修诊断和服务质量信息服务平台建设。

2. 推进交通运输资源在线集成。利用物联网、移动互联网等技术,进一步加强对公路、铁路、民航、港口等交通运输网络关键设施运行状态与通行信息的采集。推动跨地域、跨类型交通运输信息互联互通,推广船联网、车联网等智能化技术应用,形成更加完善的交通运输感知体系,提高基础设施、运输工具、运行信息等要素资源的在线化水平,全面支撑故障预警、运行维护以及调度智能化。

3. 增强交通运输科学治理能力。强化交通运输信息共享,利用大数据平台挖掘分析人口迁徙规律、公众出行需求、枢纽客流规模、车辆船舶行驶特征等,为优化交通运输设施规划与建设、安全运行控制、交通运输管理决策提供支撑。利用互联网加强对交通运输违章违规行为的智能化监管,不断提高交通运输治理能力。

(十)"互联网+"绿色生态

推动互联网与生态文明建设深度融合,完善污染物监测及信息发布系统,形成覆盖主要生态要素的资源环境承载能力动态监测网络,实现生态环境数据互联互通和开放共享。充分发挥互联网在逆向物流回收体系中的平台作用,促进再生资源交易利用便捷化、互动化、透明化,促进生产生活方式绿色化(发展改革委、环境保护部、商务部、林业局等负责)

1. 加强资源环境动态监测。针对能源、矿产资源、水、大气、森林、草原、湿地、海洋等各类生态要素,充分利用多维地理信息系统、智慧地图等技术,结合互联网大数据分析,优化监测站点布局,扩大动态监控范围,构建资源环境承载能力立体监控系统。依托现有互联网、云计算平台,逐步实现各级政府资源环境动态监测信息互联共享。加强重点用能单位能耗在线监测和大数据分析。

2. 大力发展智慧环保。利用智能监测设备和移动互联网,完善污染物排放在线监测系统,增加监测污染物种类,扩大监测范围,形成全天候、多层次的智能多源感知体系。建立环境信息数据共享机制,统一数据交换标准,推进区域污染物排放、空气环境质量、水环境质量等信息公开,通过互联网实现面向公众的在线查询和定制推送。加强对企业环保信用数据的采集整理,将企业环保信用记录纳入全国统一的信用信息共享交换平台。完善环境预警和风险监测信息网络,提升重金属、危险废物、危险化学品等重点风险防范水平和应急处理能力。

3. 完善废旧资源回收利用体系。利用物联网、大数据开展信息采集、数据分析、流向监测,优化逆向物流网点布局。支持利用电子标签、二维码等物联网技术跟踪电子废物流向,鼓励互联网企业参与搭建城市废弃物回收平台,创新再生资源回收模式。加快推进汽车保险信息系统、"以旧换再"管理系统和报废车管理系统的标准化、规范化和互联互通,加强废旧汽车及零部件的回收利用信息管理,为互联网企业开展业务创新和便民服务提供数据支撑。

4. 建立废弃物在线交易系统。鼓励互联网企业积极参与各类产业园区废弃物信息平台建设,推动现有骨干再生资源交易市场向线上线下结合转型升级,逐步形成行业性、区域性、全国性的产业废弃物和再生资源在线交易系统,完善线上信用评价和供应链融资体系,开展在线竞价,发布价格交易指数,提高稳定供给能力,增强主要再生资源品种的定价权。

(十一)"互联网+"人工智能

依托互联网平台提供人工智能公共创新服务,加快人工智能核心技术突破,促进人工智能在智能家居、智能终端、智能汽车、机器人等领域的推广应用,培育若干引领全球人工智能发展的骨干企业和创新团队,形成创新活跃、开放合作、协同发展的产业生态。(发展改革委、科技部、工业和信息化部、网信办等负责)

1. 培育发展人工智能新兴产业。建设支撑超大规模深度学习的新型计算集群,构建包括语音、图像、视频、地图等数据的海量训练资源库,加强人工智能基础资源和公共服务等创新平台建设。进一步推进计算机视觉、智能语音处理、生物特征识别、自然语言理解、智能决策控制以及新型人机交互等关键技术的研发和产业化,推动人工智能在智能产品、工业制造等领域规模商用,为产业智能化升级夯实基础。

2. 推进重点领域智能产品创新。鼓励传统家居企业与互联网企业开展集成创新，不断提升家居产品的智能化水平和服务能力，创造新的消费市场空间。推动汽车企业与互联网企业设立跨界交叉的创新平台，加快智能辅助驾驶、复杂环境感知、车载智能设备等技术产品的研发与应用。支持安防企业与互联网企业开展合作，发展和推广图像精准识别等大数据分析技术，提升安防产品的智能化服务水平。

3. 提升终端产品智能化水平。着力做大高端移动智能终端产品和服务的市场规模，提高移动智能终端核心技术研发及产业化能力。鼓励企业积极开展差异化细分市场需求分析，大力丰富可穿戴设备的应用服务，提升用户体验。推动互联网技术以及智能感知、模式识别、智能分析、智能控制等智能技术在机器人领域的深入应用，大力提升机器人产品在传感、交互、控制等方面的性能和智能化水平，提高核心竞争力。

三、保障支撑

（一）夯实发展基础

1. 巩固网络基础。加快实施"宽带中国"战略，组织实施国家新一代信息基础设施建设工程，推进宽带网络光纤化改造，加快提升移动通信网络服务能力，促进网间互联互通，大幅提高网络访问速率，有效降低网络资费，完善电信普遍服务补偿机制，支持农村及偏远地区宽带建设和运行维护，使互联网下沉为各行业、各领域、各区域都能使用，人、机、物泛在互联的基础设施。增强北斗卫星全球服务能力，构建天地一体化互联网络。加快下一代互联网商用部署，加强互联网协议第6版（IPv6）地址管理、标识管理与解析，构建未来网络创新试验平台。研究工业互联网网络架构体系，构建开放式国家创新试验验证平台。（发展改革委、工业和信息化部、财政部、国资委［微博］、网信办等负责）

2. 强化应用基础。适应重点行业融合创新发展需求，完善无线传感网、行业云及大数据平台等新型应用基础设施。实施云计算工程，大力提升公共云服务能力，引导行业信息化应用向云计算平台迁移，加快内容分发网络建设，优化数据中心布局。加强物联网网络架构研究，组织开展国家物联网重大应用示范，鼓励具备条件的企业建设跨行业物联网运营和支撑平台。（发展改革委、工业和信息化部等负责）

3. 做实产业基础。着力突破核心芯片、高端服务器、高端存储设备、数据库和中间件等产业弱环节的技术瓶颈，加快推进云操作系统、工业控制实时操作系统、智能终端操作系统的研发和应用。大力发展云计算、大数据等解决方案以及高端传感器、工控系统、人机交互等软硬件基础产品。运用互联网理念，构建以骨干企业为核心、产学研用高效整合的技术产业集群，打造国际先进、自主可控的产业体系。（工业和信息化部、发展改革委、科技部、网信办等负责）

4. 保障安全基础。制定国家信息领域核心技术设备发展时间表和路线图，提升互联网安全管理、态势感知和风险防范能力，加强信息网络基础设施安全防护和用户个人信息保护。实施国家信息安全专项，开展网络安全应用示范，提高"互联网＋"安全核心技术和产品水平。按照信息安全等级保护等制度和网络安全国家标准的要求，加强"互联网＋"关键领域重要信息系统的安全保障。建设完善网络安全监测评估、监督管理、标准认证和创新能力体系。重视融合带来的安全风险，完善网络数据共享、利用等的安全管理和技术措施，探索建立以行政评议和第三方评估为基础的数据安全流动认证体系，完善数据跨境流动管理制度，确保数据安全。（网信办、发展改革委、科技部、工业和信息化部、公安部、安全部、质检总局等负责）

（二）强化创新驱动

1. 加强创新能力建设。鼓励构建以企业为主导，产学研用合作的"互联网＋"产业创新网络或产业技术创新联盟。支持以龙头企业为主体，建设跨界交叉领域的创新平台，并逐步形成创新网络。鼓励国家创新平台向企业特别是中小企业在线开放，加大国家重大科研基础设施和大型科研仪器等网络化开放力度。（发展改革委、科技部、工业和信息化部、网信办等负责）

2. 加快制定融合标准。按照共性先立、急用先行的原则，引导工业互联网、智能电网、智慧城市等领域基础共性标准、关键技术标准的研制及推广。加快与互联网融合应用的工控系统、智能专用装备、智能仪表、智能家居、车联网等细分领域的标准化工作。不断完善"互联网＋"融合标准体系，同步推进国际国内标准化工作，增强在国际标准化组织（ISO）、国际电工委员会（IEC）和国际电信联盟（ITU）等国际组织中的话语权。

（质检总局、工业和信息化部、网信办、能源局等负责）

3. 强化知识产权战略。加强融合领域关键环节专利导航，引导企业加强知识产权战略储备与布局。加快推进专利基础信息资源开放共享，支持在线知识产权服务平台建设，鼓励服务模式创新，提升知识产权服务附加值，支持中小微企业知识产权创造和运用。加强网络知识产权和专利执法维权工作，严厉打击各种网络侵权假冒行为。增强全社会对网络知识产权的保护意识，推动建立"互联网＋"知识产权保护联盟，加大对新业态、新模式等创新成果的保护力度。（知识产权局牵头）

4. 大力发展开源社区。鼓励企业自主研发和国家科技计划（专项、基金等）支持形成的软件成果通过互联网向社会开源。引导教育机构、社会团体、企业或个人发起开源项目，积极参加国际开源项目，支持组建开源社区和开源基金会。鼓励企业依托互联网开源模式构建新型生态，促进互联网开源社区与标准规范、知识产权等机构的对接与合作。（科技部、工业和信息化部、质检总局、知识产权局等负责）

（三）营造宽松环境

1. 构建开放包容环境。贯彻落实《中共中央国务院关于深化体制机制改革加快实施创新驱动发展战略的若干意见》，放宽融合性产品和服务的市场准入限制，制定实施各行业互联网准入负面清单，允许各类主体依法平等进入未纳入负面清单管理的领域。破除行业壁垒，推动各行业、各领域在技术、标准、监管等方面充分对接，最大限度减少事前准入限制，加强事中事后监管。继续深化电信体制改革，有序开放电信市场，加快民营资本进入基础电信业务。加快深化商事制度改革，推进投资贸易便利化。（发展改革委、网信办、教育部、科技部、工业和信息化部、民政部、商务部、卫生计生委、工商总局、质检总局等负责）

2. 完善信用支撑体系。加快社会征信体系建设，推进各类信用信息平台无缝对接，打破信息孤岛。加强信用记录、风险预警、违法失信行为等信息资源在线披露和共享，为经营者提供信用信息查询、企业网上身份认证等服务。充分利用互联网积累的信用数据，对现有征信体系和评测体系进行补充和完善，为经济调节、市场监管、社会管理和公共服务提供有力支撑。（发展改革委、人民银行、工商总局、质检总局、网信办等负责）

3. 推动数据资源开放。研究出台国家大数据战略，显著提升国家大数据掌控能力。建立国家政府信息开放统一平台和基础数据资源库，开展公共数据开放利用改革试点，出台政府机构数据开放管理规定。按照重要性和敏感程度分级分类，推进政府和公共信息资源开放共享，支持公众和小微企业充分挖掘信息资源的商业价值，促进互联网应用创新。（发展改革委、工业和信息化部、国务院办公厅、网信办等负责）

4. 加强法律法规建设。针对互联网与各行业融合发展的新特点，加快"互联网+"相关立法工作，研究调整完善不适应"互联网+"发展和管理的现行法规及政策规定。落实加强网络信息保护和信息公开有关规定，加快推动制定网络安全、电子商务、个人信息保护、互联网信息服务管理等法律法规。完善反垄断法配套规则，进一步加大反垄断法执行力度，严格查处信息领域企业垄断行为，营造互联网公平竞争环境。（法制办、网信办、发展改革委、工业和信息化部、公安部、安全部、商务部、工商总局等负责）

（四）拓展海外合作

1. 鼓励企业抱团出海。结合"一带一路"等国家重大战略，支持和鼓励具有竞争优势的互联网企业联合制造、金融、信息通信等领域企业率先走出去，通过海外并购、联合经营、设立分支机构等方式，相互借力，共同开拓国际市场，推进国际产能合作，构建跨境产业链体系，增强全球竞争力。（发展改革委、外交部、工业和信息化部、商务部、网信办等负责）

2. 发展全球市场应用。鼓励"互联网+"企业整合国内外资源，面向全球提供工业云、供应链管理、大数据分析等网络服务，培育具有全球影响力的"互联网+"应用平台。鼓励互联网企业积极拓展海外用户，推出适合不同市场文化的产品和服务。（商务部、发展改革委、工业和信息化部、网信办等负责）

3. 增强走出去服务能力。充分发挥政府、产业联盟、行业协会及相关中介机构作用，形成支持"互联网+"企业走出去的合力。鼓励中介机构为企业拓展海外市场提供信息咨询、法律援助、税务中介等服务。支持行业协会、产业联盟与企业共同推广中国技术和中国标准，以技术标准走出去带动产品和服务在海外推广应用。（商务部、外交部、发展改革委、工业和信息化部、税务总局、质检总局、网信办等负责）

(五) 加强智力建设

1. 加强应用能力培训。鼓励地方各级政府采用购买服务的方式，向社会提供互联网知识技能培训，支持相关研究机构和专家开展"互联网+"基础知识和应用培训。鼓励传统企业与互联网企业建立信息咨询、人才交流等合作机制，促进双方深入交流合作。加强制造业、农业等领域人才特别是企业高层管理人员的互联网技能培训，鼓励互联网人才与传统行业人才双向流动。（科技部、工业和信息化部、人力资源社会保障部、网信办等负责）

2. 加快复合型人才培养。面向"互联网+"融合发展需求，鼓励高校根据发展需要和学校办学能力设置相关专业，注重将国内外前沿研究成果尽快引入相关专业教学中。鼓励各类学校聘请互联网领域高级人才作为兼职教师，加强"互联网+"领域实验教学。（教育部、发展改革委、科技部、工业和信息化部、人力资源社会保障部、网信办等负责）

3. 鼓励联合培养培训。实施产学合作专业综合改革项目，鼓励校企、院企合作办学，推进"互联网+"专业技术人才培训。深化互联网领域产教融合，依托高校、科研机构、企业的智力资源和研究平台，建立一批联合实训基地。建立企业技术中心和院校对接机制，鼓励企业在院校建立"互联网+"研发机构和实验中心。（教育部、发展改革委、科技部、工业和信息化部、人力资源社会保障部、网信办等负责）

4. 利用全球智力资源。充分利用现有人才引进计划和鼓励企业设立海外研发中心等多种方式，引进和培养一批"互联网+"领域高端人才。完善移民、签证等制度，形成有利于吸引人才的分配、激励和保障机制，为引进海外人才提供有利条件。支持通过任务外包、产业合作、学术交流等方式，充分利用全球互联网人才资源。吸引互联网领域领军人才、特殊人才、紧缺人才在我国创业创新和从事教学科研等活动。（人力资源社会保障部、发展改革委、教育部、科技部、网信办等负责）

(六) 加强引导支持

1. 实施重大工程包。选择重点领域，加大中央预算内资金投入力度，引导更多社会资本进入，分步骤组织实施"互联网+"重大工程，重点促进以移动互联网、云计算、大数据、物联网为代表的新一代信息技术与制

造、能源、服务、农业等领域的融合创新，发展壮大新兴业态，打造新的产业增长点。（发展改革委牵头）

2. 加大财税支持。充分发挥国家科技计划作用，积极投向符合条件的"互联网＋"融合创新关键技术研发及应用示范。统筹利用现有财政专项资金，支持"互联网＋"相关平台建设和应用示范等。加大政府部门采购云计算服务的力度，探索基于云计算的政务信息化建设运营新机制。鼓励地方政府创新风险补偿机制，探索"互联网＋"发展的新模式。（财政部、税务总局、发展改革委、科技部、网信办等负责）

3. 完善融资服务。积极发挥天使投资、风险投资基金等对"互联网＋"的投资引领作用。开展股权众筹等互联网金融创新试点，支持小微企业发展。支持国家出资设立的有关基金投向"互联网＋"，鼓励社会资本加大对相关创新型企业的投资。积极发展知识产权质押融资、信用保险保单融资增信等服务，鼓励通过债券融资方式支持"互联网＋"发展，支持符合条件的"互联网＋"企业发行公司债券。开展产融结合创新试点，探索股权和债权相结合的融资服务。降低创新型、成长型互联网企业的上市准入门槛，结合证券法修订和股票发行注册制改革，支持处于特定成长阶段、发展前景好但尚未盈利的互联网企业在创业板上市。推动银行业金融机构创新信贷产品与金融服务，加大贷款投放力度。鼓励开发性金融机构为"互联网＋"重点项目建设提供有效融资支持。（人民银行、发展改革委、银监会、证监会、保监会、网信办、开发银行等负责）

（七）做好组织实施

1. 加强组织领导。建立"互联网＋"行动实施部际联席会议制度，统筹协调解决重大问题，切实推动行动的贯彻落实。联席会议设办公室，负责具体工作的组织推进。建立跨领域、跨行业的"互联网＋"行动专家咨询委员会，为政府决策提供重要支撑。（发展改革委牵头）

2. 开展试点示范。鼓励开展"互联网＋"试点示范，推进"互联网＋"区域化、链条化发展。支持全面创新改革试验区、中关村（10.25，-1.14，-10.01%）等国家自主创新示范区、国家现代农业示范区先行先试，积极开展"互联网＋"创新政策试点，破除新兴产业行业准入、数据开放、市场监管等方面政策障碍，研究适应新兴业态特点的税收、保险政策，打造"互联网＋"生态体系。（各部门、各地方政府负责）

3. 有序推进实施。各地区、各部门要主动作为，完善服务，加强引导，以动态发展的眼光看待"互联网+"，在实践中大胆探索拓展，相互借鉴"互联网+"融合应用成功经验，促进"互联网+"新业态、新经济发展。有关部门要加强统筹规划，提高服务和管理能力。各地区要结合实际，研究制定适合本地的"互联网+"行动落实方案，因地制宜，合理定位，科学组织实施，杜绝盲目建设和重复投资，务实有序推进"互联网+"行动。（各部门、各地方政府负责）

国务院

2015 年 7 月 1 日

商务部"互联网+流通"行动计划

商务部办公厅关于印发"互联网+流通"行动计划的通知

为贯彻落实李克强总理在政府工作报告中提出的"互联网+"行动计划,商务部研究制定了《"互联网+流通"行动计划》,加快互联网与流通产业的深度融合,推动流通产业转型升级,提高流通效率,努力打造新的经济增长点,培育新产业,释放消费潜力。

现将工作方案印发给你们,请结合《促进规范电子商务发展行动计划》,认真组织落实,并于每年底报送年度工作总结(含附表)。

联系人:商务部电子商务司费云高

电话:010-65197477

邮箱:feiyungao@mofcom.gov.cn

商务部办公厅
2015年5月13日

"互联网+流通"行动计划

开展"互联网+流通"行动,对于引导生产、扩大消费、吸纳就业、改善民生具有重要意义。现提出以下工作方案:

一、工作思路与工作目标

以"互联网+流通"为载体,完善顶层设计,加强公共投入和环境建设,以示范、培训、宣传为抓手,以技术创新和商业模式创新驱动,推动传统流通产业转型升级,充分发挥电子商务在释放消费潜力、激发行业活力和增加就业机会等方面的重要作用,推动形成"大众创业、万众创新"

的新格局。

重点在电子商务进农村、电子商务进中小城市、电子商务进社区、线上线下互动、跨境电子商务等领域打造安全高效、统一开放、竞争有序的流通产业升级版。力争在1到2年内，实现以下具体目标：

（一）在全国创建培育200个电子商务进农村综合示范县，示范县电子商务交易额在现有基础上年均增长不低于30%。

（二）创建60个国家级电子商务示范基地，培育150家国家级电子商务示范企业，打造50个传统流通及服务企业转型典型企业，培育100个网络服务品牌。

（三）运用市场化机制，推动建设100个电子商务海外仓。

（四）指导地方建设50个电子商务培训基地，完成50万人次电子商务知识和技能培训。

（五）力争在2016年底，我国电子商务交易额达到22万亿元。网上零售额达到5.5万亿元。

二、重点工作任务

（一）推动电子商务进农村，培育农村电商环境

继续推动电子商务进农村综合示范，支持县域电子商务发展，打造一批农村电子商务示范县，总结经验做法并向全国推广。全面推广农村商务信息服务工作，推进农产品网上购销常态化对接。支持农产品品牌建设和农村电子商务服务业发展，支持电子商务企业开展面向农村地区的电子商务综合服务平台、网络及渠道建设。

（二）鼓励电子商务进社区，拓展服务性网络消费范围

促进大中城市社区电子商务应用，发展以社区生活服务业为核心的电子商务服务。鼓励电子商务企业整合社区现有便民服务设施开展电子商务配套服务。鼓励依托互联网创新电子商务服务模式。鼓励物业服务企业开展面向社区居民的电子商务相关增值服务。设立电子商务综合服务点，开展物流分拨、快件自取、电子缴费等便民服务。

（三）支持电子商务进中小城市，提升网络消费便利性

制订出台关于加快推进中小城市电子商务健康发展的政策文件。鼓励

中小城市本地化网络服务平台及服务网络建设。支持大型电子商务平台企业服务网络向中小城市延伸。

（四）推动线上线下互动，激发消费潜力

支持大型实体零售、餐饮、家政、洗衣、家电维修、票务、生鲜配送企业利用电子商务平台开展网订店取、网络订票、预约上门服务、社区配送等业务，制定线上线下服务规范和标准，利用基于位置服务等互联网技术，提高资源配置效率，激发线上线下消费潜力。

（五）促进跨境电子商务发展，拓展海外市场

加快建立健全适应跨境电子商务的监管服务体系，协同推进跨境电子商务通关、商检、结汇、退税等环节"单一窗口"综合服务体系建设，提高服务便利化水平。加强知识产权和消费者权益保护，规范跨境电子商务健康发展。支持涉外会展平台开展电子商务服务。

（六）加快电子商务海外营销渠道建设，助力电商企业"走出去"

鼓励电子商务企业"走出去"建立海外营销渠道，创立自有品牌，多渠道、多方式建立海外仓储设施等，提升电商企业全球化经营能力。

三、主要措施

（一）夯实基础，优化环境

1. 加强顶层设计，坚持规划引领。

研究制订发展智慧流通的政策性文件，深化"互联网+流通"应用，支持和鼓励流通方式创新、商业模式创新、消费服务创新、跨境贸易创新、政务服务创新，建立健全智能化流通支撑体系，释放消费潜力，提高市场效率，发挥市场配置资源的决定性作用，引领我国经济转型升级。加强电子商务热点问题的跟踪研究，启动研究"十三五"电子商务发展指导意见，做好电子商务的顶层设计。

2. 提升流通基础设施网络服务能力。

协调有关部门进一步完善电子商务基础设施，包括有线宽带和移动网络覆盖、物流配送网络、售后服务体系，加强城市冷链物流基础设施建设和共享。

3. 加快推动快递物流与电子商务协同发展。

积极推进电子商务与物流快递协同发展，继续深入开展电子商务与物流快递协同试点，积极落实相关政策措施，探索推动体制机制创新，突破制约电子商务发展的瓶颈障碍，加强试点绩效评估，总结推广试点经验。

4. 加强电子商务监测体系建设。

加强流通行业统计，充分利用统计数据，做好行业分析评价，科学引导行业发展。有条件的地区积极推进商务大数据建设，逐步建立商品数据库、各类交易市场数据库、流通企业法人库、市场交易规则数据库、交易信息数据库、仓储物流信息数据库，汇聚流通大数据平台。做好食用农产品、生产资料等重要商品的监测工作，强化市场运行监测和调控。

5. 大力打击侵权售假行为。

建立完善电子商务领域打击侵犯知识产权和制售假冒伪劣商品常态化工作机制，加快建设行政执法与刑事司法衔接信息共享平台，加强侵权假冒行政处罚案件信息公开。发展电子商务可信交易保障公共服务，加强个人信息在电子商务领域应用的隐私保护，引导建立良性竞争的电子商务市场环境。

（二）示范引导，推动创新

1. 深入推进电子商务示范创建工作。

开展第二批电子商务示范基地、2015－2016年度电子商务示范企业遴选和创建工作。支持国家级经济技术开发区创建电子商务示范基地。以示范城市为载体开展重点区域和特色领域电子商务创新应用，探索促进和规范电子商务发展的政策创新。以示范基地为载体加快电子商务生态链建设，促进传统产业转型升级。

2. 引导传统流通服务企业电子商务创新。

支持传统零售企业拓展营销渠道，转变经营方式，开展全渠道运营。支持餐饮、住宿、休闲娱乐、家政服务等生活服务企业深化电子商务应用，提升服务质量，线上线下融合发展。鼓励通过电子商务手段开展特色农产品交易、再生资源回收、旧货流通、拍卖交易、边境贸易、跨境直销等便民服务领域电子商务应用。

（三）加大宣传，开展培训

1. 加大电子商务应用的宣传推广力度。

加大电子商务工作的宣传引导，组织相关媒体，利用各种载体，宣传推广电子商务领域"大众创业、万众创新"经验和做法，引领、带动、启发现代流通及其关联领域的创业者。选择已探索出具有示范作用的基地和企业作为典型案例予以总结和宣传。加强不同地区间示范工作经验交流，通过调研和案例推广、召开座谈会和现场会等方式，组织相互学习和借鉴，促进各地电子商务全面平衡发展。

2. 加强电子商务人才培养。

完善电子商务人才培训工作机制，推进国家电子商务专业人才知识更新工程，指导地方加快人才继续教育基地建设，创新人才培训机制，夯实电子商务人才培养基础，建立适应电子商务发展和促进现代流通体系建立的继续教育体系。针对流通领域加强实训，开展岗位对接，缓解人才供需矛盾。

（四）制订法规，规范发展

1. 进一步完善电子商务政策法规环境。

继续推动《电子商务法》立法工作。贯彻执行《网络零售第三方平台交易规则制定程序规定》，研究出台《网上商业数据保护办法》。研究出台《跨境电子商务服务规范》、《移动电子商务服务规范》、《基于网络零售开发平台的第三方服务标准》、《电子商务信用信息共享规范》等电子商务标准规范。

2. 参与和主导电子商务国际规则制定。

积极发起或参与多双边或区域电子商务规则的谈判和交流合作，力争国际电子商务规则制定的主动权和跨境电子商务发展的话语权。落实APEC电子商务创新发展倡议和中韩自贸协定电子商务条款，开展中日韩、区域全面经济伙伴关系等自贸协定电子商务议题谈判，积极参与世贸组织电子商务工作计划相关讨论，推进金砖国家、上合组织及两岸电子商务交流合作机制。推进"中国－东盟信息港"建设。利用援外资金和丝路基金、亚投行资金支持"一带一路"国家和地区间的跨境电子商务基础设施建设，促进电子商务多双边合作。

附表：2015 年度"互联网+流通"行动计划执行情况统计表

序号	项目	数量
1	制定地方性电子商务领域行业标准数量	
2	制定地方性电子商务领域政策法规文件数量	
3	创建省级电子商务进农村综合示范县数量	
4	创建省级商务示范基地数量	
5	培育省级电子商务示范企业数量	
6	辖区内企业建设电子商务海外仓数量	
7	建设电子商务人才继续教育基地数量	
8	开展电子商务知识和技能培训（人次）	
9	辖区内电子商务交易额	
10	辖区内网格零售额	